高等教育公共基础课通用教材

# 大学生心理健康教育

主　　编　李中国　　王亚男

副主编　于　凌　　岳爱菊　　吴静莹

参　　编　张　红　　李　莹　　赵　峰　　杨洪续

　　　　　孔姗姗　　韩宗邃　　胡　青　　张秋梅

　　　　　刘小玲　　王琦平　　白　文

北京理工大学出版社
BEIJING INSTITUTE OF TECHNOLOGY PRESS

## 内 容 简 介

本教材根据《普通高等学校学生心理健康课程教学基本要求》，结合高等学校大学生的身心特点，紧紧围绕着大学生需要了解的心理学和心理健康的基本知识、入学适应问题、自我意识、个性心理、学习心理、人际关系、情绪管理、恋爱心理、挫折问题、生命教育等方面开展系统阐述。本教材提供科学、有效、实用的心理学技术与方法，可以提高大学生的认知能力，使他们心理成长、人格健全，还可以促进其潜能开发，增进其社会适应能力，从而在总体上改进其心理健康状况，提高其心理素质。

**图书在版编目（C I P）数据**

大学生心理健康教育 / 李中国，王亚男主编 . -- 北京：
北京理工大学出版社,2023. 8
ISBN 978 - 7 - 5763 - 2815 - 8

Ⅰ. ①大… Ⅱ. ①李… ②王… Ⅲ. ①大学生 - 心理
健康 - 健康教育 Ⅳ. ①G444

中国国家版本馆 CIP 数据核字（2023）第 163445 号

**责任编辑：** 王梦春 　　**文案编辑：** 邓　洁
**责任校对：** 周瑞红 　　**责任印制：** 施胜娟

**出版发行 /** 北京理工大学出版社有限责任公司
**社　　址 /** 北京市丰台区四合庄路 6 号
**邮　　编 /** 100070
**电　　话 /** （010）68914026（教材售后服务热线）
　　　　　　（010）68944437（课件资源服务热线）
**网　　址 /** http://www.bitpress.com.cn

**版 印 次 /** 2023 年 8 月第 1 版第 1 次印刷
**印　　刷 /** 涿州市新华印刷有限公司
**开　　本 /** 787 mm×1092 mm 　1/16
**印　　张 /** 15.5
**字　　数 /** 370 千字
**定　　价 /** 49.80 元

# 序

世界卫生组织提出：健康是一种在身体上、心理上和社会适应方面都完好的状态，而不仅仅是没有疾病或者是虚弱的状态。心理健康与个人的成长、成才关系重大，只有心理健康的人，才能幸福地生活，顺利地适应社会。大学是人生发展的重要时期，是世界观、人生观、价值观形成的关键时期，更是规划和思考人生的重要阶段。

大学生健康的心理品质是其全面发展的基础，也是将来走向社会，在工作岗位上发挥智力水平、积极从事社会活动和不断向更高层次发展的重要条件。因此，加强大学生心理健康教育是提高学生全面素质和综合职业能力的必然要求。

由李中国教授联合十所高校编写的《大学生心理健康教育》，以教育学、心理学理论为基础，贯彻了教育部课程教学基本要求，结合大学生成长的阶段性特点，借鉴了当前心理健康教育方面的最新理论成果和实践经验，并将思政教育巧妙融入心理健康教学中，为高校心理健康教育提供了具有理论性、科学性和实用性的重要参考。本教材有以下特点：

首先，内容全面。以心理学科的逻辑与大学生心理发展规律为基础，针对大学生心理发展实际，开展心理健康教育。

其次，重知识与技能的转化。以大学生实际心理健康问题为导向，然后确立知识点，通过理论讲解、课堂活动、能力训练和课后思考，逐步达到学以致用的目的。

最后，配套资源丰富。作者自主设计开发了与课程内容相匹配的课程资源，尤其是知识点教学视频，方便学生自主学习，深化对内容的理解。

我希望，随着更多高校选用此教材，一方面帮助广大学生形成积极的心理品质，另一方面培养出过硬的心理素质，使每一位学习者拥有健康、阳光心态，幸福生活每一天。

白学军
2023 年 7 月 9 日

# 前　言

近年来，来自社会各方面的竞争和压力，给在校大学生造成了极大的冲击，使他们的心理承受能力受到了严峻的考验。心理普查显示：近30%在校大学生有不同程度的心理问题或障碍，而且近几年，许多高校出现的一些恶性事件中近80%与当事人的心理健康状况有关，这种现状的出现，引起了党和国家及社会各界的广泛关注。中共教育部党组2018年发布的《高等学校学生心理健康教育指导纲要》中指出：要健全心理健康教育课程体系，结合实际，把心理健康教育课程纳入学校整体教学计划，规范课程设置，对新生开设心理健康教育公共必修课，大力倡导面向全体学生开设心理健康教育选修和辅修课程，实现大学生心理健康教育全覆盖。2023年，教育部等十七部门印发的《全面加强和改进新时代学生心理健康工作专项行动计划（2023—2025年）》（教体艺〔2023〕1号）中再次强调了开设心理健康课程的必要性，而这些文件的颁布，展现了党和政府对大学生心理健康教育以及对心理健康课程的高度重视。

济宁职业技术学院为了加强学生的心理健康教育工作，制订了《关于加强大学生心理健康教育工作的意见》，成立了"大学生心理健康教育研究会"和专门的工作机构——心理健康教育中心，把心理健康作为必修课程纳入了教学计划。经过多年教育实践，不断探索和改进，2012年，该学院大学生心理健康教育课程顺利被评为山东省省级进精品课程。为了更好地总结经验并与兄弟院校分享，学院组织编写了《大学生心理健康教育》，2023年再次进行改版和修订，将网络资源融入教材之中，更加丰富了教材内容。

本教材由济宁职业技术学院联合临沂大学、济宁医学院、普洱学院、滨州医学院、济宁学院、天津铁道职业技术学院、广州南洋理工职业学院、重庆财经职业学院、沧州职业技术学院组成的心理健康教育教学团队共同编写，具体分工如下：第一章由李中国老师编写，第二章由于凌老师、白文老师编写，第三章由岳爱菊老师、张秋梅老师编写，第四章由吴静莹老师、刘小玲老师编写，第五章张红老师、王琦平老师编写，第六章由王亚男老师、孔姗姗老师编写，第七章由张红老师、胡青老师编写，第八章由岳爱菊老师编写，第九章由李莹老师编写。参与本书编写和审阅工作的还有：韩宗邃老师、赵峰老师、杨洪续老师、庞文燕老师、马燕霞老师、孟洪武老师、阳作林老师。由于编者水平有限，教材中难免存在疏漏之处，恳请各位读者不吝指教。特别感谢天津师范大学原副校长、教育部人文社会科学重点研究基地（天津师范大学心理与行为研究院）主任、中国心理学会会士白学军教授为本教材作序并推荐。另外，编者在本教材的编写和出版过程中参考了许多同行的有关文献，也得到了出版社领导和编辑同志的大力支持，在此表示衷心的感谢。

编　者

2023 年 8 月

# 目　录

# 第一章　身心和谐健康之本

## 【知识点导读】

在生活节奏越来越快的今天，心理问题成为大家越来越关注的话题。心理健康对现代人来说，已经不再是什么高深的专有名词，而出现心理问题和患精神疾病也不是稀罕的事情。学生在结束高考，进入大学后，人际关系、升学压力、恋爱问题、就业压力等问题接踵而至，若不能适应这种突然变化的环境，心理压力就会越来越大，加之学生之间竞争激烈，各类心理问题就会不断出现，这已经成为威胁大学生生命安全、成长成才的重要因素。那么，该如何正确认识心理健康问题，使自己更加平稳地度过原本应该幸福、快乐的大学生活呢？大学生通过学习本章，可以了解心理健康基本知识和大学生心理健康的标准，从而帮助自己树立正确的心理健康观念，自主调整心理状态，维护心理健康。

## 【教学内容】

（1）认识心理活动的特点和实质。
（2）了解大学生心理发展的特点。
（3）掌握大学生心理健康的标准。
（4）了解心理咨询的功能和内容。
（5）掌握大学生常见心理困惑的表现及其调节方法。

## 【素质目标】

学会运用马克思主义的基本观点和全面、辩证、发展的眼光认识心理的发展和变化规律，以理性、平和的心态解决可能出现的各类心理健康问题，从而积极、乐观地面对生活。

## 第一节　走进心理
### ——心理健康与我

## 【引导案例】

### 是谁打碎了我的梦想?

小刘是一个来自教师家庭的孩子，父母一直视她为"掌中宝"。小刘在初中、高中阶段学习成绩一直不错，她坚信自己可以考入理想的大学。但由于高考发挥失利，她与理想的大学失之交臂，被一所大专院校录取。在接到通知书的那充满一刻，小刘就情绪低落，进入该院校之后也丝毫高兴不起来。由于对自己之前的学习成绩充满自信，她认为自己在大学呈不用刻苦学习就可以游刃有余，因此失去了学习动力和生活目标。就这样，小刘在茫然中迎来了期末考试，她出乎意料地迎来了第一次不及格的结果。对此，她并没有认真反思，而是将这一切归因于没有考取理想的大学，埋怨命运的不公。后来，小刘开始迷恋上网聊天、打游戏，在网络世界体验虚拟的成功。结果，期末考试她有五门功课同时亮起了红灯。别说成绩优秀了，连顺利毕业都有问题。小刘真的非常懊悔，她深深自责。事到如今，要怎样才能不辜负自己的青春年华，不顾父母的期待和老师的培养，要怎样真正享受大学里明亮的灯光、美丽的校园，要怎样才能拥有和别人一样的大学生活？小刘不禁感慨：是谁打破了我的梦想？是谁把我的青春弄丢了？

进入大学，很多同学出现了学习和生活的不适应，心理健康是大学生掌握和学习科学文化知识的重要保障，及时学习心理学和心理健康知识，对大学生活及今后发展将起到重要作用。

# 一、科学的心理观

## （一）认识心理学

心理学是一门研究人的心理现象发生、发展规律和个性心理倾向与心理特征形成、发展的规律的科学。心理学是一门既古老又年轻的科学，说它古老，是因为早在古代，历史上有名的哲学家、思想家们在著作中就已经有了极其丰富的心理学思想。例如，孔子提出的"因材施教"的观点可以说是世界上最早出现的渗透心理学思想的教育原则，亚里士多德所著的《论灵魂》一书则是世界上最早的关于人类心理方面的专著。但在当时，心理学一直被包括在哲学的范畴中，并没有成为一门独立的学科。直到 1879 年，德国的生理学家、心理学家冯特在莱比锡大学创立了世界上第一个心理学实验室，才使心理学成为一门独立的学科，因此，1879 年被视为心理学诞生之年。1879 年至今仅有 100 多年的历史，所以心理学又是一门很年轻的科学。一百多年来，心理学有了突飞猛进的发展，不但有了自己的基本理论，还被广泛应用在人类活动的各个领域，成为不可或缺的学科之一。

心理学既研究人的心理，也研究动物的心理，主要研究对象为人的心理现象。人的心理现象是自然界中最复杂、最奇妙的一种现象，主要包括人的精神世界，人的感知觉、记忆、想象、思维、情感、意志、能力、气质、性格等，这些现象统称为心理现象或心理活动。人的心理活动极其复杂，是一个复杂的、完整的统一体。

## （二）心理活动的特点和实质

作为心理学的研究对象，心理现象究竟是怎样产生的，是否有专门的器官，和物质现象之间的关系又是什么？也就是说，心理的实质是什么？对此，人们有着许多不同的观点，科学的心理观是这样认为的：

### 1. 心理是脑的机能

大脑是产生心理的主要器官，而内分泌系统对人的心理活动和行为也起到一定的调节作用。它们共同构成了人的心理活动的基础。心理活动就是通过人脑神经生理过程进行的信息识别、编码、存储、提取和运用的过程。

### 2. 心理是脑对客观现实的反映

（1）客观现实是心理的源泉。人脑仅是产生心理的器官，自身并不能产生心理，人只有与周围环境接触，才能产生心理。没有光波的作用，人就不能分辨各种颜色和明暗；没有物体的振动，人就不能听到各种声音。因此，人的心理内容，无论是简单的还是复杂的都来源于客观现实。

（2）心理是对客观现实的主观的、能动的反映。由于每个人的认知、个性和心理状态不同，导致心理现象带有个人色彩。例如不同的观众在看同一部电影时，对电影的理解和评价不会完全相同。同一个人，在不同时期对同一事情的反映也不尽相同，如诗人李白两次游君山，由于心境不同，作出的诗中对君山的描述也完全不同，一句是"淡扫明湖开玉镜，丹青画出是君山"；另一句却是"铲却君山好，平铺湖水流"。心理不仅可以反映客观现实，通过和客观现实的相互作用，还可以有目的、有计划地改造客观现实。

（3）心理活动是在实践活动中发生和发展的。实践活动是人的心理发生、发展的基础。心理活动还将作为再实践的理论指导，使实践活动不断深入，从而提高实践活动的效率。社会实践活动是检验人的心理发展的唯一标准，它推动着人们改正错误，使头脑中的反映不断变得精确和完善。

【扩展阅读】

## 关于"裂脑人"的研究

我们经常说"左撇子""右撇子"，还说"左撇子"比"右撇子"聪明，这是真的吗？

大脑是心理活动的器官，我们的大脑由左右脑组成，如图 1-1 所示，由胼胝体相连，那么左右脑的功能又有什么区别呢？是否存在分工？著名的"裂脑人"实验向我们揭示了这些现象背后的秘密。请扫码了解一下吧。

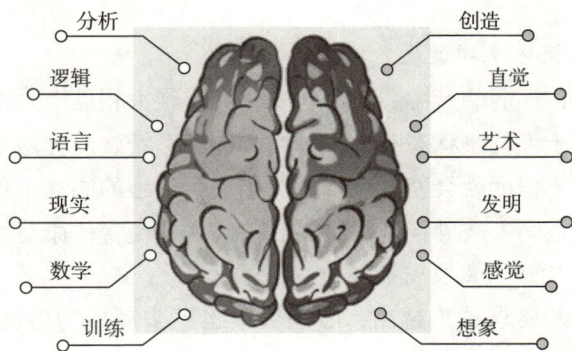

分析
逻辑
语言
现实
数学
训练

创造
直觉
艺术
发明
感觉
想象

图文资料：关于"裂脑人"的研究

图 1-1　大脑的分工

## 二、健康与心理健康

古希腊哲学家赫拉克里特曾指出："如果没有健康，智慧就难以表现，文化无从施展，力量不能战斗，财富变成废物，知识也无法利用。"毫无疑问，健康是人生的首要财富，对大学生来说，健康更是学业有成、事业成功、快乐生活的基石。

长期以来，许多人持有这样一种传统观念：没有病痛和不适，人就是健康的。然而，随着科学文化和社会的不断发展，传统的生物医学模式开始向生物—心理—社会医学模式转变，人们在重视生理健康的同时，对心理健康的关切程度也与日俱增。

视频：关注心理健康

### （一）健康新概念

1948年，世界卫生组织（WHO）成立时，在其宪章中将健康定义为："健康乃是一种生理、心理和社会适应都臻于完美的状态，而不仅仅是没有疾病和虚弱的状态。"可见健康不仅是指没有身体缺陷和疾病，还指人应具有生理健康、心理健康与社会适应能力。

健康是生理健康与心理健康的辩证统一。健全的心理源于健康的身体，而健康的身体有赖于健全的心理，也就是说，要实现健康的"完满康强"的统一。"完满康强"观以促进健康为基本方向，强调每个人应对自己的健康负责。个人通过自我调整，将自己的心理、精神和情感融为一体，坚持体育运动、学习营养学知识、进行自我保健，保持良好的心态，以应对各种挫折和压力，使生活充满生机并富有意义。

### （二）心理健康的重要性

心理健康是一种积极的心理状态，在这种状态下我们能良好地适应环境，具有生命的活力，能充分发展各项潜能。心理因素在我们日常生活中发挥着重要的作用，他与我们的生活学习、人际关系、个人情感等都密切相关，因此每个人都要意识到心理健康的重要性和对于我们的影响。

#### 1. 心理健康有利于个体生理健康

正如我们刚才说的，疾病的产生、发展、变化等在很大程度上是由人的情绪状态和心理状态决定的。当心理处于不健康状态时，人体内的神经系统、内分泌系统和各器官等都会发生生理变化，积累到一定程度就会使疾病产生。相反，健康的心理不仅可以降低身心疾病发生的概率，而且可以增强病人战胜疾病的勇气和信心，促使身体康复。

#### 2. 心理健康促进大学生形成良好品质

当今社会对大学生的要求越来越高，心理健康也越来越成为生活社会中不可缺少的因素。心理健康的人能正视现实，展望未来；能注重实际，不胡思乱想；能接纳挫折，积极应对；能有理有情，情理相融。心理健康可以促进大学生在大学这个平台中更好地吸收和掌握知识，不断完善自己、锻炼自己，使自己成为一名合格的人才。

**3. 心理健康可以培养大学生的独立性，提高适应能力**

大学新生面临全新的生活和学习环境，慢慢从不适应变为适应。适应能力强的同学会很快跟上大学生活的的节奏，学习知识，提高能力，完善自己，愉快地度过大学阶段，成为适应社会发展需要的合格人才；而适应能力差的同学则因沉湎于茫然、困惑、消沉的状态中，虚度光阴，影响了个人的发展。健康的心理可以帮助学生克服依赖性，尽快调整好状态，迅速适应环境，过上实而有意义的大学生活。

## 三、大学生心理发展的特点

大学生的年龄大多为 18～25 岁，从心理发展阶段来看，正处于从青少年期过渡到成年早期的阶段，这是人迅速社会化的关键阶段。大学阶段是人的社会生活领域迅速扩大的阶段，在这个阶段，随着自我意识的发展和人格的再构成，大学生的人生观、价值观逐渐形成，心理发展也呈现出鲜明的特征。

### （一）智力发展达到高峰，但缺乏成熟的理性思考

智力是多种基本能力的综合，包括注意力、观察力、记忆力、思维力、创造力、想象力等，核心是逻辑思维能力。经过十几年的学习和训练，大学生的各项智力因素均达到相当高的水平，接近其一生的巅峰期。随着知识的拓展、经验的积累和思维能力的提高，大学生思维中的独立性和批判性也有明显的增强，不再满足于被动接受，而是主动去观察、思考和实践，开始用批评的眼光看待周围的事物，对他人的意见不再轻信和盲从，遇事要先问问"为什么""是否有道理"；喜欢怀疑和争论，敢于大胆发表个人的独立见解，能对自己的思考结果进行检查和评价。但由于其知识水平、经验积累、社会阅历的局限，大学生的辩证逻辑思维能力不够强，在观察、分析事物时易带有主观性，经常过分自信或固执己见。这是大学生心理与社会性发展尚不成熟的表现之一。

### （二）自我意识开始成熟，意志力增强

自我意识是对自身的认识和对周围事物关系的体验。它是认识、情感、意志的综合体，是人心理发展过程中一个极为重要的方面。自我意识从儿童期开始发展，到青年期逐步走向成熟。由于生活环境发生了变化，大学生离开家庭的庇护，开始独立生活，其成人感、独立感增强了。随着生活经验的不断丰富和对外界认识的不断提高，他们开始关注内部世界，迫切想要了解和发展自己，力图从理想与现实的关系中认识自己、把握自己，以追求自我完善。但由于阅历有限且社会经验较少，他们的自我意识出现了偏差，从而表现出过强的自尊心和自卑感。因此，如何建立对自我的正确认识，是大学生常遇到的心理问题。

另外，大学生的自觉性、主动性、社会性和持久性也在不断增强，能有意识地控制自己的心理活动和行为，从而使自觉性、果断性、自制性、坚韧性等意志品质得到进一步的发展。

### （三）情绪丰富多彩，交往需求强烈

大学阶段是人的情绪体验最丰富的时期。大学生情绪的波动大，情感体验深刻，往往由于生活中的成功和挫折，时而热情激动，时而悲观抑郁。

另外，大学生十分渴望友谊，渴望与他人沟通和交流，这也是适应新环境的需要。然而，在实际生活中，不少大学生由于缺乏人际交往技巧，不知道如何与异性交往；有的因为性知识匮乏，对自身的性问题感到疑惑；有的因为感情用事，缺乏责任感，在与异性交往的过程中发生"出格"的行为，受到舆论的指责；还有的大学生过于压抑自己的性冲动，使个人处于自我封闭状态中。如果处理不好这些问题，便会影响大学生活。

### （四）人格趋向成熟和完善，职业自我意识逐步确立

人格是具有一定倾向性的心理品质与心理特征的总和。大学阶段是人格发展、完善的重要时期，随着认知水平的提升，大学生的性格特点趋于稳定，自我意识变得统一，意志品质也逐步形成。

职业自我意识是自我意识的组成部分，在个体的职业生涯发展过程中起着重要的驱动作用。通过大学阶段的学习和实践，大学生可以逐步找到自己的职业兴趣，了解自身的优势，从而形成职业意识，为毕业后走上工作岗位做好准备。

## 三、大学生心理健康的标准

根据心理健康的基本理论，结合大学生独有的心理特征，大学生心理健康的标准可以概括为以下八条。

视频：大学生心理健康的标准

### （一）有浓厚的学习兴趣，学习能力强

学习是大学生的主要任务。心理健康的大学生应智力正常，乐于学习，能保持一定的学习效率，还可以克服学习中的困难，并在学习过程中获得快乐。

### （二）有较强的情绪调控能力，心态良好

情绪健康的大学生应做到心态良好和情绪稳定。心态良好一般表现为乐观开朗，热情高涨，富有朝气，满怀自信，对生活充满希望。情绪稳定表现为善于调节和控制自己的情绪，能克制约束，也能适度宣泄，能恰如其分地表达自己的情绪，既符合社会的要求，也符合自身的需要。

### （三）有健全的意志品质，能正确应对挫折

意志是推动人们采取各种行动，克服困难，以达到预期目标的心理过程。意志健全的人在行动的自觉性、果断性、顽强性和自制力等方面都表现出较高的水平。意志健全的大学生在各种活动中都有自觉的目的性，能适时做出决定，并运用切实有效的方式解决遇到的问

题，面对困难和挫折时，能采取合理的反应方式，能在行动中控制情绪，不能行动盲目、畏惧困难，顽固执拗。

### （四）有完整、统一的人格

人格在心理学上是指个人带有倾向性的、本质的、比较稳定的心理特征的总和。人格完整是指是人格的各要素应完整、统一，即个人的所想、所说、所做都是协调一致的；还要有正确的自我意识，有良好的自我同一性，以及积极的人生观，并以此为中心，将自己的需要、愿望、目标和行为统一起来。

### （五）能正确自我评价，悦纳自我

正确自我评价是指大学生在进行自我评价时能恰如其分地认识自己，有"自知之明"，既不以自己在某些方面高于别人而自傲，也不以某些方面低于别人而自卑，能够"自我悦纳"，即接受自己，喜欢自己，还要正视现实，积极进取。

### （六）有和谐的人际关系

和谐的人际关系的具体表现为：乐于与人交往，既有稳定而广泛的人际关系，又有知心朋友；在交往中保持独立而完整的人格，有自知之明，不卑不亢；能客观评价别人和自己，善取人之长补己之短；宽以待人，乐于助人；交往时积极的态度多于消极的；交往动机端正。

### （七）有良好的适应能力

心理健康的大学生能快速适应生活环境的变化，不回避现实，主动面对各种挑战，能妥善处理环境与自身的关系，可以创造条件使自己始终处于的有利环境中。

### （八）心理行为符合大学生的年龄特征

人在不同年龄阶段都有相对应的心理行为表现，如果一个人的心理行为经常严重偏离自己的年龄和社会角色要求，他的心理通常是不健康的。心理健康的大学生应精力充沛、反应敏捷、勤奋好学、喜欢探索，而过于幼稚或过于老成都是心理不健康的表现。

## 四、正确理解和运用大学生心理健康的标准

正确理解和运用大学生心理健康的标准时应注意以下几个问题：

### （一）心理健康的标准是相对的

心理健康与心理不健康并没有明显的分界线，从良好的心理状态到严重的心理疾病是一种连续的状态，二者之间有一个广阔的过渡带。对多数大学生而言，在成长过程中出现心理问题是很正常的，并不意味着它会永远保持或继续加重，如果积极矫治，还是可以回到健康

状态的。

## （二）心理健康状态是发展变化的

大学生正处在人生的发展变化阶段，而某些心理问题会随着人的发展而不断变化，随着个体心理的成熟，逐渐趋于健康。一个人的心理健康状态受遗传、环境、个体认知水平等因素影响，如果某一方面因素发生变化而自身又不随着变化加以调整，心理健康状态就有可能偏离正常轨道。因此，大学生应积极适应各种变化，努力调整自身状态，使心理保持健康状态。我们要学会用全面、辩证、发展的眼光认识心理发展及其变化规律，用理性、平和的心态解决可能出现的各类心理健康问题，积极、乐观地面对生活。

## （三）正确看待心理健康的标准

心理健康的标准是一种理想尺度，它不仅为我们提供了衡量是否健康的标准，而且为我们指明了提高心理健康水平的努力方向。只要每个人在自己现有的基础上作出不同程度的努力，都可以追求心理发展的更高层次，不断发挥自身的潜能。大学生心理健康的基本标准是能够有效地工作、学习和生活。如果正常的工作、学习和生活难以维持，应该及时调整自己的状态。

### 【扩展阅读】

#### 心理健康状态的等级划分

人的心理健康状态并非静止不动的，始终在变化和发展，处于动态平衡状态。而这种动态平衡状态是在主体与环境相互作用的过程中产生的。根据破坏的严重程度不同，可以将人的心理健康状态划分为四个等级，即健康状态—不良状态—心理障碍—心理疾病，请扫码观看。

视频：心理健康
状态的等级划分

### 【想一想】

小雪是某大学一年级的女生，刚入学时，她的性格比较活泼开朗，与同学的关系也很融洽，经常和大家一起玩耍嬉戏。但进入大一第二学期后，她便很少与同学们一起聊天，变得非常沉闷，同学们跟她开玩笑，她就莫名发火，甚至走在校园里遇见人，就非常紧张，经常一个人呆坐在寝室里不出门。辅导员发现异样后，去找小雪谈心，听到她反复述说有一些问题没有搞清楚，就是她在返校途中的火车上为什么会被人用手机偷拍录像，到学校后也经常感觉到被人偷窥，还有人偷看了她锁起来的日记。经调查发现，小雪反映的问题在现实中根本不存在，加上她在两个学期中所表现出的个性差异，是否可以判断小雪的心理出现了问题？假如你是小雪的同学，会使用什么方法来帮助她？

### 【课堂活动】

#### 心理健康状况自评

请在表1-1中写上心理健康的八条标准，逐条对照并分析自己是否符合。目前的状况与同学们分组讨论哪些是自己的优势，哪些是自己的劣势，并说出如何提升或改善目前的状况。

表1-1 我的心理健康自评表

| 心理健康的标准 | 是否符合 | 分析原因 |
|---|---|---|
| 1 | | |
| 2 | | |
| 3 | | |
| … | | |
| 我的优势 | | |
| 我的劣势 | | |

## 【能力训练】

### 今日喜相建

1. 能力目标

协助成员适应大学生活，提升归属感。

2. 训练方式、场地、设备及步骤

（1）训练方式：团体训练。

（2）训练场地：室外或宽阔的大教室。

（3）训练设备：可以播放音乐的设备一台，椅子若干。

（4）训练步骤。

①欢迎。所有成员坐好后，指导老师先进行自我介绍，再对大家的到来表示欢迎，然后简要介绍本次活动的目的和流程。成员可以就本次活动提出问题，由指导老师回答。

②"刮大风"游戏。游戏方法：所有成员围坐成一圈，当指导老师说出"大风刮啊刮，刮到……"时，在后面加一个特征，如"所有男生"，"穿球鞋的"等，符合该特征的成员要迅速起身互相交换位置，换错了就要接受惩罚，如表演节目等。

③"找家"游戏。游戏方法：所有成员围成一圈，播放音乐，音乐暂停时，指导教师说出"二人之家""三人之家""四人之家"等口令，成员必须迅速按照要求组成二人组、三人组、四人组等，没找到"家"的成员便被淘汰。其他成员开始玩下一轮游戏，共进行3~4轮。大家分享与讨论；请那些没找到家的成员谈谈游离在团体之外的感受。请在团体内的成员分享和大家在一起的感觉。

④漫谈。留出足够的时间，让参加活动的同学们互相认识，并进行一些交流。各组推荐一位代表上台介绍本组成员。

⑤教师点评本次活动。

## 第二节　走出低谷
### ——大学生心理困惑及调适

【引导案例】

#### 小云和小梅

　　小云和小梅是某大学二年级的学生，由于她们是老乡，又被分在同一个宿舍，很快就成了好朋友，在一起上课、吃饭、学习，整日形影不离。但两人的脾气、性格截然不同。小云性格活泼开朗，喜欢参加学校组织的各种活动；而小梅则性格内向，不愿和他人交流，喜欢一个人到图书馆安静地看书。随着时间的推移，小云加入学生会，工作、学习都非常优秀，成了同学们眼中的"风云人物"；而小梅依然默默无闻。看到此中差距，小梅的心理逐渐不平衡，明明自己的高考成绩比小云还要出色，为什么现在自己处处不如她呢？最近的一次动漫设计大赛成为小梅情绪暴发的导火索，小云获得了一等奖，还赢得了一笔不菲的奖金；而同样参加比赛的小梅则没有获得任何奖项。得知比赛结果后，小梅气愤不已，抱怨大赛有黑幕。失去理智的她用一把火将小云的获奖证书烧掉了。而小云始终将小梅当作好朋友，但面对此种情况，不知怎样应对，她想不通小梅为什么会成为现在这个样子。

　　大学生作为中国社会文化层次较高的群体，一向被认为是最活跃、最健康的群体之一。但是，由于大学生无论在生理上、心理上还是人际交往上都处于迅速变化的阶段，从不成熟到逐渐成熟过渡，社会阅历浅、生活经验不足、独立生活能力不强，再加上离开家庭和父母的直接指导，又容易受社会上的各种思潮的冲击，极容易产生各种各样的心理困惑，很可能与别人发生冲突。

## 一、大学生常见的心理困惑及应对方法

### （一）大学生常见的心理困惑

　　心理困惑又称心理困扰，是指个体在工作、学习、交际，以及自我等方面遇到的不解、迷惑，在一定程度上会引发各种矛盾和冲突，从而产生一些非理性的思维方式和焦虑、压抑等消极情绪，影响了个体的正常生活，但还未达到心理障碍的程度。目前，大学生存在的心理困惑有适应问题、学业问题、情绪问题、人际关系问题、焦虑问题、情感问题、性健康问题和特殊群体的心理健康问题。

视频：积极适应
大学生活

#### 1. 适应问题

　　大学生来到新的校园后，许多大学生可能会出现以下状况：因对环境和专业不满而产生失落感；因对自己及他人认识的片面性而产生自卑感；因离开家乡和家庭，不善于与陌生人

交往、与他人关系淡漠而产生孤独感；因暂时的目标迷失、学习失去动力而产生无聊感；因学习压力或是经济压力而产生恐惧感；因热心参加社团活动而又处理不好学习与这些活动之间的关系而产生矛盾感，这都属于适应问题。

### 2. 学业问题

进入大学后，面对突然宽松的环境和大量可自由支配的时间，相当多的大学生一时无所适从，失去了动力和目标。有的同学不能够及时调整、改变学习方法及养成新的学习习惯，结果造成成绩一落千丈、自信心受到极大打击，此时心理就容易问题。还有的同学处理不好专业学习与兴趣爱好、社团活动等之间的矛盾，虽整天忙忙碌碌，却收获甚少；学习困难的学生虽然学习上很尽力，但学习成绩总是不理想，因此会感到自卑和压抑；部分学生呈现出学习动机的功利化。对还没有开始学的课，学生问的第一个问题是"我学习这门课有什么用？"因此出现了专业课、基础课门可罗雀，技能类课程如计算机、外语、证券从业资格等各种各样的证书班门庭若市的明显对比，而"考证热"正是学习功利化的直接表现。

### 3. 情绪问题

大学生常见的情绪问题主要有抑郁和情绪失衡。抑郁表现为以个体心中持久的情绪低落为主，常伴有身体不适、睡眠不足等，心情压抑、沮丧、无精打采，对于什么活动都懒于参加，对于任何事情都提不起精神来，逃避参与。家庭经济状况不好、家庭成员关系不和睦、连续的考试失败、失去亲人、失恋、同学感情失和等都是大学生抑郁的直接诱因。情绪失衡主要是因为大学生的情感丰富而强烈，具有一定的不稳定性与内隐性，表现为情绪波动大，喜怒无常，会因一点小小的胜利而沾沾自喜，也易为一次考试失败、情感受挫而一蹶不振，甚至无法控制自己的情绪，特别是对负面情绪的控制能力相对较弱。如果一次考试失败，有的学生很难从阴影中走出；群体负面情绪又是校园事端的直接制造者。学生的群体情绪一旦被激发，很难受到理性与校纪校规的约束，经常为"朋友而战"和为"义气而战"，当情绪稳定下来后，他们又后悔不及。

### 4. 人际关系问题

进入大学后，远离了原来熟悉的生活与学习环境，面对新的人际群体，部分学生对于大学的师生关系、同学关系、异性之间的关系很不适应，他们很难交到知心朋友，又渴望别人的认可，因而感到好孤独；有些学生缺乏在公众场合表现自己的勇气，面对各类校园活动，既充满兴趣又担心失败，久而久之，便开始不想参与，感叹"外面的世界很精彩，外面的世界很无奈"；有些学生缺乏人际交往经验，不会进行有效的人际沟通，加上自卑等因素，不能及时解决在交往中产生的问题，因此感到痛苦，使情绪发生波动，影响了学习成绩。

### 5. 焦虑问题

大学生的焦虑主要表现在自我焦虑与考试焦虑。他们更关注自己在他人（尤其是异性）心目中的形象，如长相、身材、能力、魄力、魅力，还会因此产生各焦虑情绪。比如担心自己长得不够漂亮，不能获得异性的好感；因为觉得自己的先天条件不好而感到非常自卑。尽管没有升学压力，大学生中也不乏会有人担心考试失败，甚至产生考试倦怠、考试焦虑。很多学生学期末多门挂科，考试成为他们沉重的话题，他们坦率地承认，在考试前基本都睡不好觉，一想到考试，心里就非常紧张，总担心下一门依旧会失败，不能调整自己的情绪。有的大学生还面对专升本、考研等学习压力，害怕升本或考研失败后自己会前途渺茫，因此惶惶终日，寝食难安。

### 6. 情感问题

爱情、友情、亲情是学生情感方面的三个重要问题。爱情在大学里并非一门必修课，但学会正确处理爱情与学业的关系却是每个大学生都应该做的。很多大学生在恋爱中存在情感困惑，在恋爱的过程中会因为遇到感情纠葛和失恋等问题而受到心理挫折。特别是对于失恋，如果处理不好，人的情感会受到极大伤害，使心理失调，甚至精神崩溃，在短时期内做出极端的事情。友情是人生路上的重要方面，在大学时代，友谊与爱情的界限往往不那么分明，男女同学交往的尺度也不是那么好把握的。在处理个人情感问题方面，许多同学分不清友谊与爱情，不能很好地把握男女同学交往的尺度，希望珍惜友谊却又不经意地与友谊失之交臂。另外与对待朋友和恋人相比，很多同学和家长没有太多的话可以讲，发信息、打电话基本是缘于现实问题（如经济供给、物质补充）而非情感沟通，家长也感到亲情面临空前的挑战。

### 7. 性健康问题

青春期性生理的成熟，必然带来相应的心理变化，大学生渴望获得异性的好感与承认，因而会产生性幻想、性冲动等。由于性教育的严重缺失，很多学生不能正确认识自我的性反应，产生了堕落感、耻辱感与性罪恶感，把性与不洁联系起来。有的学生由于对自身性生理欲望的放纵，在冲动之下发生两性行为，事后又感到后悔的并不罕见。由于性生理的成熟与性心理的不够成熟的矛盾，使更多的人面临这样的选择：最初的恋人可能不是最终的选择，性关系无论从道德上还是从心理上都使对方更多了一份沉甸甸的责任。性的好奇、性无知、性贞洁感的淡化，甚至性与爱的困惑、分离以及由于性行为引起的后果及产生的心理压力，都是值得引起重视的问题。

### 8. 特殊群体的心理健康问题

首先是独生子女群体。独生子女大学生有着自身的特点，他们一般都有较好的家庭条件，缺乏直接的竞争压力与经济压力。由于在家庭中受到过多的呵护，他们的独立生活能力、进取意识显得不足，对集体生活不适应，为他人考虑得较少，而为自己考虑得很多。据一项关于城市独生子女的人格发展与教育的调查结果表明：独生子女存在成就动机弱、心理较脆弱、自立能力弱等问题。其次是家庭经济困难学生。困难学生面对的不仅是经济困难，他们的心理问题也值得辅导员高度重视。尤其是"双困生"，学业成绩不理想，家庭经济又很困难，心理负担很重。经济条件影响与制约着他们的成长，自卑、过多的自责使部分学生不能走出家庭经济条件的阴影。有的困难学生因为担心被别人歧视不愿申请补助，而有的困难学生认为学校提供的一切帮助是"理所当然"的，不愿用勤工助学的方式赚取生活费，甚至对各种补助产生了心理上的依赖，助长了惰性，也滋长了等、靠、要的思想，不利于对于健康健全人格的培养。

### （二）大学生心理困惑的应对方法

#### 1. 培养良好的人格品质

人格是指一个人的整体精神面貌，即具有一定倾向性的心理品质或心理特征的总和。其包括心理活动特征（如气质、性格、能力等），以及心理活动倾向方面的特征（如动机、兴趣、信念、世界观等），二者并非孤立存在的，而是错综复杂、有机地结合为一个整体，对人的行为进行调节和控制的。如果各种特征之间关系协调，人的行为就是正常的，人格就是健全的；如果关系失调，就会产生不正常的行为，甚至出现各种人格障碍。对于大学生来讲，保持心理健康的一个重要途径就是培养和锻炼自己的人格品质。首先，要正确认识自我、接纳自我，懂得扬长避短，追求自我完善。其次，要提升抗挫折能力，即要对挫折有正确的认识，能应对挫折，化消极因素为积极因素。最后，应树立科学的人生观，努力提高自身的思想境界，积极参加各类实践活动，丰富人生经验。

#### 2. 养成科学的生活方式

科学的生活方式指生活有规律、科学用脑、劳逸结合、不抽烟喝酒、坚持体育锻炼、养成良好的卫生习惯等。为了长期保持高效学习，大学生更应科学地安排好学习、休息和锻炼的时间。科学用脑就是要注意用脑时间，避免由于用脑过度而导致神经衰弱、记忆能力减退等。

#### 3. 加强自我心理调节

首先，要正视情绪问题。遭遇困境或受挫出现消极的情绪时，不要逃避，冷静下来，对受挫及不良情绪产生原因仔细地进行客观剖析和认真体验，以便有的放矢地找出最佳解决方案。其次，要合理宣泄情绪，可以向别人倾诉、听音乐、玩游戏或参加体育活动等，根据自己的情况选择宣泄方式。再次，改变不合理信念，可以借助理性的思考方式，纠正不正确或不合理的观念，以消除情绪困扰和行为异常。最后，还可以通过自我放松、自我暗示等方法对简单的心理困惑进行自我调节。

#### 4. 积极参加课余活动，发展社会交往

课余活动为大学生的健康发展提供更多机会，也丰富了他们的大学生活。大学生应尽量多培养业余爱好和兴趣，通过参加各类活动来缓解紧张的情绪、放松心情、激发潜能。发展社会交往可以不断激活和丰富大学生的内心世界，还能实现思想交流和信息资料的共享，有利于保持心理健康。

#### 5. 求助心理老师或心理咨询机构，获得心理健康知识

在促进心理健康的过程中，大学生除了重视自我调节，接受朋友的帮助、家长的支持和老师的指导外，必要时还可以寻求心理老师或心理咨询机构的帮助。多数大学生的心理是健康的，但也会因为成长或应激问题出现不良状态，进行心理咨询可以有效解决这个问题。

## 二、大学生常见的心理疾病及其应对

大学生常见的心理问题中大多是成长中的一般问题，通过自身的调节、朋友家长和老师

的帮助，一般可以顺利解决。但也有极少数人存在着较为严重的心理障碍，甚至是心理疾病。例如神经症、人格障碍等精神疾病等，在很大程度上影响了大学生的身心健康，严重阻碍了其成长和发展。特别是重性精神疾病，对患者自身和他人都存在严重的威胁，是校园中潜在的危机，应及早识别，及早治疗，防患于未然。

### （一）大学生常见的心理疾病

#### 1. 神经衰弱

具有精神活动能力下降；精神兴奋度增高；情绪变化异常（容易产生焦虑和疑病倾向，容易伤感和落泪）；紧张性疼痛；睡眠障碍；多数患者出现头昏、眼花、耳鸣、多汗等症状。

视频：大学生常见的心理疾病

#### 2. 焦虑症

焦虑症是以广泛和持续性焦虑或反复发作的惊恐不安为主要症状的神经症性障碍。正常的焦虑是人们预感到某种危险或痛苦境遇即将发生时的一种适应反应或生物学的防御现象，是由实际威胁引起的，如考试、面试等，而病理性焦虑是一种控制不住、没有明确对象或内容的恐惧。

#### 3. 抑郁症

抑郁症是大学生常见的一种心理疾病，由于比较普遍，常被称为"心灵感冒"。它是神经症的一种，以情绪显著而持久（抑郁发作须持续至少两周）低落为基本临床表现，并伴有相应的思维和行为异常。患者通常情绪低落，自卑而且忧郁，甚至悲观厌世，可有自杀企图和行为。

#### 4. 恐怖症

以对某一特殊物体，活动或情境产生持续的和不合理的恐惧为特征的神经症性障碍，常伴有植物神经功能紊乱，患者常不得不回避某害怕的对象或情境，如恐高症等。系统脱敏疗法对于治疗恐怖症比较有效。大学生的恐怖症主要表现为社交恐怖、考试恐怖等。社交恐怖症患者往往性格胆怯，极端腼腆，缺乏自信，对自身情况过分关注。

#### 5. 强迫症

强迫症是以反复出现强迫观念或强迫行为为基本特征的一类神经症性障碍。强迫观念是某些思想、表象、意向以刻板的形式不由自主地出现在患者的意识中，患者明知没有必要，是多余的，没有现实意义的，很想摆脱，却无能为力，感到十分痛苦。强迫行为往往是为缓解强迫观念而引起的焦虑而产生。患者会不由自主地采取的顺应行为，如反复多次强迫检查门是否锁好、强迫自己不断洗手等。

强迫症患者病前多有一定的人格偏移，主要表现是过分追求完美和内省自制，容易将冲突理智化，过分注重细节，不能从宏观上控制全局，遇事优柔寡断，做出决定很困难，过分循规蹈矩，墨守成规，不会变通，喜钻牛角尖，思虑过多，缺乏幽默感等。这与成长环境和家庭教养方式有很大关系。

#### 6. 精神分裂症

精神分裂症是最常见的一种精神病，病因未明，多发于青春期。主要症状有感知障碍、

思维障碍、情感失调、行为脱离现实、精神活动与周围环境不相协调。精神分裂症患者的共同特征有：行为上怪异或退缩，与现实环境、情境极不相称；思维上没有清晰的思路脉络，思维过程混乱不堪，讲话语无伦次，答非所问；常常伴有幻觉，听到别人议论他的声音或看到引起其强烈焦虑的、虚构的事物；常觉得有人想害他（被害妄想），有很多人针对他（关系妄想），有被跟踪感、被控制感、被洞悉感；情感淡漠、不协调；生活懒散，意志减退或缺乏，自知力缺乏。

### 7. 双相情感障碍（躁郁症）

双相情感障碍是以情感高涨、活动增多、联想速度加快、极度兴奋与情绪低落、意志消沉、思维迟缓交替出现的一组精神障碍。患者表现出躁狂状态与抑郁状态的两极性，如果仅有抑郁发作就叫抑郁症，仅有躁狂发作就叫躁狂症。

躁狂状态常表现为情绪高涨，具有强烈而持久的喜悦与兴奋；思维奔逸，联想过程明显加快，口若悬河，滔滔不绝；行为活动明显增多，喜交往，爱凑热闹，好管闲事，整天忙忙碌碌，不知疲倦；自我感觉良好，言辞夸张；脾气差，动辄大动肝火，易激惹。抑郁状态则表现为情绪低落、无精打采、沮丧忧郁；思维迟钝、麻木，动作迟缓乃至僵木，兴趣减退，信心下降，动力缺乏，性欲减退，体重减轻，有自杀念头。

### 8. 癔症（歇斯底里）

其是指由于精神受到强烈刺激、内心又有重大冲突或受到不良暗示的作用下，引起某些易感个体的大脑机能出现失调而造成的一种精神障碍。它可以有各种各样的躯体症状，也可以有意识范围的狭窄；可以有选择性遗忘，也可以有情感大爆发，就是查不到相应的器质性的损害的证据。患者女性多于男性；表现为突然发生的意识范围狭窄、情感暴发、选择性遗忘、以及自我身份识别障碍；表现为各种各样的躯体症状，比如头痛、头晕、晕厥、耳鸣、眼花、胸闷、胸痛、心慌、呼吸困难、腹部不适、恶心、呕吐、四肢麻木、无力、抽搐、失明、失聪、失语等。

癔症在特定条件下可能出现集体发病，如学校里有一名同学患癔病，周围的同学就可能因暗示与自我暗示而相继发病，表现类似的症状和病征。总之，癔症的临床表现多种多样，什么病的症状都可以呈现出来，常被喻为"天才模仿师"，但只要诊断正确，治疗效果往往不错。

## （二）常见心理疾病的应对

如果怀疑自己得了心理疾病，一定要及时就医，以免耽误病情。如果被医生诊断为心理疾病，需要做的是：以精神科医生的诊断为主，遵照医嘱服药治疗；坚持服药，不能擅自停止治疗。

很多精神疾病患者都"谈药色变"，认为自己不需要服药，那么利用心理咨询可不可以治疗精神疾病呢？

首先，从法律层面来看，《中华人民共和国精神卫生法》第二十三条规定："心理咨询人员不得从事心理治疗或者精神障碍的诊断、治疗。心理咨询人员发现接受咨询的人员可能患有精神障碍的，应当建议其到符合本法规定的医疗机构就诊"。该法第二十九条规定：

"精神障碍的诊断应当由精神科执业医师作出"。也就是说，心理咨询师不可以对精神障碍进行诊断和治疗，如果怀疑来访者有精神障碍，必须将其转至有资质的医疗机构进行诊治。

有的学生得知自己患了精神障碍，内心十分抵触，不愿意去医院诊治，也不想服药，但这种做法并不可取，应及时到有资质的医院治疗。所以，对于精神障碍患者来说，最重要的是要遵守精神科医师的医嘱，心理咨询并不能治疗心理疾病。

【扩展阅读】

### 如果你的灵魂得了一场重感冒……

据世界卫生组织统计，全球每年的自杀人数超过80万人，每40秒便有一个人自杀，比战争和凶杀的总数还要多57%。这些自杀者中多达40%患有抑郁症。抑郁症犹如梦魇一般折磨着全世界3亿人口，但很多人往往给抑郁症患者打上"心态不好""脆弱""矫情"的标签，甚至认为这些不值得同情。其实，他们并非伤心、难过，而是失去了自我价值认同的能力，犹如丢了灵魂的行尸走肉。

随着分子遗传学的发展，科学家已经定位了多种与抑郁症有关的候选基因，这些基因能影响大脑的激素作用机制。例如，5-羟色胺系统基因、多巴胺系统基因、神经营养因子基因、脑源性神经营养因子，这些基因能联合影响体内血清素和多巴胺水平。当血清素被抑制时，人便会受到抑郁的困扰；当多巴胺被抑制时，人便会失去目标。科学家通过研究发现，抑郁症患者的大脑网络活动往往处于异常状态，即当眶额叶皮层负责感知奖赏的区域异常，获得奖赏不会感到快乐，达不到预期，又会比普通人更加失望。除了奖赏机制外，抑郁症导致的大脑网络异常还会影响到情绪调节、反刍性思维，甚至是自我意识。另外，抑郁症还会影响人的思维速度。神经纤维连接着大脑中的神经元，它们是神经信号传导的通道。英国爱登堡大学的研究人员对3000多人的大脑白质进行了扫描，发现他们中抑郁症患者大脑白质的整合性低于普通人，不同区域间的信号传递速度慢了很多，这是抑郁症患者思维迟缓、行为迟钝的根本原因。除了情绪、大脑功能，以及思维活动，抑郁症患者的记忆也被明显抑制。很多人患了抑郁症之后并不自知。

如果说抑郁症是心灵的感冒，每个抑郁的人的心灵都处在亚健康的状态，向上是健康，向下是深渊，这个能吞噬任何乐观主义者的深渊，也如同感冒一样。抑郁症距离普通人并不遥远，当一个人失恋后，若连续两周处于抑郁状态，便达到了短期抑郁症的临床诊断标准。预防永远比治疗更重要。抑郁的反面不是快乐，而是活力，我们并非脆弱，只是病了。

抑郁症和现代社会高度相关，世界卫生组织的调查数据显示，近几十年来，世界范围内的抑郁症患病率暴增了20倍。如今，抑郁症的发病年龄已经越来越低，而是在青少年群体内，抑郁症患者的自杀率居高不下。有人对抑郁症患者进行了长达10年的追踪研究，发现多达80%抑郁症患者的病情会多次复发。相关研究人员建议，对于抑郁症需要进行预防性治疗，若发作3次以上，就必须进行长期治疗，甚至需要终身服药了。每个人都应该正确认识抑郁症，对其进行积极的预防或治疗，从而消除偏见。

## 第三节　心理 SPA
### ——大学生心理咨询概述

【引导案例】

#### 小丽的问题

小丽是某大学三年级的女生。刚入学时，她性格开朗、活泼好动，爱好广泛，喜欢交友。但是进入大三后，面对学习、就业、恋爱等各种压力，她出现了心理困扰，也变得沉默寡言，不愿与别人交流，脾气变得很糟，导致很多同学和她疏远了。她一直无法摆脱这一系列心理问题造成的困扰。在辅导员老师的建议下，她来到了学校心理咨询中心。她十分紧张不安，和心理咨询老师说道："我不愿让其他同学知道我来这儿咨询，我感觉你们也帮不上我什么，希望咱们很快结束咨询，你也要给我保密。"心理咨询老师热情地请她就座，并告知她心理咨询的保密原则，表明愿意帮助她解决所面对的困扰，并约定了下次约谈的时间……

小丽究竟出了什么问题？她可不可以通过做心理咨询来解决问题呢？

作为心理学应用的重要内容，心理咨询已成为指导人们解决生活中各种心理问题的重要手段。大学生在维护和促进心理健康的过程中，除了重视自我的调节，得到朋友的帮助、家长的支持、老师的指导外，还可以寻求心理学专业老师或心理咨询机构的帮助。心理咨询可以帮助大学生实现有效的心理调节，解决一部分问题，从而提高他们的心理素质。大学生主动寻求心理咨询员的专业性指导有助于健康成长与品格完善。

## 一、了解心理咨询

### （一）心理咨询的概念

"咨询"一词有商讨、协商的意思。心理咨询是心理咨询师协助求助者解决各类心理问题的过程，即心理咨询师运用心理学的原理和方法，帮助求助者发现自身的问题，从而靠挖掘求助者本身的潜在能力来改变其原有的认知结构和行为模式，以提高其对生活的适应性。

视频：认识心理咨询

### （二）心理咨询的适用对象

心理咨询的主要对象可分为三大类：
（1）精神正常，由现实问题引起的心理问题并需要帮助的人群。
（2）精神正常，心理健康出现问题并需要帮助的人群。
（3）特殊对象，曾患精神疾病，但已临床治愈的人群。

其中，心理咨询最主要的对象是前两类，也就是健康人群或亚健康人群，而不是人们常认为的"精神病患者"（他们其实是精神科医生的工作对象）。健康人群会面对婚姻家庭、择业、子女教育、人际关系、学习、恋爱、性心理、自我发展、抑郁、压力等许多问题，他们期待自己可以做出理想的选择，从而顺利度过人生的各个阶段，这时就可以寻求心理咨询师的帮助了。

## （三）心理咨询的内容和分类

根据内容，心理咨询可以分为发展咨询和健康咨询；根据咨询规模，心理咨询可分为个体咨询与团体咨询；根据采用的形式，心理咨询可分为门诊咨询、电话咨询和互联网咨询。

### 1. 发展咨询

发展问题是指在某一发展阶段如果不能顺利完成这个发展阶段的任务，就可能出现问题，也是每个人都可能会遇到的问题，如新生入学适应性问题、人际关系、学业问题、恋爱问题、职业生涯规划等。心理咨询帮助来访者了解自己处在什么样的发展阶段，需要发展哪些心理品质，以及怎样发展这些心理品质，以便顺利地发展自己。这也是学校心理咨询主要面对的人群。

### 2. 健康咨询

健康咨询是指对存在不同程度心理障碍的来访者进行咨询。长期处在内心冲突之中，或者经历比较严重的心理创伤，心理健康遭到不同程度破坏的人，尽管他们的精神状态仍然是正常的，但心理健康水平却下降了，从而出现了不同程度的心理问题。这时，就需要向心理咨询师求助了。出现如下情况时需要进行心理咨询：

（1）各种情绪障碍，如焦虑、抑郁、恐惧等。

（2）各种不可控制性的思维、意向、行为、动作的解释。

（3）各类疾病，如冠心病、高血压、支气管哮喘、溃疡，以及性功能障碍等。

（4）长期慢性躯体疾病，久治不愈，既对治疗效果不满意、又丧失信心，需要进行心理上的指导者。

## （四）心理咨询的特点

心理咨询既不是"授人以鱼"，也不是"授人以渔"，更像是咨询师和来访者一起探索捕鱼方式，即"助人以自助"。心理咨询有以下三个特点：

### 1. 助人自助

心理咨询师会在咨询过程中运用心理咨询的原理和方法来帮助来访者解决他的心理困扰，这个过程并不是心理咨询师直接解决问题，而是"助人自助"的过程，目的是让来访者自己找到解决问题的方法。

### 2. 互动性

很多人对心理咨询有误解，进了咨询室之后就会先给咨询师讲一堆问题和症状，讲完之后就等着咨询师"开处方"。其实，心理咨询师和来访者的交互并非是这样的一问一答的过程，而是在互动。咨询师确实会提问，但这种提问不是为了"开处方"，而是为了促进来访者自身的探索和思考。咨询师并不会告诉来访者该怎么做，而是通过提问引发来访者的反思。

### 3. 心理性

心理性的意思就是它解决问题的范畴是心理问题，而一些非心理的问题则不属于心理咨询的范畴。心理咨询不能提高你的学习成绩，也不能让离开你的爱人再回来，更不能治疗身体上的疾病，但是它可以帮助你探索取得好成绩的方法，正确面对失恋时的伤痛，以及应对患病后的心理绝望感。

### 【扩展阅读】

区分心理咨询与心理治疗的方法见表1-2。

表1-2 区分心理咨询与心理治疗的方法

|  | 心理咨询 | 心理治疗 |
| --- | --- | --- |
| 接受帮助者 | 称为来访者或当事人。这些人是"在适应和发展方面发生困难的正常人" | 称为患者，主要指心理异常的人 |
| 给予帮助者 | 称为咨询者或咨询心理学家，接受过心理学专业训练 | 1. 精神病医生。主要接受医学训练，较少经过系统的心理学训练<br>2. 临床心理学家，主要接受心理学训练 |
| 心理障碍的性质 | 正常人在适应和发展方面的障碍，如人际关系方面的、学业方面的、升学就业方面的、婚姻家庭方面的，也涉及一些变态行为 | 神经症、人格障碍、行为障碍、性心理变态、处于缓解期的某些精神病等 |
| 干预的特点 | 强调教育的原则和发展的原则，重视对象理性的作用，强调发掘、利用其潜在积极因素 | 强调人格的改造和行为的矫正，重视症状的消除，有些治疗流派不重视病患者理智的作用，如心理分析和行为治疗。治疗时间长，从数周到数年不等 |

## 二、为什么要做心理咨询

### （一）心理咨询的功能

心理咨询过程并非大多数人通常所理解的劝慰人或开导人，也并非少数人理解的仅可以消除心理障碍。心理咨询过程是"人格重构"的过程，它所追求的目标是帮助你实现"心灵再度成长"的任务。具体来讲，心理咨询可以在以下八个方面为人们提供支持和帮助。

（1）教你管理自己情绪的方法，使你拥有积极稳定的情绪，避免罹患各种情绪障碍，如抑郁症、躁狂症、双相情感障碍。

（2）帮助你学会正确认识自我和周围世界，使你拥有完善的认知体系，避免因为错误原因而导致种种失败。

（3）帮助你恢复爱的能力，使你学会幸福生活，幸福地工作，幸福地去爱。

（4）使你拥有健全的人格，摆脱自卑、自恋、自闭等不良心态，从而更好地投入学习、工作和生活中。

（5）帮助你摆脱因失业、失恋造成的痛苦，教会你应付生活中种种挫折的方法。

（6）矫治各种人格障碍和神经症。

（7）为你提供职业咨询指导，帮助你在人生重大问题上做出正确的抉择。

（8）帮你度过人生各发展阶段的危机，让你顺利完成心理发展任务。

### （二）大学生心理咨询的意义

（1）有利于大学生提高心理保健意识和心理调节能力。心理咨询有助于增进大学生的心理保健意识，提高心理防御能力，减轻各种不良因素造成的心理问题。心理咨询可以令我们更清楚的认识产生自身心理问题的原因，学习心理调控的技巧，当出现心理问题而无法及时咨询时，掌握自我心理调节技能就十分重要，可以有效缓解心理冲突。

（2）有利于大学生解决学习、生活中的问题，缓解心理压力。部分大学生有自卑心理和抑郁倾向，有的是家庭原因造成的，有的是恋爱失败造成的，还有的是其他因素造成的。心理咨询可以缓解心理压力，使大学生能够以正确的心态面对挫折，妥善解决好心理问题带来的困惑，保持身心健康愉悦。

（3）有助于大学生建立和谐的人际关系，更好地适应社会。大学是一个小型的社交圈，而不少大学生不会处理人际关系，他们缺乏朋友，不好相处，甚至社交恐惧。心理咨询可以帮助大学生改变封闭的心态，提升人际交往技巧，增强自我保护意识和对社会行为规范的认识，让他们更加积极主动参与社会活动，发挥自己的社会价值。

（4）帮助大学生更好地实现自我发展，充分发挥自己的潜力。大学生面临各种成长中的选择，如恋爱、学业、职业的选择等都是非常重要的，而心理咨询可以帮助他们更清楚地了解自己的优势和劣质，找到合适的方向，从而实现自我价值。

## 三、如何进行心理咨询

### （一）心理咨询的设置

心理咨询不同于一般的聊天，它是专业的"交流"，有专业的规矩，这些规矩在正规的咨询中应成为设置。通常，心理咨询具有以下设置：

#### 1. 地点设置

心理咨询作为一项专业的助人工作，不同于简单的聊天，它必须有严格的地点设置。这是心理咨询设置中最根本的一点。因为心理咨询的场景，是在固定，设置让人比较有安全感、温馨的心理咨询室内进行的。心理咨询师一般是不出诊的，如遇特殊情况（如危机干预等），则可以出诊。

视频：如何进行心理咨询

#### 2. 时间设置

心理咨询进行时间设置的目的主要是把咨询控制在来访者注意力最

容易集中的时间段，这样对于解决来访者的问题会更加有利。

（1）咨询时间：个人咨询的时间一般为50分钟/次。咨询双方都能全神贯注的限度在1小时左右。当然根据来访者的不同情况可以选用的不同咨询技术，因此，咨询的时间也会有一定差异，这就需要具体问题具体对待。

（2）咨询频率：经典精神分析的咨询频率通常是每周4~5次，而其他形式的个体咨询以每周1次较为普遍。根据来访者的情况设置心理咨询的频率，可以保证采访者得到良好的咨询服务。

（3）疗程：是指从第一次咨询直到咨询目标的实现，整个心理咨询过程所持续的时间。心理咨询疗程的长短取决于来访者咨询问题的难度、咨询目标的设置、采用的咨询方式等，从只有一次咨询到长达几年时间，甚至是长期的伴随。在大学里，为了资源的平衡，心理咨询一般会设置次数限制，比如上线设定为12~18次。除此之外，在不同的咨询阶段，还需要根据当时的咨询任务不断调整咨询时间。

### 3. 预约设置

咨询师的咨询时间安排需要进行严格的预约设置。一方面，这是为了避免咨询中心经常有人任意来往，给来访者造成不安全的感觉；另一方面，这也是为了保障咨询师有休息的时间，能够在咨询后有足够的时间整理自己的思绪，做好迎接下一位来访者的准备。咨询师一般不接待临时到访者，除非发生了危机状况。

### 4. 转介设置

当遇到下列情况时，咨询师可以将来访者转介到其他机构或咨询师。

（1）不属于心理咨询解决的范畴。例如，有的来访者的问题属于精神疾病范畴，心理咨询师会将其转介到精神疾病治疗机构，这样更有利于为他们提供有建树性的帮助。再如，像法律问题、学校的校纪校规等问题的咨询，也不属于心理咨询的范畴，咨询师也可以将来访者进行转介。

（2）咨询师个人的问题。若咨询师认为自己不适合做咨询的情况都属于咨询师个人问题，如有的咨询师能力有限，不能合理解决来访者的问题，便可以将来访者转介给合适的心理咨询师；有的咨询师在咨询进程中出了状况，不适合做咨询，这时也可以将来访者转介给别的咨询师。

转介的原则是维护来访者的利益，因此，要对转介有正确的认识：转介并不一定因为问题有多严重，或者是咨询师不喜欢来访者，而是咨询师无法提供帮助。

## （二）心理咨询的程序

（1）做决定。当你遇到一些心理方面的困惑或难题而自己又不能解决，周围的同学和老师也没有很好的办法时，便可以寻求心理咨询师的帮助。如果你想好了，那就做出决定吧。

（2）预约。决定做咨询之后，你可以用面谈、电话、网络等方式与咨询师联系，把你的情况简单介绍一下，然后约定与咨询师见面的时间。

（3）第一次咨询。第一次咨询时应与咨询师确定咨询目标及咨询方法，并进行第一次咨询，结束时商定下次的咨询时间。

（4）坚持咨询。心理咨询需要一个过程，而这个过程能否持续，决定了咨询能否有效果。所以，进行心理咨询不能半途而废。

（5）结束咨询。如果你完成了咨询计划，达到了预期效果，或者认为咨询师不能有效解决问题时，便可以及时结束咨询或更换咨询师。

【扩展阅读】

## 心理咨询的常见误区

1. 心理咨询就是聊天

心理咨询不同于一般意义上的聊天，它是一种根据心理学的专业理论和技能，并结合医学、教育学、社会学等多学科的知识，有严格操作规程和科学的理论体系来解决心理问题的过程。因此，心理咨询完全不同于亲朋好友的劝说或老师的思想政治教育。而能够提供"聊天"服务的人也不是随随便便就行的，而是需要经过特定的培训与考核后才可以胜任。

2. 有精神病的人才会去心理咨询

心理咨询作为新兴学科，在我国起步较晚，往往给人一种神秘感，来访者都会思索再三才会前来咨询，咨询师反复承诺保密后才肯开口讲述；或是绕了很大的弯路，才愿意吐露自己的真情实感。因为在许多人看来，做心理咨询的人大都是精神不正常的，要么就是有见不得人的事，甚至有道德品质方面的问题。所以，很多人宁愿饱受心理上的痛苦折磨，也不愿或不敢前来就诊。

实际上，心理问题与精神病是两个完全不同的概念。每个人在成长的不同阶段都有可能会遇到这样那样的问题，导致消极情绪的产生，如果及时加以处理，这些问题就能被顺利解决，否则便可能会产生长期不良的影响，甚至导致人产生心理障碍。大部分人在日常生活中会遇到心理问题，这并不意味着有什么不正常或有见不得人的，这恰恰表明我们有较高的生活追求，希望进一步自我完善。

3. 心理咨询师可以窥视我的内心

许多来访者认为只要简单说一下自己的情况，咨询师就应该猜出他真实的想法，否则就说明咨询师的水平不高。其实咨询师也是人，他们并不能窥见他人的内心，只能运用心理学的理论和方法，来分析访者提供的信息。因此，做咨询时还是要尽量详细地提供信息，才能尽快找到问题所在，才能有利于咨询师做出正确的诊断。

4. 心理咨询就是咨询师告诉我该怎么做

有的来访者把咨询师当作"救世主"，把所有的问题都丢给咨询师，认为他们应该有能力一一化解，而自己不需要思考、不需要努力，也不用承担责任。然而，心理咨询师只能起到分析、启发、引导、支持、促进来访者改变和成长的作用，不会也不能把自己的观点强加给来访者，更不能替来访者做决定。真正的"救世主"只有一个，那就是来访者自己。只有下定决心改变自己并为之努力，才能最终超越自我，实现目的。

5. 好的心理咨询应该看一次就有效

有的人会抱怨：心理咨询没用，不能解决我的问题。这样的抱怨往往来自那些仅做了一两次咨询的来访者，他们在咨询前对心理咨询师抱有极高的期待，幻想咨询师能够一次就把自己长期的压抑与痛苦一扫而光。其实，心理咨询是一个连续的、长期的改变过程。心理问题就像一座万年冰山，若没有强烈的想要改变的动机和恒久的毅力，是难以消融的，所以，来访者要做好"打持久战"的心理准备。当然，心理咨询也有一定的适配性，任何咨询师的治疗方式和流派，咨询风格和个性特点都不可能与所有来访者的情况匹配的，如果觉得咨询效果不佳，可以选择更换咨询师。

【本章小结】

（1）心理学是研究心理现象及其发生和发展规律的科学。

（2）心理活动是人脑的机能，是人脑对客观现实的反映。

（3）心理健康是指能良好适应环境，具有生命的活力，能充分发展身心潜能的、积极的心理状态。

（4）大学生心理发展的特点有：智力发展达到高峰，但缺乏成熟的理性思考；自我意识开始成熟，意志力增强；情绪丰富多彩，交往需求强烈；人格趋向成熟和完善，职业自我意识逐步确立。

（5）大学生常见的心理困惑有：适应问题、学业问题、情绪问题、人际关系问题、焦虑问题、情感问题、性健康问题和特殊群体心理健康问题。

（6）应对心理困惑的方法有：培养良好的人格品质、养成科学的生活方式、加强自我心理调节、积极参加业余活动，发展社会交往、求助心理老师或心理咨询机构，获得心理健康知识。

（7）大学生常见的心理疾病有：神经衰弱、焦虑症、抑郁症、恐怖症、强迫症、精神分裂症、双相情感障碍和癔症等。如果大学生怀疑自己患了心理疾病，应及时就医，若被诊断为心理疾病，应以医生诊断为主，遵照医嘱治疗。

（8）心理咨询是心理咨询师运用心理学的原理和方法，帮助求助者发现自身的问题，从而挖掘求助者本身潜在的能力，来改变原有的认知结构和行为模式，以提高对生活的适应性和调节周围环境的能力。

（9）心理咨询有三个特点：助人自助、互动性和心理性。

（10）根据心理咨询的内容，心理咨询可以分为发展咨询和健康咨询；根据咨询的规模，可分为个体咨询与团体咨询；根据咨询采用的形式，可分为门诊咨询、电话咨询和互联网咨询。

（11）学校心理咨询的对象大部分是面临发展性问题的正常人群，咨询内容主要包括入学适应性问题、人际关系、学业问题、恋爱问题、生涯规划等。

（12）心理咨询可以帮助我们正确自我认知、学会情绪管理、摆脱不良心态、减轻心灵痛苦、学会应对挫折、做好职业选择、度过发展性危机。

（13）心理问题与心理咨询是两个不同的概念，心理问题是人们在日常生活中经常会遇到的，而心理咨询主要面对的是正常人群。

【思考题】

（1）仔细回顾你过去的生活经历，你曾经遇到过哪些心理困惑或心理困扰？你是如何解决的？从中学到了什么经验？

（2）如果说心理健康是一个过程，请按图1-2中的坐标对自我心理健康发展状况做出评估。

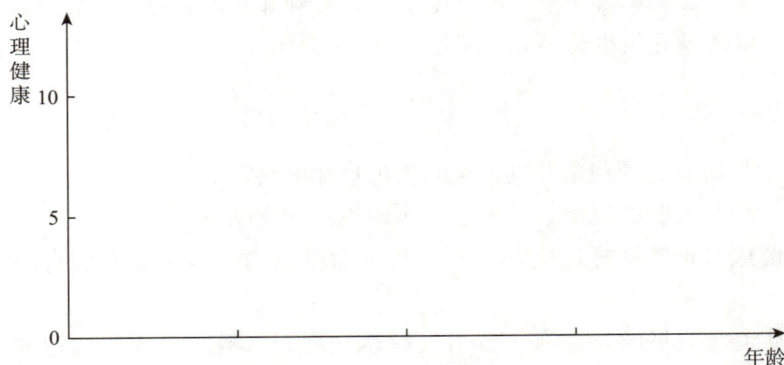

图1-2　心理健康发展状况

【心理自测】

指导语：表1-3中列出了心理咨询中出现的症状或问题，请仔细阅读，然后根据该句话与你自己的实际情况相符合的程度（最近一个星期或过去），选择一个适当的数字（1＝从无，2＝很轻，3＝中等，4＝偏重，5＝严重）填写在表1-3的选项中。

表1-3　症状自评量表（SCL-90）

| | 陈述项 | 选项 |
|---|---|---|
| 1 | 头痛 | |
| 2 | 神经过敏，心中不踏实 | |
| 3 | 头脑中不必要的想法或字句反复出现 | |
| 4 | 头晕或经常晕倒 | |
| 5 | 对异性的兴趣减退 | |
| 6 | 对旁人责备求全 | |
| 7 | 感到别人能控制你的思想 | |
| 8 | 责怪别人制造了麻烦 | |
| 9 | 忘性大 | |
| 10 | 担心自己的衣饰是否整齐和仪态是否端正 | |
| 11 | 容易烦恼和激动 | |
| 12 | 胸痛 | |
| 13 | 害怕空旷的场所和街道 | |
| 14 | 害怕自己的精力下降，活动减慢 | |

续表

| | 陈述项 | 选项 |
|---|---|---|
| 15 | 想结束自己的生命 | |
| 16 | 能听到旁人听不到的声音 | |
| 17 | 发抖 | |
| 18 | 感到大多数人都不可信任 | |
| 19 | 胃口不好 | |
| 20 | 容易哭泣 | |
| 21 | 同异性相处时感到害羞不自在 | |
| 22 | 感到受骗，中了圈套或有人想抓住你 | |
| 23 | 无缘无故地突然感到害怕 | |
| 24 | 不能控制地大发脾气 | |
| 25 | 害怕单独出门 | |
| 26 | 经常责怪自己 | |
| 27 | 腰痛 | |
| 28 | 感到难以完成学习/工作任务 | |
| 29 | 感到孤独 | |
| 30 | 感到苦闷 | |
| 31 | 过分担忧 | |
| 32 | 对任何事物都不感兴趣 | |
| 33 | 感到害怕 | |
| 34 | 感情容易被伤害 | |
| 35 | 旁人能知道你的私下想法 | |
| 36 | 感到别人不理解你，不同情你 | |
| 37 | 感到人们对你不友好，不喜欢你 | |
| 38 | 做事必须做得很慢以保证做得正确 | |
| 39 | 心跳得很厉害 | |
| 40 | 恶心或胃部不舒服 | |
| 41 | 感到比不上他人 | |
| 42 | 肌肉酸痛 | |
| 43 | 感到有人在监视你、谈论你 | |
| 44 | 常常难以入睡 | |
| 45 | 做事必须反复检查 | |
| 46 | 难以做出决定 | |

续表

| | 陈述项 | 选项 |
|---|---|---|
| 47 | 害怕乘坐公共交通工具 | |
| 48 | 呼吸困难 | |
| 49 | 一阵阵发冷或发热 | |
| 50 | 因为感到害怕而避开某些物品、场合或活动 | |
| 51 | 脑子变空了 | |
| 52 | 身体发麻或刺痛 | |
| 53 | 喉咙有梗塞感 | |
| 54 | 感到前途没有希望 | |
| 55 | 不能集中注意力 | |
| 56 | 感到身体的某一部分软弱无力 | |
| 57 | 感到紧张或容易紧张 | |
| 58 | 感到手脚沉重 | |
| 59 | 想到死亡的事情 | |
| 60 | 吃得太多 | |
| 61 | 当别人看着你或谈论你时，会感到不自在 | |
| 62 | 总浮现一些原本不属于自己的想法 | |
| 63 | 有想打人或伤害他人的冲动 | |
| 64 | 醒得太早 | |
| 65 | 必须反复洗手、给物品点数 | |
| 66 | 睡得不稳不深 | |
| 67 | 有想摔坏或破坏东西的想法 | |
| 68 | 有一些别人没有的想法 | |
| 69 | 感到别人神经过敏 | |
| 70 | 在商店或电影院等人多的地方感到不自在 | |
| 71 | 感到任何事情都很困难 | |
| 72 | 经常感到一阵阵恐惧或惊恐 | |
| 73 | 感到公共场合吃东西很不舒服 | |
| 74 | 经常与别人争论 | |
| 75 | 单独一个时神经很紧张 | |
| 76 | 别人对你的成绩没有做出恰当的评价后会很生气 | |
| 77 | 即使和他人在一起也感到孤单 | |
| 78 | 常感到坐立不安，心神不定 | |

| | 陈述项 | 选项 |
|---|---|---|
| 79 | 常感到自己没有什么价值 | |
| 80 | 感到熟悉的东西变成陌生或不像是真的 | |
| 81 | 大叫或摔东西 | |
| 82 | 害怕会在公共场合晕倒 | |
| 83 | 觉得别人想占自己的便宜 | |
| 84 | 为一些有关性的想法很苦恼 | |
| 85 | 认为自己应该为自己的过错而受到惩罚 | |
| 86 | 感到要很快把事情做完 | |
| 87 | 感到自己的身体有严重问题 | |
| 88 | 从未感到和其他人很亲近 | |
| 89 | 感到自己有罪 | |
| 90 | 感到自己的脑子有毛病 | |

对症状自评量表的解释见表 1-4。

表 1-4　对症状自评量表的解释

| 项目 | 常模分数 ± 标准差 |
|---|---|
| 躯体化 | 1.37 ± 0.48 |
| 强迫症状 | 1.62 ± 0.58 |
| 人际关系敏感 | 1.65 ± 0.51 |
| 抑郁 | 1.50 ± 0.59 |
| 焦虑 | 1.39 ± 0.43 |
| 敌对 | 1.48 ± 0.56 |
| 恐怖 | 1.23 ± 0.41 |
| 偏执 | 1.43 ± 0.57 |
| 精神病性 | 1.29 ± 0.42 |
| 总症状指数 | 1.44 ± 0.43 |

躯体化：主要反映身体不适感，包括心血管、胃肠道、呼吸和其他系统的主诉不适，和头痛、背痛、肌肉酸痛，以及焦虑等其他躯体表现。

强迫症状：主要指那些明知没有必要，但又无法摆脱的无意义的思想、冲动和行为，还有一些比较一般的认知障碍的行为征象也在这一因子中反映。

人际关系敏感：主要指某些个人的不自在感与自卑感，特别是在与别人相比较时更加明显。例如，在人际交往中的自卑感，心神不安，明显不自在，以及人际交流中的自我意识，消极的期待也是这方面症状的典型原因。

抑郁：苦闷的情感与心境为代表症状。以生活兴趣的减退，动力缺乏、活力丧失等为特征。以反映失望、悲观及与抑郁相联系的认知和躯体方面的感受。另外，其还包括有关死亡的思想和自杀观念。

焦虑：一般指那些烦躁、坐立不安、神经过敏、紧张以及由此产生的躯体征象，如震颤等。测定游离不定的焦虑及惊恐发作是主要内容。

敌对：主要从三个方面来反映敌对的表现：思想、感情及行为，包括厌烦的感觉，摔物，争论，直到不可控制的脾气爆发等各方面。

恐怖：恐怖的对象主要包括出门旅行、空旷场地、人群，或公共场所和交通工具。此外，其还包括反映社交恐怖的一些项目。

偏执：主要指投射性思维，敌对、猜疑、关系观念、妄想、被动体验等。

精神病性：既反映各种各样的急性症状和行为，也反映精神病性行为的继发征兆和分裂性生活方式的指征。

测试结果：

当分数低于常模＋标准差分数时，表示个体表现正常，没有这方面问题。

当分数高于常模＋标准差分数，但低于常模＋2×标准差时，则表示个体在这方面可能存在一定程度的问题，需要接受进一步的专业人员的检查。

当分数高于常模＋2×标准差分数时，则表示存在这方面的问题，需要接受专业的心理咨询。

## 【推荐资源】

### 1. 书籍：《心理学改变生活》（第9版）

本书写给那些有兴趣在生活中应用心理学的知识和原理，更好地认识自己，更好地生活的读者。

心理学看似神秘，实则有迹可循。人作为个体参与社会，从小到大、从恋爱到结婚、从职场到生活，无数磕碰与烦恼，无数自省与调节，都有心理学的踪影。心理学渗透在生活的各方面，影响和改变着我们的人生。

本书从个人、职场、商场、恋爱、家庭等方面，多角度、多层次讲解了心理学对生活的巨大影响，结合大量真实心理案例，向读者传授了多种控制负面心理、走出抑郁生活的实用心理调节技巧，再辅以丰富多样的人格测试和心理测验，帮助读者在阅读中增长智慧，让生活变得轻松。

### 2. 电影：《美丽心灵》

故事的原型是数学家小约翰·福布斯·纳什。英俊而性格又十分古怪的纳什早年就做出了惊人的数学发现，开始享有国际声誉。但纳什出众的直觉受到了精神分裂症的困扰原来纳什的挚友查尔斯、查尔斯可爱的小侄女和威廉·帕彻都是纳什的幻觉。在妻子艾丽西亚的支持下，纳什受到了她那坚贞不渝的爱情和忠诚的感动，最终决定与这场被认为是只能好转、无法治愈的疾病作斗争。

在病魔的重压之下，他仍然被那令人兴奋的数学理论所驱使着，决心寻找自己的恢复常态的方法。通过意志的力量，他接纳他所出现的幻觉，与幻觉共存，一如既往地继续进行着他的工作，并于 1994 年获得了诺贝尔经济学奖。

# 第二章  认识自我  完善自我

## 【知识点导读】

在我们的周围，有的大学生十分自卑，正是自卑感阻碍了他们的社会交往和成长进步。与此同时，有的学生走向另一个极端——自负。导致这些不能客观评价自己的现象出现原因是这些人对自己的认识不足。"认识你自己"，这句古希腊德尔斐神庙门楣上的格言，被苏格拉底当作自己哲学原则的宣言。"我是谁？""我是怎样的人？"这些看似再简单不过的问题，你真的认真想过吗？希望同学们通过学习本章，可以认识到自我发展的重要性，了解并掌握自我意识发展的特点是什么，识别在自我意识发展过程中出现的偏差及原因，并能够对其进行调适，从而建立自尊、自信的自我意识。

## 【教学内容】

（1）了解自我意识的含义与分类、发展阶段和自我意识发展的特点。
（2）理解自我意识发展的类型与常见的自我意识偏差及其调适。
（3）掌握完善自我、超越自我的方法，接纳自己，促进自我成长。

## 【素质目标】

形成积极的价值观念和理想信念，顺应并认同"富强、民主、文明、和谐，自由、平等、民主、法制"的国家价值目标和社会价值取向，认同并内化"爱国、敬业、诚信、友善"的个体层面的价值准则。

## 第一节  自我认识
### ——自我意识概述

## 【引导案例】

### 方丈与小和尚

寺庙里新来了一个小和尚。他第一时间去见方丈，殷勤诚恳地说："我刚来，应该先干些什么呢？请方丈指教。"方丈微微一笑，对他说："你先去认识一下寺里的众僧吧。"第二天，小和尚对方丈说："寺里的僧人我都认识了，接下来该去做些什么呢？"方丈说："你肯定还有遗漏，继续去了解、去认识吧。"

三天过后，小和尚又来见方丈，信心十足地说："这次，寺里所有僧人我都认识了。"方丈笑了笑，因势利导地说："你还差一个人没认识，这个人对你特别重要。"小和尚满腹狐疑地走出方丈的禅房，一个人一个人地询问、一间屋一间屋地寻找。在阳光里、在月光下，他一遍一遍地琢磨、寻思着。

直到有一天，一头雾水的小和尚在一口水井里看到自己的身影，豁然开朗，赶忙跑去见老方丈……

人们经常会问一些有关自我的问题，如"我是谁？""我是一个什么样的人？""我为什么会是这样的人？""为什么我和别人有很大的区别？"这些问题对每个人来说都十分有意义。

## 一、自我意识的含义

自我意识是指对自己身心活动的觉察，即自己对自己的认识，具体包括认识自己的生理状况（如身高、体重、体态等）、心理特征（如兴趣、能力、气质、性格等）及人际关系（如人己关系、群己关系等）。简言之，自我意识就是自己对于所有属于自己身心状况的认识，是一个人对自己和对自己与周围世界关系的认识。

自我意识是意识的核心部分，它是一个人在社会化过程中逐步形成和发展起来的，对自我以及自己与周围环境关系的多方面、多层次的认知、体验和评价，是个体关于自我全部的思想、情感和态度的总和。自我意识是人特有的反映形式，是人的心理区别于动物心理的一大特征。自我意识具有目的性、社会性、能动性等特点，对个性的形成、发展起着调节、监督、校正的作用。自我意识的表现形式是丰富多样的。正因为如此，我们可以通过多种途径来认识自己，也认识别人。比如，你对自己的外表、能力、性格、家庭背景满意吗？你对自己的成绩和学习环境满意吗？自己究竟是什么样的人？别人对你的评价如何？他们是喜欢你还是讨厌你？这些问题都属于自我意识的范畴。

什么是自我意识

### 【课堂活动】

#### 假如我是……

将全班同学分成10人以内的小组，并请每位同学独立完成下列句子：

（1）假如我是一种花，我希望是_____，因为 _____。

（2）假如我是一种动物，我希望是_____，因为 _____。

（3）假如我是一种乐器，我希望是_____，因为 _____。

（4）假如我是一种水果，我希望是_____，因为 _____。

（5）假如我是一种颜色，我希望是_____，因为 _____。

（6）假如我是一种交通工具，我希望是_____，因为 _____。

（7）假如我是一棵树，我希望是_____，因为 _____。

填写完之后，请在组内进行下列互动：

（1）分别请同学们念出7个"假如"。

（2）分享这个过程的感受和感悟，避免对别人进行评价。

（3）邀请部分同学在全班分享，对所分享的内容不做出评价，也不进行类型的判断，要引导同学与自己的内心对话，分享各种感悟。

## 二、自我意识的分类

### （一）根据内容分类

根据内容，自我意识可以分为生理自我、社会自我和心理自我。

**1. 生理自我——个体对自身生理状态的认识和评价**

其是指指对自己身高、体重、容貌、身材、性别等的认识，以及对生理病痛、温饱饥饿、劳累疲乏的感受等。生理自我与遗传、身体素质有关，如果一个人不能接纳自己，如嫌自己颜值低、身材不好等，就会表现出自卑；反之如果一个人过于夸大自己的外形和身材，就会出现自恋。

**2. 社会自我——个体对自己与周围关系的认识与评价**

其是指指对自己在群体中的地位、作用以及自己和他人相互关系的认识、评价和体验。如果一个人认为自己没有得到周围人的接纳和喜欢，找不到知心朋友，就会感到很孤独、寂寞。

**3. 心理自我——个体对自身心理状态的认识和评价**

其是指指对自己感知觉、能力、情绪、兴趣、爱好、性格、气质等的认识和体验。如果一个人对自己的心理自我评价低，嫌自己能力差、智商不高、情绪起伏太大、自制力差，就会否定自己。

### （二）根据结构分类

自我意识既是心理活动的主体，又是心理活动的客体，是涉及认知、情感、意志过程的多层次、多纬度的心理现象。所以，自我意识的结构表现在自我认知、自我体验和自我调控方面。

**1. 自我认知是自我意识的认知成分**

它是指个体对自己的身心状况、与他人的关系的认知，是自我意识的首要成分，也是自我调节控制的心理基础。自我认知主要包括自我感觉、自我知觉、自我观察、自我分析、自我评价等，解决的是"我是一个什么样的人"的问题。

**2. 自我体验是自我意识在情感方面的表现**

自尊心、自信心是自我体验的具体内容。它是主观自我对客观自我的情绪体验，是建立在自我认知基础上产生的，经常以自尊、自爱、自弃、自信、自卑、荣

自我意识的结构

誉感、耻辱感等形式表现出来，主要涉及"我是否接纳自己""对自己是否满意"等问题。

### 3. 自我调控是自我意识的意志成分

它是指个体对自己的行为、活动以及态度的调节与控制，主要包括自我检查、自我控制、自我监督。它是自我意识直接作用于个体行为的体现，是个体自我教育、自我发展的重要机制，是自我意识能动性的表现，如"我应该如何改变自己""我应该怎么实现理想""我应该怎么达成目标"等。

自我意识的结构和内容相互联系、有机组合、完整统一，是人的个性所包含的核心内容，见表 2 – 1。

表 2 – 1  自我意识的结构与内容

| 内容/结构 | 自我认知 | 自我体验 | 自我调控 |
|---|---|---|---|
| 生理自我 | 对自己身体、外貌、衣着、风度、家属、所有物等的认识 | 英俊、漂亮、有吸引力、迷人、自我悦纳 | 追求身体的外表、物质欲望的满足，维持家庭的利益等 |
| 社会自我 | 对自己的名望、地位、角色、性别、义务、责任、力量的认识 | 自尊、自信、自爱、自豪、自卑、自怜、自恋 | 追求名誉地位，与他人竞争，争取得到他人的好感等 |
| 心理自我 | 对自己的智力、性格、气质、兴趣、能力、记忆、思维等特点的认识 | 有能力、聪明、优雅、敏感、迟钝、感情丰富、细腻 | 追求信仰，注意行为符合社会规范，要求智慧与能力的发展 |

## （三）根据自我观念分类

从认知中的自我观念看，自我意识可分为投射自我、现实自我、理想自我。

### 1. 投射自我

投射自我是个体想象他人心目中自己的形象、想象别人对自己的评价，以及由此而产生的自我感，如"他们认为我是个外向的女孩"就是投射自我的表现。

### 2. 现实自我

现实自我是个体从自己的立场出发，对自己目前实际状况的看法。现实自我是个体对自己现实的观感，不一定与投射自我相符。当现实自我与投射自我之间差距过大时，个体会感到别人不了解自己。

### 3. 理想自我

理想自我是指个体想要达到的完美形象。理想我对个体的认知、情绪和行为影响较大，是个体行为的动力和参照系。

理想自我是个体追求的目标，不一定与现实自我相符，如果两者的差距过大，则往往导致个体对自己失望、苛责等。

## 【课堂活动】

### 字词联想实验—认识你自己

（1）下面你有 5 分钟时间，按照以下条件进行填写。

（2）写下你的名字，并立即将你脑海中闪现的词语写到纸张上。

（3）可以填写名词、动词、形容词、短语甚至是一句话，无论任何褒义词、贬义词，一旦写下，不能更改。

（4）写下的词语不少于20个。

完成以后不看自己的名字，只看这20个语词，你能认为这是自己的想法吗？你认识的自己准确吗？想象中的你和真实的你是一致的吗？

## 三、自我意识的发展阶段

自我意识不是生来就有的，它是个体在后天的社会实践与交往过程中逐步形成和发展起来的。它作为一种个体对自己的反思，比认识外部世界更为复杂。一个人的自我意识从发生、发展到相对稳定和成熟，需要经过很多年，自我意识的发展大致经历了以下几个时期。

### （一）自我中心时期（0~3岁）

初生的婴儿处于主客体未分化的状态，不能区分自己的手臂和玩具等。直至七八个月时，婴儿开始产生自我意识的萌芽，即能意识到自己的身体和外部世界的边界，听到别人叫自己的名字，会知道是在叫自己。至2岁左右，婴儿掌握了人称代词"我"，会用"我"来表达自己的意愿，这是自我意识产生的重要标志。至3岁左右，儿童开始出现羞耻感、占有心和独立意愿，自我意识有了新的发展。但这一时期的幼儿是以自己的身体为中心，并以自己的想法和情绪来认识、投射外部世界的，即他们能够分清"我"与"非我"，却分不清"我"与"物"之间的关系，因此，客观认识带有强烈的主观性，被认为处于生理自我时期，也叫自我中心时期。处于这一时期的儿童常常以自己的认知、情绪、意愿等为中心，从自己的角度看待并判断周围环境中的一切。他们没有，也不能意识到需要从另一个角度或多个角度去审视、理解和对待外在的一切。他们常常认为，夜晚月亮出来是为了给他们照明，他们所看到或拿到的东西都是自己的。例如，妈妈与孩子玩滚球的游戏，妈妈在坡顶，孩子在坡下。妈妈问："球为什么滚下来？"孩子会说："球知道我在等它，才下来的。"当父母劳累需要安静地休息时，孩子却依然我行我素、打打闹闹，不能体会父母的感受。

### （二）客观化时期（3岁至青春期）

从3岁到青春期是个体接受社会文化、学习社会角色的重要时期。儿童在家庭、幼儿园和学校，通过游戏、学习和生产劳动等方式，逐步掌握了社会规范，形成了各种角色观念，并能有意识地调控自己的心理和行为。在这一时期，儿童通过练习、模仿和认同作用，学会了性别角色、家庭角色和同伴角色等各种角色。虽然在这一时期，青少年开始积极关注自己的内心世界，能够初步意识到自己的兴趣爱好和气质性格等，并具有一定的自主性和自信心等，但是他们主要根据别人的观点认识世界，并根据别人对自己的评价来评价自我，因此被认为处于社会自我发展阶段，也叫客观化时期。

### （三）主观化时期（青春期至成年）

青春期自我意识发展中的一个突出特征是自我意识的分化与统一。自我意识的分化就是由一个完整的自我一分为二，成为两个不同的"我"，一个是"理想的我"，即自己想要达到的状态，"我希望成为怎样一个人"；另一个是"现实的我"，即当前的形象和实际水平"我现在是怎样一个人"。或者分化成"主体的我"——我是什么，我做什么；"客体的我"——别人怎样看我，对我的态度如何等。这样，一个人就既是自我的观察者，又是被观察的对象。处在观察者地位的是"主体的我"，被自己观察的是"客体的我"。这就为青年客观地评价自己和别人，合理调节自身的行为和活动奠定了基础。所以，自我意识的分化是人开始走向成熟的标志。

从青春期到成年这一时期，是个体的自我意识迅速发展并趋向成熟的关键期。这一时期个体性的成熟和逻辑思维的快速发展等，促使自我意识有了质的变化。由于面临"自我同一性"的危机，即理想我和现实我之间出现分化和矛盾，促使他们解决矛盾、追求自我意识的统一。总的来说，这一时期，个体的自我意识发展呈现如下特点：①个体能从自己的观点出发来认识事物，而不是人云亦云，思想和行为带有浓厚的个人主观色彩；②个体能根据自己所认识的人的特点，如气质性格和身体特征等，强调相应事物的重要性，从而形成自己特有的价值体系；③个体能追求理想和目标，出现了理想我；④个体的抽象思维能力大大提高，使自我意识能超越具体的情境，进入精神领域，从而表现出对哲学、伦理学和文学等探讨人生问题的学科有兴趣。

### 【课堂活动】

#### "我"的多面体

请根据自己的感觉，写出父母对你的认识、好朋友对你的认识，写下"自己眼中的我""自己理想中的我"。接下来，比较一下，周围的人对你的认识一致吗？别人对你的认识与你对自己的认识一致吗？是否每个人对你的评价都是客观的？你应该怎样综合大家的看法和自己的认识，形成一个较为客观和完整的认识呢？

父亲眼中的我：_____

母亲眼中的我：_____

好朋友眼中的我：_____

自己眼中的我：_____

自己理想中的我：_____

## 四、大学生自我意识发展的特点

大学阶段是自我意识迅速发展并趋向成熟的时期，随着生活环境、学习状况、人际关系和管理制度的变化，他们自我认识、自我体验和自我控制得以不断发展，大学生自我意识发展也相应地表现出一些新的特征。

## （一）自我认识的矛盾性

青年期是个人自我意识迅速发展并趋向成熟的关键时期，大学生正处于这一时期的早期。大学生在这个阶段会经历一个特别典型的矛盾和整合过程。由于从高中到大学，学习、人际关系和生活环境都发生了巨大变化，大学生的自我意识也发生了巨大的变化，会显示出强烈的矛盾性特点，主要体现为"理想自我"和"现实自我"的矛盾。

大学生自我意识
发展的特点

"理想我"是个人在自己头脑中塑造的自己所期望的自我形象，即"我希望我是什么样的人"。"现实自我"是个人通过实践而形成的真实的自我形象，即"我是一个什么样的人"。大学生富于理想、抱负高、成就动机强，对自己的未来充满信心，通常会在脑海中构想出一个"理想自我"，并将这个"理想自我"和"现实自我"加以对照比较，一旦发现两个形象不一致时，便产生很大的苦恼。对于这种矛盾，大学生通常会出现三种不同的情况：第一种是积极实现"理想自我"；第二种是大学生发现"现实自我"和"理想自我"差距太大，经过努力仍无法接近目标，或距离虽不大，但缺乏自我调控的能力，无法实现"理想自我"，在这种情况下大学生会调整"理想我"，如重新评估自己，调整自己的期待和要求，使"理想自我"和"现实自我"和谐统一；第三种是大学生发现"理想自我"和"现实自我"差距太大，无法调和二者的关系，进而出现心理问题。

## （二）自我体验的情绪化

自我体验的情绪化是人对客观事物是否符合自己的需求而产生的心理体验。处于青春期晚期的大学生情绪常常表现出短暂、起伏、易变等特点，这些特点也表现在大学生自我意识的各个方面，大学生的自我评价常常发生矛盾，对自我的态度常常是波动的。大学生在情绪好时对自我认同度高，对自我评价也高，对自己充满信心；当情绪低落尤其是遇到挫折时，自我认同度骤然下降，自我判断失准，认为自己什么都不会。大学生对自我的肯定与否定时常随着情绪的变化而变化。

另外，大学生的情绪还容易变得极端，考虑问题时易受到各种社会思潮与其他外部环境的影响，容易偏激、冲动。面对"理想我"与"现实我"时易产生自我肯定、自我否定等矛盾，常常表现出心理的不平衡，情绪波动较剧烈，易振奋，也易消沉。

## （三）自我调控的不稳定和中心化

大学生有一定的自我调控能力，能够很好地调节自己的情绪和行为，能够制订计划并在一定程度上实施自己的计划。但有时这种调控有不稳定的特点，如有的大学生在一定阶段能够调节自己，按计划行动，而当遇到挫折时，可能会出现退缩、回避、拖延等行为。

大学生强烈地关注自我，他们从自己的角度和自我的标准去认识、评价事物和别人，并采取行动，很容易出现自我中心倾向。大学生由于自我意识的发展、能力的提高、活动范围的扩大、思维水平的提高及知识经验的不断积累，对于社会、对于人生形成了自己的一套观念体系。但是，大学生的社会经验不足，对社会现象的认识往往有失偏颇，对事物的评价往往只拘泥于个人的某一个观点、立场，而不善于从别人的立场、不同的角度来分析问题，也不善于理解别人，特别是父母、教师等长辈。另外，再加上他们情绪体验的深刻性和极端性，因而就表现出了强烈的自我中心倾向。

### （四）自我意识发展的阶段性

在大学阶段，大学生的自我意识快速发展，大学生已开始逐渐探索自我，建立自我同一性。在这个过程中并非所有人都一帆风顺，很多人都经历过怀疑自己，找不到方向的阶段，感到迷茫。大学生一旦从这种怀疑和迷茫中重新找到自己，便会经历从"旧我"破碎到"新我"重建的过程。

国外有关自我同一性形成的年龄方面的研究显示：18 岁的大学生大多数处于获得型和延缓型同一性状态；而 21～22 岁的大学生，早闭型和扩散型相应减少。由此可见，随着人年龄的增加，自我同一性由较低状态向较高状态显著转变。

我国也有相关研究表明：大学生自我同一性的发展呈现明显的年级特点，从大学一年级到三年级，存在渐进增强的趋势，这基本上可以说明大学生的自我同一性有从低级的自我同一性（早闭型和扩散型）向高级的自我同一性（获得型和延缓型）转变的趋势；但到了四年级，大学生又出现了重新进入自我同一性危机的可能性。

【扩展阅读】

#### 自我意识的心理功能

**1. 支配个体的行为**

意识决定行为，行为是意识的反映。每个人的心中都有一个对自己的认知，即"我"是一个什么样的人。在自我介绍时，个体会按照这样的方式来描绘自己，在日常生活中他们也会不自觉地按照自己所描绘的状态特点来处事。例如，有的大学生觉得自己是一个非常自信的人，那么在日常生活中，即使遇到挫折、打击的出现，这个人也会相信自己的能力，勇往直前。

**2. 决定个体的归因**

归因是个体对自己或他人行为过程原因的分析。不同的个体可以有相同的行为经历，但是每个个体对这种经历的归因却不相同。不同的归因便取决于个体独特的自我意识。例如，对于参选班委失败的经历，自我意识积极的同学会将这次失利归因于自己准备得不够充分，会不断鼓励自己，在今后更加积极地参加和组织班级的活动；而自我意识消极的同学则会把这次失利归因于自己能力不济，不断否定自己，从而更加消极。事实上，当个体的消极自我意识占据上风时，任何行为或经历都会与消极的自我评价相关联；相反、当个体的积极自我意识占上风时，所有的事情都会被赋予积极的意义。

**3. 反映心理健康水平**

自我意识是个体全部内心世界的总和，也是人格的核心部分，对个人的人格发展和塑造起着至关重要的作用。自我意识的发展程度集中反映了个体的心理成熟程度和心理发展水平。

大量的心理学实验也证明，个体社会适应不良及人际关系不协调与不正确的自我意识有关。因此，只有拥有健全的自我意识，才能引导个体正确认识自己、悦纳自己、合理分析自己与周围环境的关系，才能引导个体与自己、与别人、与社会保持良好的关系，维护自身的心理健康状态。

# 第二节　自我分析
## ——大学生自我意识的类型与偏差

## 【引导案例】

### 自我认识的误区

大二女生丽丽的家境十分贫困，她在靠做家教赚取生活费的同时，还要养活一个正在上高中的弟弟，因此她感到很自卑。她总觉得同学瞧不起她，觉得别人都用异样的眼光看她，为此感到十分痛苦。丽丽的学习成绩不错，大一时曾获二等奖学金，大家对她的评价还不错。但她却固执地认为同学们都因为她家庭困难而"鄙视"她，为此，她节衣缩食，购买漂亮衣服、新上市的水果，以获得同学的"尊重"。但这样的举动并没有让她感觉自己的处境有了什么好转，反而更加窘迫。她的心情越来越糟，学习成绩也逐渐下滑……

## 一、自我意识的类型

每个大学生具体的社会生活背景、生活经历、个性特点等都不同，这决定了自我意识的对立冲突、转化选择，最终的结果也不一致。一般来说，自我意识的统一有以下几种结果或类型。

### （一）自我肯定型

自我意识肯定是积极的自我意识统一。这类大学生的特点是正确的理想自我占优势，其理想自我既符合社会要求，又是可以通过努力实现的；对现实自我的认识也比较全面、客观、深刻。这样，现实自我通过积极的努力达到了与理想自我的统一。统一后的自我充实而坚定，有明确的生活目标和切实的发展规划；既能适应社会的要求，又能确保自我的健康成长。

### （二）自我否定与自我扩张型

这两种类型是消极的自我意识统一，其共同特点是自我认识不够客观，理想自我不切实际，缺乏实现理想自我的手段。

#### 1. 自我否定型

这类学生对现实自我评价过低，理想自我远远高于现实自我，经过努力仍无法拉近距离，或者虽然距离不大，但缺乏驾驭自我的能力，不能努力实现理想自我。有的大学生意识萎靡、情绪低落，不仅不能肯定自己的价值，悦纳自己，还拒绝甚至摧残自己。生活中总是处于一种消极的防御状态。只想通过简单的努力实现理想自我，一遇到困难挫折就灰心丧气，悲观失望。往往是放弃理想自我而迁就现实自我以求得自我意识的统一，结果会导致更加缺乏自信，更加的自卑。

### 2. 自我扩张型

这类大学生与自我否定型恰恰相反，他们高估现实自我。以至形成虚妄的判断，确立了一个不切实际的甚至错误的理想自我，认为理想自我的实现轻而易举。殊不知其理想自我与现实自我的统一是虚假的统一。例如，有的大学生常以虚幻的自我替代真实的自我，自认为与众不同，不肯面对现实的自我；有的大学生常常自吹自擂，目中无人。由于自不量力，在个人所追求的学业成就、友谊和爱情等诸多方面，都因对自我评价过高，实际条件低于客观要求，导致失败概率增大。盲目自尊、爱慕虚荣、防卫意识过强，心理容易扭曲变态。另外，个别大学生还可能用不正当手段去求得个人欲望的满足，用违反社会道德规范甚至违法犯罪手段来谋求理想自我与现实自我的统一。

## （三）自我萎缩与自我矛盾型

当一个人的自我难以协调、自我意识难以统一时，通常发展为自我萎缩型和自我矛盾型。

### 1. 自我萎缩型

表现为理想自我极度缺乏或丧失，对现实自我又极为不满。他们往往认为理想自我难以实现，甚至永远无法实现。于是，要么放弃对理想自我的追求，得过且过，消极放任；要么玩世不恭，自轻自贱，自怨自艾，出现自我拒绝心理，甚至出现理想自我与现实自我的对抗，严重者可导致精神分裂症或因绝望而轻生。

### 2. 自我矛盾型

表现为理想自我与现实自我无法协调，自我意识难以统一，无法转化为新的自我。这类学生自我意识冲突强度大，延续时间长，自我认识、自我体验、自我控制的确定性和稳定性差，内心始终充满着矛盾和冲突，新的自我无从确立，积极的自我又难以产生。

自我意识的发展在经历自我分化、矛盾、统一的过程之后，绝大多数大学生确立了积极的、肯定的、崭新的自我，自我否定、自我扩张、自我萎缩和自我矛盾类型的大学生是极少数的。同时，大学生自我意识发展的过程、结果都不是绝对的。由于每个人从遗传素质、社会环境、成长经验、身心发展水平到主观努力、个性特征等，都存在差异，自我意识分化的早晚也就不同了。

自我意识的发展是持续终生的事，如果大学期间没能很好地解决，自我意识的统一问题在毕业以后也可以继续解决、发展、完善。

## 二、常见的自我意识的偏差及其调适

健全的自我意识是心理健康和成熟的标志之一。大学生常常由于心理发展存在着某种程度的不成熟性和矛盾性，从而导致自我意识的偏差。

## （一）自卑

### 1. 自卑及其表现

自卑是指自我评价偏低、自愧无能而丧失自信，并伴有自怨自艾、悲观失望等情绪体验的消极心理倾向。自卑的人常常表现出以下特点：情不自禁地过分夸大自己的缺陷，甚至毫无根据地臆造出许多弱点，喜欢拿自己的短处和别人的长处相比，不能冷静地分析自己所受的挫折，总将这些挫折失败归因于自己的无能，不能客观地看待别人对自己的评价，认为自己一无是处，对那些稍做努力就能完成的任务也会轻易放弃等。

不少大学生身上不同程度地存在着自卑心理，或认为自己其貌不扬，担心被人歧视；或认为自己不够聪慧，将来不能很好发展，对未来缺乏信心；或是家庭贫穷，担心被人看不起等。这样的人经常情绪消极，如表现出内疚、忧伤、失落、害羞、不安等。

### 2. 自卑的调适

自卑的人习惯用放大镜看自己的缺点和别人的优点，用缩小镜看自己的优点和别人的缺点，夸大自己的失败和别人的成功，忽略自己的成功和别人的失败。想要改变自卑，第一，应对其危害有清醒的认识，有勇气和决心改变自己；第二，应客观、正确、自觉地认识自己，无条件接受自己，欣赏自己所长，接纳自己所短，做到扬长避短；第三，正确地表现自己，对自己的经验持开放态度，同化自我但有限度；第四，根据经验，调整对自己的期望，确立合适的抱负水平，区分长期目标和近期目标，区分潜能和现在表现；第五，对外界影响保持相对独立，正确对待个人得失，坚持正确的，改正错误的，还有对外界事物保持一定程度的容忍。

克服自卑训练法

## 【课堂活动】

### 我的优点

做一个电子优点记录本，每天记录自己的一个优点，或一件成功的事情，可以是很小的优点或者事情，如"今天我给同学带饭了，我很热心""我今天学会做演示文稿了"。你刚开始做的时候，可能会有些困难，慢慢就会习惯。坚持记录，每过两个星期进行一次回顾，看看有什么发现。

活动总结：自卑的人在生活中往往会聚焦于自己的缺点和不足，不习惯看自己好的一方面。自卑的人如果从平时点点滴滴的事情觉察自我，可能会发现其实自己身上也有很多优点，只是这些优点都被自己忽略了。如果自卑的人将这种新习惯保持下去，自卑感更会一点一点消失。

## （二）自负

### 1. 自负及其表现

自负是指高估自己，对自己的肯定评价往往过当。具体表现为：夸大自身的长处，甚至将缺点也看作优点：放大别人的短处，奉行"我好，你不好""我行，你不行"的人际交往模式，自然也处理不好人际关系；对自己提出过高的要求，承担无法完成的任务从而遭受失败。

自负不等同于自信，自负只是一种盲目且膨胀的自信。自负的人对自我的认识往往过于片面，某一方面表现优异就认为自己高人一等，轻视别人，不接受别人的建议和批评，缺乏自我批评。而自信是建立在正确认识和评价自己的基础上，是具有客观基础的心理状态。

自负也不是自尊，自尊表现为自我尊重和自我保护，是保持良好人格的正确态度。而自负是自命不凡、轻视别人的不良行为。对自己和别人都不能做出客观合理的评价，这样不但会使自己陷入盲目、飘飘然的状态，也可能使别人遭受打击。

### 2. 自负的调适

（1）接受批评。自负的人的明显特点是不愿意改变自己的态度或接受别人的观点，接受批评即是针对这一特点提出的办法。这个办法并不是让自负的人完全服从别人，只是要求他们能够接受别人的正确观点，通过接受别人的批评，改变自负心理。

（2）与人平等相处。自负的人无论在观念上还是行动上都无理地要求别人服从自己。与人平等相处就是要求自负的人以一个普通社会成员的身份与别人平等交往。

（3）提高自我认识。自负的人要全面地认识自我，既要看到自己的优点和长处，又要看到自己的缺点和不足，不可"一叶障目，不见泰山"，每个人都有自己独特的优势，都别人所不及的地方，但也有不如别人的地方。在与别人比较的时候不能总拿自己的长处去比别人的不足，把别人看得一无是处。

（4）要以发展的眼光看待取得的成就。辉煌的过去可能标志着个体过去是个英雄，但它并不代表个体的现在，更不预示将来。

## （三）自我中心

### 1. 自我中心及其表现

大学时期是自我意识发展最强烈的阶段，大学生会从自我角度来认识、评价自我，容易出现自我中心倾向。如果大学生个人存在利己思想，过度的自我接受，则会形成扭曲的自我中心，表现为：凡事从自我出发，只考虑个人利益，从不顾及别人的需要和感受；以领导者自居，对别人指指点点，奉行"我对，你们都错"的处事原则，将个人意志强加于别人身上；人际关系紧张，容易遭遇挫折。

【扩展阅读】

### 焦点效应研究

2010 年，美国心理学家劳森对焦点效应进行了研究。该研究以大学生为被试者，让他们穿上印有"美国之鹰"的运动衫去见同学。约 40% 的被试者确信同学会记住自己衣服上的字，但事实上仅有 10% 的人记住了。大部分观察者甚至没有发现对方中途出去几分钟再回来时换了衣服。在另一项试验中，即使被试者穿了让人尴尬的衣服，也只有 23% 的观察者注意到，此数值远远低于被试所猜测的有大约 50% 的同学会注意到他的比例。该试验证实了焦点效应，即人类往往会把自己看作一切的中心，并会直觉地高估别人对我们的关注程度。

### 2. 自我中心的调适

（1）学会换位思考。所谓换位思考，就是指站在别人的立场、以他人的角度来看问题。要学会换位思考，必须从自我的圈子中跳出来，设身处地为他人考虑，学会理解、尊重、关心和帮助别人。

（2）倾听别人的意见。自我中心者要学会谦虚待人，善于倾听别人的意见，把个人观点与别人的意见做比较，吸收他人正确的观点，改正自己错误的主张。

（3）多与别人交往。在人际交往中，自我中心者可以更多地了解他人的个性特点和需要，努力培养合作精神，最终克服以自我为中心的倾向。

【课堂活动】

### 小小访谈员——学会倾听

以自我为中心的人的主要特点就是唯我独尊，把自己看成是人群中的焦点，往往很难听从别人的意见。这个活动可以有效帮助自我中心的人学习倾听和关注别人。

邀请自己身边的一些同学或者朋友，练习倾听。可以访谈他们关于最近发生的一些事情的看法和感受，或者询问一些他们的近况，可以进行追问。例如：

（1）你最近在忙什么？假期去哪里旅游吗？在旅行的过程中有没有遇到好玩的事情？

（2）今天晚上去哪个食堂吃饭了？饭菜的味道如何？有什么好吃的菜推荐吗？

（3）你喜欢什么运动项目？你是怎么安排的？是自学的还是跟着教练学的？

总之，原则在于询问和了解对方，在整个过程中自己不对对方所讲的话发表任何意见，只是简单地复述对方的话，以确认对方是不是讲的这个意思，如可以采用这样的句式：

（1）你刚刚讲话的意思是……

（2）你是说……

（3）我听到的是……

## （四）过度追求完美

### 1. 过度追求完美的表现

追求完美是促使人不断进步的积极心态，但过于追求完美则是一种自我意识偏差。具体表现为：抛开自己的真实状态，期望自己完美无缺，无法忍受自己的不完美，总是对自己不满意，不愿接纳自己的平凡或缺点，导致对自我的认识和适应更加困难；对某件事情表现出异乎寻常的执着，容不得一点瑕疵，总是强迫自己反复做同一件事情，甚至为了这件事情影响自己的正常生活。有些大学生不仅对自己要求严苛，还要求别人和自己一样追求完美，给自己和别人都带来沉重压力，久而久之便会产生负面情绪，影响身心健康。

【扩展阅读】

### 珍珠上的小黑点

你听说过这样一个故事吗？从前，有位渔夫出海捕鱼，从海里捞到一颗大珍珠。这颗珍珠晶莹圆润，渔夫对其爱不释手。但美中不足的是，珍珠上面有一个小黑点。渔夫心想，如果能把小黑点去掉，珍珠变得完美无瑕，就会成为无价之宝。于是，他就开始耐心地剥剔黑点。可是去掉一层，黑点依然存在；再去掉一层，黑点还是存在；再去掉一层……最后，黑点终于被去掉了，不过，令人惋惜的是，这颗硕大的珍珠也不复存在了。

人们往往坚持完美，而扔掉一些他们原本可以拥有的物品。优点与缺点，长处与短处相比较而存在，即便是最好的，也不等于是最完美的。

#### 2. 过度追求完美的调适

（1）接纳自己。首先是接纳自己的现状，接纳是改变的第一步，过度追求完美的人可能会这样想："为什么我会这样呢？别人都能接受的事情，我接受不了，为什么我不能停止责备自己呢？"

（2）将"我不完美"和"我做得不完美"区分开来。将人和事分开，并非"我不完美"，而是"这件事我做得不完美"，二者的差异在于前者会让人陷入自我苛责的循环中，后者可以让人更理智地进行思考和改进自己的做法。

（3）将批评和苛责转化为对自己的好奇。当一件事情没做好的时候，过度追求完美的人会不断苛责自己，个体可将苛责转化为对自己的好奇，比如"我发生了什么""我的感受是什么""我苛责自己什么""我还可以怎样改进"等，这有助于个体减少自责，变消极完美主义为积极完美主义。

（4）从小事开始接受不完美。过度追求完美的人需要逐渐培养起自己的容错能力，建议从小事和不重要的事情开始，接受自己做得不完美。过度追求完美的人可以列出清单，时刻提醒自己可以将哪些事情做得不那么完美。

## 第三节　自我完善
### ——大学生健全自我意识的培养

### 【引导案例】

#### 盲目的自我悦纳

陈娇一直以来都认为自己是同学中的佼佼者，满心期待进入大学后一展抱负。可是进入大学后，面对众多的竞争对手，她的发展道路似乎并没有那么顺利：学生会干部竞选失败，各类比赛失利，人际关系紧张。她开始怀疑别人是用了卑劣的手段取得了成功，抱怨自己的运气不好。她不能接受自己的失败，开始痛恨比自己优秀的人，并感到痛苦万分。在老师的建议下，她走进了心理咨询室。

自我意识在大学生人格形成和人格结构中占有极重要的地位，人的认知、情感、意志都受到自我意识的影响。因此健全的自我意识是人全面发展的重要途径，也是良好心理素质的具体反映。每个人都对自己有一定程度的了解和认识，健全的自我意识包括正确认识自我、积极悦纳自我、有效控制自我和不断完善自我，这四者相辅相成。接下来，我们将从以下四个方面出发，来探讨大学生应该如何塑造健全的自我意识。

# 一、正确认识自我

正确认识自我就是要全面了解自我，不仅要了解自己的生理状况、人格特质，还要了解自己与别人的异同，了解过去的自己和现在的自己的异同。特别重要的是要了解自己的长处和短处，把握自己与群体的关系，找准自己在社会生活中的位置，对自己做出恰如其分的评价。

## （一）比较法——从"我"与别人的关系中认识自我

以铜为镜，可以正衣冠；以史为镜，可以知兴替；以人为镜，可以明得失。

——唐太宗

别人是反映自我的镜子，与别人交往，是个人获得自我认识的重要来源。我们可以从家庭中的感情扩展到外面的友爱关系，进入社会又可以体验到人与人之间的利害关系。有自知之明的人会在这些关系中用心向别人学习，获得足够的经验，然后按照自己的需要去规划自己的前途。但是，通过和别人比较认识自己时应该注意选择作比较的参照物。参照物选择得好或坏，会直接影响到自我认识的结果。

### 1. 现实表象与未来的结果

跟别人比较的应该是行动后的结果，而不是行动前的条件。比如，有的大学生认为自己考进高职院校就不如那些考进本科院校的同学，从一开始就置自己于次等地位，这样的想法自然影响学习和生活。其实，高职学生应将入校后的学习成绩、素质和能力的提升作为比较条件，而不是把入校前既定的事实作为比较条件，这样才能更客观地认识自己。

### 2. 相对标准与绝对标准

跟别人比较应该采取相对标准而不是绝对标准，应该采取可变的标准而不是不可变的标准。经常有大学生以为自己不如别人，其实，他们关注的可能是身材、家世等不能改变的条件，这种比较没有实际意义。应当看相对标准，看可变标准，如学习的努力程度、未来发展的潜力等。

### 3. 比较的对象可以是多元化的

人可以跟优秀的人比较，以此发现自己某个方面的不足，取长补短；也可以跟不如自己的人比较，发现自己的优势，扬长避短。在比较的过程中我们会发现，由于比较的对象不同，我们产生的情绪也不同，对自己的认识也会随之发生变化，而其中最重要的是，在比较之后对自己设定的标准要具有可行性和激励性。

## （二）经验法——从"我"与事的关系中认识自我

吃一堑，长一智。

——明·王阳明《与薛尚谦书》

从"我"与"事"的关系中认识自我，即从做事的经验中了解自己。对聪明又善于用智慧的人来说，成功、失败的经验都可以促使他们成功，因为他们了解自己，有坚强的人格特征，擅长学习，可以避免再蹈失败的覆辙。对自我比较脆弱的大学生而言，因为他们不能从失败中得到教训，不能提高自己的能力，改变策略去追求成功，而且失败之后形成了惧怕的心理，减弱了自己的成就动机。对于自狂自大的人而言，成功反而可能会成为其失败之源。我们可以通过自己所做的事、所取得的成就发现自己身上的优点和缺点。例如，养成反思的习惯，每天反思自己所做的事情，哪里做得比较好，以后要继续保持；哪里做得有欠缺，下次再遇到同样的事情要引以为戒。与此同时，我们还要在在反思的过程中，对自己的优点与缺点也有了明确的认识。

## （三）反省法——从"我"与己的关系中认识自我

> 吾日三省吾身。
> ——曾子

通过自我观察来认识自己，看似容易，实则困难，大概可以从以下三个方面进行。

### 1. 自己眼中的"我"

自己眼中的"我"即个人实际观察到的客观的我，包括身体、容貌、性别、年龄、职业、性格、气质、能力等。

### 2. 别人眼中的"我"

别人眼中的"我"即与别人交往时，由别人对自己的态度、情感反应而觉知的"我"。关系不同的人对"我"的反应和评价不同，因此别人眼中的"我"是个人从多数人对自己的反应中归纳出来的。

### 3. 自己心中的"我"

自己心中的"我"即自己对自己的期许，也就是理想的"我"。另外，我们还可以从实际的"我"、别人眼中的"我"、别人心中的"我"等多个"我"来全面认识自己。

## 【课堂活动】

### 认识自我

仔细阅读下列各题，想想你可以做到题目所要求的吗？

（1）清楚说出自己在学业上的收获。

（2）详细解释选择所读专业的原因及理由。

（3）说出怎样的工作更匹配自己的性格特点。

（4）说出你喜欢的工作类型。

（5）列出5项可以向别人介绍的你的才能。

（6）说出在过去的工作经验中（勤工俭学等），你学到了一些什么（至少写出两项）。

（7）描述一下自己的优点和弱点。

（8）描述你在别人心中的印象。

（9）回顾你最开心、伤心、愤怒、感动的经历。

（10）想象 5 年后你取得的成就。

当将这些想法清晰地整理出来后，你可以与你的同学与家人、朋友、恋人沟通，听取他们对你自己评价的认同度，这也是自我过滤的过程。先将自己的优点列出，并得到大家的认同，再写出自己的弱点，请大家帮助分析，而这些澄清的过程也是自我认识不断深化的过程。

【扩展阅读】

### 乔哈里窗

"乔哈里窗"是心理学家乔瑟夫·勒夫和哈里·英格拉姆提出的一种交流模型如图 2-1 所示。"窗"是指人的自我意识，就像一扇窗户，包括四个部分：公开区、隐藏区、盲目区、封闭区。

打开认识自我的
"乔哈里窗"

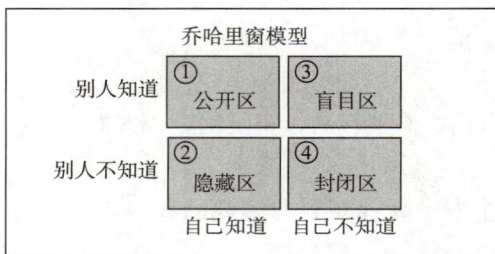

图 2-1　乔哈里窗模型

1. 公开区

这是自己知道且别人也知道的部分，如性别，外貌、身高、婚否、职业、工作生活所在地、能力、兴趣爱好、特长、成就，等等。这是自我最基本的信息，也是了解自我、评价自我的基本依据。

2. 隐藏区

这是自己知道而别人不知道的部分，也就是我们常说的隐私、个人秘密，留在心底，不愿意或不能让别人知道的事实或心理。几乎每个人都有隐藏区，大家也认为这个部分是不能公诸于众的，不能让别人知道。

3. 盲目区

这是自己不知道而别人却知道的部分，即"当局者迷旁观者清""不识庐山真面目，只缘身在此山中"，如一个人的无意识动作，无意识表情和语言等，自己不知道，但人却能观察到。

4. 封闭区

也称"未知区"，这是自己和别人都不知道的部分，有待挖掘和发现，通常是指一些潜在能力或特性，仿佛隐藏在海水下的冰山，力量巨大却又容易被忽视。只有对封闭区进行探索和开发，人们才能更全面而深入地认识自我、激励自我、发展自我、超越自我。

## 二、积极悦纳自我

积极悦纳自我是指一个人相信自己存在的价值，认同自己的能力，并在行为上表现出一种与环境和别人积极互动的心理定式，即接受自己现实的一切。无论是丑的还是美的，是好的还是坏的，是成功的还是失败的，是有价值的还是无价值的。个体喜欢并接受自己，使自己具有较高的自我价值感，是增进健康的自我意识的关键。

（1）悦纳自己，首先要接受自己的生理相貌。生理相貌是不少人苦恼的根源。人的身材、相貌、肤色等是与生俱来的。如果能够通过科学的方式方法，如体育锻炼而让自己更健康、更美丽一些就要去做，但如果已经尽力而仍无法改变，就要愉快地、坦然地去接受。相貌不是决定一个人一生有无价值、有无成就的根本因素。人在生活中有无魅力、是否幸福快乐，取决于人的心灵，取决于人的人格魅力。正如托尔斯泰所言：“人不是因为美丽才可爱，而是因为可爱才美丽。”青春短暂，红颜易老，而永远不老的是青春的精神、金玉的品质。

（2）悦纳自己，要自足自信。在看到自己心灵的缺点和不足的同时，更要看到和肯定自己心灵的优点和长处。“金无足赤，人无完人”，没有一个人是没有缺点的，不要妄自菲薄。自卑的人不是没有优点，而是总是看到和羡慕别人的优点，看不到自己的优点。发现你自己，发掘你自己，把你美丽的心灵擦亮，让被自卑的灰尘遮蔽的心灵露出光芒。

（3）悦纳自己，需要正确地看待自己在群体、在社会中的地位、作用。一个人在群体、在社会中的地位，从根本上取决于他为群体、为社会、为别人做了什么、贡献了什么。要想成为一个被人爱戴的人，就要做值得人们敬爱的事。无论能力大小，都应该充满自信——有所作为，使人生充实美丽。一朵花可以贡献芳香和美丽，一棵草可以贡献绿色和清新。

**【课堂活动】**

### 天生我才

活动目的：通过自我欣赏和聆听他人的自我欣赏，发现自己与他人的优点，增强自信和对人的信任。

每位同学按下表写出未完成的语句。

我最欣赏自己的外表是：_____

我最欣赏自己对朋友的态度是：_____

我最欣赏自己对学习的态度是：_____

我最欣赏自己的性格是：_____

我最欣赏自己对家人的态度是：_____

我最欣赏自己做事的态度是：_____

我最欣赏自己的一次成功是：_____

5～8人一组，每人在小组中分享自己所写的内容和原因。如果同学之间相互熟悉，还可以让其他同学补充。

## 三、有效控制自我

自我调控是个体主动、定向地改变自己的心理品质、特征以及行为的心理过程。有效地自我调控是大学生健全自我意识、完善自我的根本途径。大学生在进行自我调控时，要处理好以下四个方面：

（1）大学生要意识到社会的要求，并力求使自己的行为符合社会准则和要求。只有立足社会需求，从个人实际出发，将自己的行为和社会的要求保持一致，才能得到社会的承认。

（2）大学生要制订、完善提高自我的计划和程序。有相应的计划和程序，才能避免个体盲目行动，使自己的行为有条不紊。大学生制订出符合自己实际的计划后，要严格执行，不能朝令夕改。

（3）大学生在行动中要运用自我分析、自我体验、自我鼓励、自我监督等各种激励措施。

（4）大学生要培养健全的意志品质。只有意志品质健全的人，才能有效地自我控制，从而最终实现理想自我。

远离舒适圈，提高自控力

科学研究和生活经验都告诉我们，人可以通过改变实际行动从而改变自己的心态，从简单易行的行动开始培养自我调控能力。这就是所谓的小事养成习惯，习惯形成个性，个性决定命运。

### 【扩展阅读】

#### 马斯洛：控制自我的七点建议

（1）把自己的感情出口放宽，莫使心胸像瓶颈那样狭窄。

（2）在任何困境中，都尝试从积极乐观的角度看问题，从长远的利害关系出发作决定。

（3）对生活环境中的一切多欣赏，少抱怨；有不如意之处设法改善；坐而空谈不如起而实行。

（4）设定积极而有可行性的生活目标，然后全力以赴求其实现；但不能期望未来的结果一定不会失败。

（5）对是非之争辩，只要自己认清真理正义之所在，纵使违反众议，也应挺身而出，站在正义一边，坚持到底。

（6）莫使自己的生活僵化，为自己在思想与行动上留一点弹性空间；偶尔放松一下身心，将有助于自己潜力的发挥。

（7）与人坦率相处，让别人看见你的长处和缺点，也让别人分享你的快乐与痛苦。

## 四、不断超越自我

加强自我修养，不断进行自我塑造，达到完善自我、超越自我的境界是健全自我意识的终极目标。健全自我的过程也是一个塑造自我、超越自我的过程。

每个大学生都有自己的抱负和远大的理想。前人的经验告诉我们：完善自我、超越自我并非一帆风顺的，它需要付出艰辛的努力和沉重的代价，是自我锻造的过程；也是从小我走向大我，从昨天的我走向今天的我，向明天的我的迈进的过程。珍惜已有的自我，追求更好、更高的自我，做自在的、真实的、快乐的自我。大学生要既注重自我，又能根据社会要求不断改造自我；既要注重自我价值的实现，又不仅仅局限于追求个人自我价值的实现，把自我价值实现的过程和为祖国现代化建设作贡献的过程统一起来，践行社会主义核心价值观，在为他人和社会的服务中实现真正的自我，并在这个过程把自己锻炼成内心阳光的人，积极进取的人，成为照亮别人、照亮社会的人。

### 【本章小结】

（1）自我意识是对自己身心活动的觉察，即自己对自己的认识。

（2）自我意识从内容上可以分为：生理自我、心理自我和社会自我。

（3）自我意识的结构包含自我认知、自我体验和自我调控。

（4）自我意识从观念上可以分为：理想自我、现实自我和投射自我。

（5）自我意识的发展经历了自我中心时期、客观化时期和主观化时期。

（6）大学生自我意识的特点有：自我认识的矛盾性、自我体验的情绪化、自我调控的不稳定性和中心化、自我意识发展的阶段性。

（7）大学生自我意识的类型包括：自我肯定型、自我否定型、自我扩张型、自我萎缩型和自我矛盾型。

（8）大学生自我意识的偏差主要有：自卑、自负、自我中心、过度追求完美。

（9）培养健全自我意识的途径：正确认识自我、积极悦纳自我、有效控制自我和不断超越自我。

### 【思考题】

小雅刚进大学时，各方面都不错，乐观开朗，积极而热情。大一时参加了学校和系里的各类学生干部、干事的竞选，都失败了。长这么大，小雅第一次体会到如此沉重的打击，一向好胜的她陷入了自我否认的泥潭。情绪往往会因为一件很小的事情而大起大落，反复无常。但她努力学习，成绩还不错。小雅在寝室好与人争执，很少忍让。大二班干部竞选时因一票之差又与学生干部擦肩而过，再度陷入失败感的折磨中。有一次，在寝室门外无意中听到了同学议论她：争强好胜，能力不怎么样，还总觉得谁都不如她……从那以后，小雅变了，变得不爱说话，不和人交往，对每个室友都充满敌意。每当看到别人高兴地在一起玩儿或学习时，小雅的内心便充满了孤独感，精神状态不佳，晚上常常做噩梦，没有胃口，常常不知道自己为什么就发了脾气，也很难控制自己的消极情绪，变成了同学中的另类。

请思考：小雅的自我意识可能存在什么偏差？如果你是小雅，你要如何调整自己？如果你是她的同学，应当怎样帮助她？

## 【心理自测】

**测试一**

### 自我意识20问

这是帮助你认识自己的一种方法，分两步进行。

第一步，问自己20次：我是谁？请你把头脑中浮现出来的答案——写出来，如我是××学校的学生××等个人信息。由于这是自我分析的材料，不用给别人看，所以想到什么就写什么，不需要有什么顾虑。回答每次提问的时间为20秒。如果写不出来，可以不写，继续往下写。

第二步，对自己的答案进行分析，分析的内容包括以下几个方面：

1. 自我压抑感分析

回答问题的数量多于12个，基本无压抑感；回答问题数在8～12个，可能存在一定的压抑感；回答问题数少于8个，可能过分压抑自我。

2. 自我肯定感分析

如果回答全部肯定，则表明大学生完全接纳自我，自信心较强，但也有可能因为自尊心太强显得自负，因为不易认识到自己的缺点而固执己见；如果回答基本或全部否定，则表明大学生严重自我否定、自卑。肯定、否定都有，表明自我认识较客观。例如，"热爱生活，兴趣广泛""对人和蔼""父母的好孩子""有头脑的人""对朋友真诚"等主观判断总体上是肯定自己的，表明该大学生有一定的自我肯定感，能够接纳自我，但也可能表现为认识不到或不敢正视自己的弱点，对自己的认识缺乏客观性和辩证性。

3. 自我意识内容完整性分析

生理自我多，表明该大学生注意锻炼身体，关注自身疾病，表现出较强的占有欲；心理自我多，表明关注心理健康或心理发展较成熟；社会自我多，表明对自我角色、责任、义务较了解，能按社会规范行动或具有相当程度的社会交往能力。例如，回答"强壮的人""身体健康""篮球爱好者""反应灵敏"等可以表明该大学生的生理自我意识较强，对自己的身体比较关注，平时可能比较喜欢或能够坚持体育锻炼。

4. 未来感分析

未提未来的事情，表明大学生现实感较强烈或缺乏生活目标；如果提到未来的事情有一件以上，则表明有一定的理想或生活目标；提到等于或大于三件未来的事情，表明未来感较强，但也可能存在空想。例如，回答"向往未来""希望长寿""希望把学生会工作搞好""希望学好英语""希望毕业后找一份理想的工作"等可以表明该大学生的未来感较强，对未来有比较多的考虑，而且目标比较明确。

**测试二**

### 自我和谐量表（SCCS）

SCCS是北京大学心理与认知科学学院的王登峰教授在Rogers的关于自我和谐概念的论述基础上，结合心理治疗实践编制的。它能反映出自我与经验之间的关系，包含了对能力和情感的自我评价、自我一致性、无助感等。

下面是一些个人对自己心理状况的陈述。填答时，请看清每句话的意思，然后选填一个数字（1代表完全不符合你的情况；2代表比较不符合你的情况；3代表不确定；4代表比较符合你的情况；5代表完全符合你的情况）来代表该句话与你现在对自己的看法相符合的程度。每个人对自己的看法都有其独特性，因此答案是没有对错的，如实回答就行了。

(1) 我周围的人往往觉得我对自己的看法有些矛盾。　　　　　　　（　　）
(2) 有时我会对自己在某些方面的表现不满意。　　　　　　　　　（　　）
(3) 每当遇到困难时，我总是先分析造成这种困难的原因。　　　　（　　）
(4) 我很难恰当地表达我对别人的情感。　　　　　　　　　　　　（　　）
(5) 我对很多事情都有自己的观点，但并不要求别人的观点与我一样。（　　）
(6) 我一旦形成对事物的看法，就不会再改变。　　　　　　　　　（　　）
(7) 我经常对自己的行为不满意。　　　　　　　　　　　　　　　（　　）
(8) 尽管有时得做一些自己不愿意做的事，但我基本上是按照自己的意愿做事的。
(9) 一件事，好就是好，不好就是不好，没有什么可含糊的。　　　（　　）
(10) 如果我在某件事上不顺利，我往往会怀疑自己的能力。　　　（　　）
(11) 我至少有几个知心朋友。　　　　　　　　　　　　　　　　（　　）
(12) 我觉得我所做的很多事情都是不该做的。　　　　　　　　　（　　）
(13) 不论别人怎么说，我的观点绝不改变。　　　　　　　　　　（　　）
(14) 别人常常会误解我对他们的好意。　　　　　　　　　　　　（　　）
(15) 很多情况下我不得不对自己的能力表示怀疑。　　　　　　　（　　）
(16) 我的朋友中有些是与我截然不同的人，但这并不影响我们的关系。（　　）
(17) 与朋友交往过多，容易暴露自己的隐私。　　　　　　　　　（　　）
(18) 我很了解自己对周围人的情感。　　　　　　　　　　　　　（　　）
(19) 我觉得自己目前的处境与我的要求相距太远。　　　　　　　（　　）
(20) 我很少思考自己所做的事是否应该。　　　　　　　　　　　（　　）
(21) 我所遇到的很多问题都无法自己解决。　　　　　　　　　　（　　）
(22) 我很清楚自己是什么样的人。　　　　　　　　　　　　　　（　　）
(23) 我能自如地表达我所要表达的意思。　　　　　　　　　　　（　　）
(24) 如果有足够的认识，我也可以改变自己的观点。　　　　　　（　　）
(25) 我很少考虑自己是一个怎样的人。　　　　　　　　　　　　（　　）
(26) 把心里话告诉别人不仅得不到帮助，还可能招惹麻烦。　　　（　　）
(27) 在遇到问题时，我总觉得别人都离我很远。　　　　　　　　（　　）
(28) 我觉得很难发挥出自己应有的水平。　　　　　　　　　　　（　　）
(29) 我很担心自己的所作所为会引起别人的误解。　　　　　　　（　　）
(30) 如果我发现自己某些方面表现不佳，总希望尽快弥补。　　　（　　）
(31) 每个人都在忙自己的事，我很难与他们沟通。　　　　　　　（　　）
(32) 我认为能力再强的人也可能会遇上难题。　　　　　　　　　（　　）

（33）我经常感到自己是孤立无援的。 （ ）

（34）一旦遇到麻烦，我无论怎样做都无济于事。 （ ）

（35）我总能清楚地了解自己的感受。 （ ）

【评分说明】各分量表的得分为包含的项目分直接相加，三个分量表包含的项目为：

（1）自我与经验的不和谐：1、4、7、10、12、14、15、17、19、21、23、27、28、29、31、33。

（2）自我的灵活性：2、3、5、8、11、16、18、22、24、30、32、35。

（3）自我的刻板性：6、9、13、20、25、26、34。

将自我的灵活性反向计分（计分方式为选项1、2、3、4、5中的1个数字。如果本来是选了4的，那么就应该转换为2分，选择1的则转换为5分，以此类推，然后再统计该项目的总分），最后与其他两个部分的分数相加，得分越高自我和谐度越低。测试结果低于74分的为低分组，75～102分的为中间组，103分以上的为高分组。

## 【推荐资源】

**书籍：1.《遇见未知的自己》**

内容简介：一位都会白领阶层的女性通过同老人以及其他配角（老人的学生）间的对话，经由每天都可能遭遇到的种种事件，逐渐把眼光从外在的世界，转向内在世界，进而发现大多数人都不是自己生命的主人，甚至是自己思想和情绪的奴隶，从身、心、灵三个方面去探讨主宰着人生模式是如何形成的，又如何操控身心，同时提供了如何解决这些模式的实际有效方法，从而解脱思想、情绪和身体的桎梏。

**2.《自卑与超越》**

内容简介：《自卑与超越》是个体心理学的先驱阿德勒的代表作，作者从探寻人生的意义出发，启迪我们去理解真实的生命意义。他告诉我们，理解一个人，就要从他的过去入手，而一个人的生活风格，则是与他对于过去经验的认识和理解相一致的。自卑并不可怕，关键在于怎样认识自己的自卑，克服困难，超越自我。阿德勒与弗洛伊德是并驾齐驱、等量齐观的。在《自卑与超越》一书中，对于记忆和梦的探讨，作者也参考了精神分析学派的观点，并提出了自己的意见。另外，针对教育、家庭、婚姻、犯罪等社会性问题，作者也在书中提出了十分有价值的观点。

**电影：《心灵捕手》**

一名麻省理工学院的数学教授，在系里的公布栏上写下了一道他觉得十分困难的题目，希望他那些杰出的学生能解开题目，可是一直无人能解。最后，一个年轻的清洁工威尔在下课打扫时，发现了这道数学题并轻易地解开了这个难题。

威尔聪明绝顶却叛逆不羁，甚至到处打架滋事，并被少年法庭宣判送进少年观护所。数学教授有心提拔这个个性不羁的天才，要他定期研究数学和接受心理辅导。数学难题难不倒他，但对于心理辅导，威尔却特别抗拒，直至遇到一位事业不太成功的心理辅导专家桑恩教授。在桑恩的努力下，两人由最初的对峙转化成互相启发的友谊，从而使威尔敞开心扉，走出了孤独的阴影，成就了自我。

# 第三章　塑造人格　优化个性

## 【知识点导读】

一位老教授昔日培养的三位得意门生均事业有成：一位在官场上春风得意，另一位在商场上捷报频传，还一位埋头做学问如今也苦尽甘来，成为学术明星。于是有人问老教授：你以为三人中哪个会更有出息？老教授说：现在还看不出来。人生的较量分三个层次，最低层次是技巧；其次是智慧，他们现在正处于这一层次；而最高层次的较量则是人格的较量。

可见，人格的发展比能力的发展更重要。

## 【教学内容】

（1）了解人格的概念和特性。
（2）理解人格的影响因素和人格结构。
（3）掌握完善人格的途径和调适方法。

## 【素质目标】

帮助大学生正确认识健康人格的内涵和价值，使大学生接受榜样人物人格力量的熏陶。

## 第一节　人格概述
### ——人格的概念、特性和影响因素

## 【引导案例】

### 同学聚会

某天，岳老师参加了毕业 30 年的大学同学聚会，时过境迁，他对于很多同学的长相都有些认不出来了，而且声音、形象也变了，但也有似曾相识的感觉。坐下来吃、喝、聊一阵以后发现大家原来的样子还在。比如，段同学当年是个老好人，话不多，但是这次聚会时还是话不多，大多时间是在一旁微笑，哪个同学的水杯空了，总是他第一个起来给满上；还有，当年班上的"风云人物"赵同学，性格泼辣，这次见面明显成熟多了，气质温文尔雅，但是眼见有同学被灌酒时，还是忍不住出手相救。

回来以后，岳老师忍不住想："我是什么样的人？我也有改变吗"？仔细想想，发现真的不好确定。相信同学们也有这样的疑问，人格是什么？性格和人格一样吗？人格会改变吗？哪个才是真正的"我"？

俗话说：画人画面难画骨，知人知面不知心。路遥知马力，日久见人心。江山易改，本性难移。这些都是描述人格的。

## 一、什么是人格？

我们日常生活中经常说到"人格"，比如说×××人格高尚，×××人格卑劣或×××缺乏人格，这都是从伦理道德的观点出发，用"人格"一词对人的行为做出评价，我们每个人都有其独特的人格。

人格一词来源于古希腊语的"persona"一词，意为戏剧中的演员所戴的面具。与我们的国粹——京剧中使用的脸谱有异曲同工之处，通过运用颜色、夸张和变形的五官图形来展示角色的性格特征，观众从脸谱上就可以判断出这个角色是什么类型的人物形象，如黑脸的包公、白脸的曹操、红脸的关云长。黑色体现人物庄重严肃、不苟言笑的高尚品格；白色暗寓人物生性奸诈、手段狠毒的可憎面目；红色多表现所饰人物有血性、正直忠勇……

心理学中也沿用了这个词，包含两个意思：

（1）外在的人格品质：可以观察的自我，如我们看到的"面具"。

（2）内在的人格特征：面具背后的真实自我，即真实的性格特征。

**所谓人格，是指一个人在社会化过程中形成和发展的思想、情感及行为的特有统合模式，这个模式包括了个体独具的、有别于其他人的、稳定而统一的各种特质或特点的总体。**

对于拼图，相信大家都不陌生，或许我们可以用拼图来表示人格更为确切，每块拼图代表我们性格特征的一面，而把某个人的所有特征拼起来就形成了其完整的人格。

视频：什么是人格？

## 二、人格的特性

人格是人人都有的，但又存在巨大的差异，这就是人格的特性。人格特性有五个方面。

### 1. 整体性

人具有不同的特质和心理成分，如性格、气质、能力、兴趣、行为习惯、价值观等，它们密切联系成为一个有机组织。现实中人的行为是各部分紧密相联、协调一致的结果。上文中提到的人格拼图，若少了其中一块，就不能代表这个人。弗洛伊德提出的精神分裂症就是精神内部的分裂，知、情、意不统一和精神的内部分裂被视为此病的本质。

### 2. 稳定性

人格的稳定性一是指人格跨时间的持续性即人生的不同时期表现出的恒常性；二是指人格跨情境的一致性。一个人不自觉地经常表现出来的稳定的心理与行为特征才属于人格特征，那些暂时的、偶尔表现出来则不算。例如，一个内向的大学生不仅在学校里不擅长与人交往，不喜欢参加聚会，在家时也常常沉默不语，喜欢独处，虽然偶尔在拥有了天时地利人和的情况下也会有话多、活跃的时候，但这并不是他的人格特点。

### 3. 独特性

人格的独特性是指人们之间的心理与行为是各不相同的。就像世界上没有两片一样的树叶，也没有完全相同的两个人，一起长大的双胞胎也会不同，每个人都有自己的特点。同一民族、同一阶层、同一群体的人会有相似的人格特征，但并不相同。它属于同一种文化陶冶出的群体人格或众数人格。

### 4. 社会性

人是社会化的动物，对一个不与任何人有联系的孤立的人，人格是没有意义的。人格是个体遗传出的自然性和社会性综合的结果。但是人的本质并不是所有属性或几种属性的简单相加。构成人的本质的是那为人所特有的，具有标志性，若失去了它，人就不能称为人的因素，这就是人的社会性。即使人的生物性需要和本能，也要受人的社会性所制约。

### 5. 功能性

人格决定了一个人的生活方式，进而决定一个人的命运，这就是人格的功能性。当一个人的人格功能发挥正常时，其个性表现为健康而有力。人格功能受损往往会影响一个人的生活，使人表现出怯懦、无力、失控或病态的行为。

视频：人格的特性

【扩展阅读】

#### 人格是在何时"定型"的？

一个人的人格是在什么年龄阶段定型的？理论上，人在任何年龄都可能发生人格的变化，但是现实中并非如此。有研究表明，在 20 岁时，人的人格开始定型，到 30 岁便十分稳定了，而且在 30 岁之后，一般不会再出现大的人格改变，即使有些人的人格发生了变化，也是因为发生了某种重大灾难或悲剧等特殊生活事件。通常，人过 30 岁以后，不论你迁居到一个新城市还是更换了职业、新交了朋友，基本人格特点都不会改变。也就是说，你在 30 岁时是什么样的人，到 60 岁仍然会是什么样的人。

## 三、人格的影响因素

我们的人格有多大的改变空间？它会受到什么因素的影响呢？下面我们对影响人格的因素进行阐述。

### （一）遗传因素

心理学家往往采用同卵双胞胎的研究来探讨遗传因素的影响，结果发现即使将同卵双胞胎分开抚养，他们之间的相似性也高于异卵兄弟姐妹。这项研究发现意味着遗传的作用显著存在于某些人格特质中，遗传的贡献量占到 20% ~ 45%，这个比例是非常高的，智商的遗传影响也只占 50% 左右。但是，人格也是可以通过环境来改变的，同卵双胞胎被分开抚养的时间越长，两人之间的差异也越大。每个人都受先天和后天环境的影响，我们的一些选择可能受遗传倾向的影响，但是我们不只按照程序运行，因为人的发展其实是个人选择的结果，遗传并不能决定命运。

## （二）社会文化因素

社会文化塑造人格。不同文化的民族有其固有的民族性格，不同地域有各自的文化传统，不同文化发展时期也有着不同的文化认同。例如，中国文化中"人性本善"一直占据上风，而西方文化中则更加认同"人性本恶"的观点。因此，如果西方人在言行中表露出"恶"的一面，由于人性本恶，他们也会比较认同；而如果中国人在言行中表露出"恶"的一面，由于大家认为人性本善，他们必须就说明自己的这个"恶"并非自己的本意，这样才能维持自尊和良好的社会适应，对行为的防御和掩饰会更强烈。

社会环境因素对学生人格的影响主要通过社会风尚、大众传媒等得以实现，如电脑、电视、电影、报纸杂志等。电视对儿童人格的影响是巨大的。美国心理学家在 1971 年进行的一项实验证明，电视节目里的许多攻击性情节对年幼无知的孩子的行为影响巨大。实验过程是这样的：让一组八九岁的儿童每天花一些时间看有攻击性情节的卡通节目；让另一组儿童则在同样长的时间里观看没有攻击性情节的卡通节目。在实验中，相关人员同时对这两组儿童所表现出的攻击性行为加以细致的观察记录。结果发现，观看含攻击性情节的卡通节目的儿童，其攻击性行为增多；但是，那些看不含攻击性情节的卡通节目的儿童，在行为上没有改变。10 年后的追踪研究结果显示，实验中观看含攻击性情节节目的儿童，即使到了 19岁，仍然具有较强的攻击性。随着信息时代的到来，通过互联网传播的海量信息会对儿童的人格形成产生正面或负面影响，而且其影响是广泛而深刻的。这对教育工作者提出了新的研究课题，即如何引导、教育学生正确选择、利用网上信息，提高抵制不健康信息的能力。此外、电影电视、报纸杂志中的典型人物或英雄榜样也会引起大学生丰富的想象力，让他们产生效仿的意向，从而影响其人格的形成与发展。

## （三）环境因素

### 1. 家庭环境

家庭环境对人格的形成与发展具有重要影响。父母是儿童的第一任老师，家庭是儿童最初的教育场所，家长的教育观念、教育态度、教育方式等一直被研究者所关注。

家长的教育观念具体表现为，家长对家庭教育的作用与在家教问题上所承担的角色与职能之认识的教育观，家长对儿童的权利与义务、地位及对子女发展规律之看法的儿童观，家长在子女成才问题上之价值取向的人才观，以及家长对自己同子女有什么样的关系的看法的亲子观。相关研究显示，家长教育观念的正确与否，决定了其对儿童采取何种教育态度与方式，而家长的教育态度与方式又直接影响着儿童的发展，特别是人格的形成与发展。有许多心理学家对父母的教养态度与方式对子女人格的影响进行研究后发现，在不同的教育态度与方式下成长起来的儿童的人格特点存在明显差异。

在权威型教养方式环境中长大的孩子容易形成消极、被动、依赖、服从、懦弱的个性特点，做事往往缺乏主动性；放纵型教养方式下长大的孩子多表现为任性、幼稚、自私、野蛮、无礼、独立性差、唯我独尊、蛮横无理等；民主型父母教养的孩子更具有积极的人格品质，如活泼、直爽、自立、彬彬有礼、善于交往、乐于合作、思想活跃等。

由此可见，家庭的确是"人类人格的加工厂"，它造就了人的不同特质。此外，家庭中的夫妻关系对孩子的人格发展也有很深的影响，儿童在家庭中的出生顺序也会影响到儿童的人格特点。

### 2. 学校环境

学校教育对个人人格的发展也起着决定性作用，学生在学校中不仅要学习、掌握系统文化知识，发展智力，也要接受思想和品德教育，形成优良的人格特征。课堂教育是一项艰苦的劳动，通过学习可以发展学生的坚韧、自制力、主动性和独立性等良好的人格特征；班级集体对人格的形成有重要的意义，集体生活有利于培养学生的组织性、纪律性、团队性等人格特点；教师是学生的榜样，他们的言行都对学生的人格发展有着潜移默化的影响。

## （四）自然环境因素

生态环境、气候条件、空间拥挤程度等这些物理因素也会影响人格。例如，天气很热时，人会烦躁不安，可能使人产生攻击行为。人格特质和环境之间相互作用，而外部环境和情境同样影响着人格特质的表现方式。

## 【扩展阅读】

### 良好人格品质的作用

有几位心理学家从 1921 年开始对 1528 名智力超常的儿童进行了为期 50 年的跟踪研究。结果显示，这些智商在 140 分以上的天才儿童，长大后并非都取得了成功。心理学家们对其中的 800 人进行了追踪，发现其中卓有成就者仅占八分之一。随后，为进一步分析这些人成功与失败的原因，心理学家们把他们分成了两组，即高成就组与低成就组，然后比较他们之间的差异。结果发现，两组人的差异主要在他们的人格品质上。成就高的一组人在谨慎性、进取心、坚韧性等人格特征上明显高于成就低的一组人。心理学家们认为，这充分说明了良好的人格品质是一个人取得成功的必要条件。

# 第二节 人格构成

## ——人格结构理论与人格的心理结构

## 【引导案例】

某班同学 L 是个独来独往的人，从来不主动和其他同学讲话，同学在路上和他打招呼，他总是好像没看见，约他打球，他也借口不去，逐渐成了"边缘人"。大家提起 L 时都说，他太冷漠、太内向、孤僻。直到有一天班上发生的一件事情让大家对他刮目相看。有个女生的男朋友跟她提分手，还说她自作自受，伤心地在班里大哭。班上的男生都摩拳擦掌，想要教训那个男生，女生们则在安慰她。L这个时候却直接出去了，一会回来的时候，拿了一瓶碘酒和消毒棉球放在女生桌上（女生不知道什么时候擦伤了膝盖，大家都没发现），女生也收到了男朋友发来的道歉信息。原来L出去后直接找那个男生理论了，大家才发现原来他还有这么勇敢、正义、细腻的一面。

## 一、人格结构理论

弗洛伊德认为完整的人格由三大部分组成，即本我、自我和超我。

### 1. 本我

本我就是本能的我，完全处于潜意识之中。它是一个混沌的世界，容纳着一些杂乱无章的、很不稳定的、本能的被压抑下来的欲望，隐藏着各种不被现实社会伦理道德和法律规范所容许、还未被开发的本能冲动。本我遵循"**快乐原则**"，它只知道满足自己的需要，完全不管价值、善恶、道德的评判。

### 2. 自我

自我是正视现实的我，在成长的过程中通过后天的学习和环境的接触逐渐发展起来的，是意识层面的部分。它是本我和外界环境之间的调节者，奉行"**现实原则**"，既要满足本我的需要，又要制止不被社会规范、道德准则和法律允许的行为。

### 3. 超我

超我是道德化了的我，是从自我中分化和发展起来的，是人从孩童时代起习得父母的道德行为，效仿社会典范，接受传统文化、价值观念、社会理想的影响中逐渐形成的。其由道德、理想和良心构成，是人格结构中的监察者，是一切道德约束的代表，是人类高尚行为的动力，遵循"**至善原则**"，通过典范确立道德行为标准，用良心惩罚违反道德标准的行为。

弗洛伊德认为，本我、自我和超我三者之间相互作用、互相联系，如图3－1所示。本我只要求满足欲望，寻求快乐，不顾现实；超我依照道德标准对人的欲望和行为进行限制，而自我则夹在本我和超我之间，按现实条件即要实现本我的欲望，又要服从超我的强制性规则。因此，在人格的三个方面中，自我扮演着夹心难当的角色，要两端调控，一端设法满足本我对快乐的追求，另一端还必须使行为符合超我的要求。所以，自我的力量必须足够强大，才能够协调它们之间的矛盾和冲突；否则，人格结构就会失去平衡，使人格不健全。

人格结构和意识层次之间的联系如图3－2所示。自我遵循现实原则，在意识层面，根据现实需要决定怎么做。对于成年人来说，本我的欲望和冲动往往是现实生活不允许的，只能被压抑下来，存在于潜意识里。超我存在于意识的各个层面，如在我们在睡梦中。

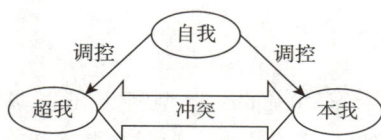

图 3-1 人格结构的相互作用

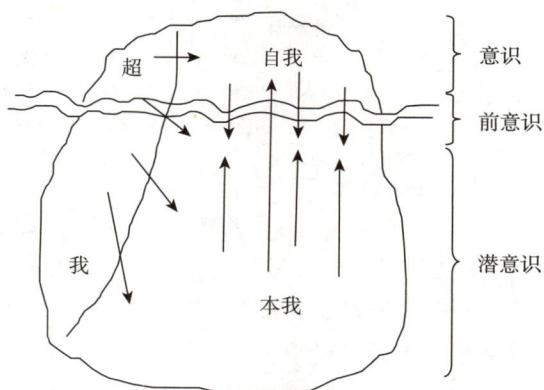

图 3-2 人格结构和意识层次的关系

## 二、人格的心理结构

人格是一个复杂的结构系统，包含了各种成分。主要是人格的倾向性和人格的心理特征两个方面。前者是指人格的动力，后者是指个体之间的差异。

需要、动机、兴趣和世界观、人生观、价值观是人格的动力部分，它表现了人格的倾向性，决定了人对待现实世界的态度，左右了人对要认识的对象的选择和趋向。

人格的心理特征是人各种心理特点的结合，显示一个人心理面貌的独特性，说明了个体差异。人格的心理特征包括人的能力、气质和性格。

能力是能够顺利有效地完成某种活动必须要具备的心理条件；气质是表现在心理活动的强度、速度和灵活性等动力特点方面的心理特征；性格则是表现在人对客观事物的态度，以及与这种态度相适应的行为方式上的人格特征。

### （一）气质

#### 1. 气质与气质类型。

气质是人格中表现最明显、最易被察觉到的心理现象，通常被称为"脾气"或"秉性"，如有的人做起事来雷厉风行、干脆利落，有的人则慢条斯理、不紧不慢；有的人爱说爱笑，喜欢热闹；有的人则沉默寡言，喜欢独处。这些都是气质的不同表现。从心理学角度讲，**气质是个体心理活动的稳定的动力特征，主要指心理过程的强度、速度、稳定性和心理活动的指向性**。它不仅包括情绪和动作方面的某些动力特征，还包括认识和意志过程的动力特征。可见，气质是不以活动的目的和内容为转移的。

气质是一个古老的概念。在古希腊语中，其原意是"比例""关系"的意思。古希腊医生希波克拉底很早对气质进行了研究。他认为，人体内有四种体液：血液、黏液、黄胆汁和黑胆汁。由于这四种体液在不同人体内的比例不同，就使他们产生了不同的行为方式和气质表现。后来，古罗马医生盖伦继承了这种体液说，并把人的气质划分为多血质、胆汁质、抑郁质和黏液质四种类型。尽管体液说对气质类型的解释缺乏科学根据，但这四种气质类型的名称仍被许多学者采纳并一直沿用至今。希波克拉底的体液心理学，如图 3-3 所示。

```
血液      ←──→   多血质   ←──→   春天般的温而润
黄胆汁   ←──→   胆汁质   ←──→   夏天般的热而燥
黑胆汁   ←──→   抑郁质   ←──→   秋天般的冷而燥
黏液      ←──→   黏液质   ←──→   冬天般的冷而湿
  [体液]          [气质]          [对应的四季]
```

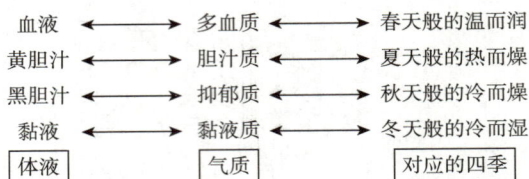

**图 3 - 3　希波克拉底的体液心理学**

**胆汁质——实干家、支配型**

这种类型的人像"夏季里的一团火",是天生的实干家和领袖。典型特点是直率热情,表里如一,精力旺盛;易感情用事,容易冲动,脾气暴躁;反应速度,思维敏捷,智力活动具有较大的灵活性;情感体验强烈、外露,但持续时间不长,具有外倾性。这种气质类型具有顽强拼搏的精神和坚强果敢的优点,但缺乏耐心和自制力,易急躁,因此,要注意加强在沉着冷静、耐心和自制力方面的修养。

这种气质类型的典型代表人物有《三国演义》中的张飞、《西游记》中的孙悟空、《水浒传》中的鲁智深等。

一般来讲,胆汁质气质的人适合的职业有:管理者、外交家、驾驶员、服装纺织业、管饮服务业、医生、律师、运动员、冒险家、新闻记者、演员、军人。

**多血质——影响力强、互动型/社交型**

这种类型的人总是像春风一样"得意洋洋",又被称为互动型或交际型。

这种气质类型的人具有外倾性的特点。通常精神愉快、朝气蓬勃,对工作有热情,对自己充满信心,有较强的活动能力,喜欢体验和锻炼,能迅速地把握新事物,但其情感易变,注意力容易转移,热情容易消失,因此,要注意加强在刻苦专研、有始有终、严格要求等方面的修养。

这种气质类型的典型代表人物有《西游记》里的猪八戒、《红楼梦》里的王熙凤等。

一般来讲,适合多血质气质的人职业有:政治家、外交家、律师、广告从业者、导游、推销员、节目主持人、演讲者、外事接待人员、演员、市场调查员、监督员等。

**抑郁质——思想家、分析型/思考者**

这种类型的人聪明且富有想象力,自制力强、善分析、追求完美、才华横溢,具有创造力和牺牲精神,这种人的情绪体验深刻、细腻而又持久,主导的心境消极抑郁,多愁善感,心事重重,给人以"秋风落叶"般无奈、忧伤的感觉。他们的缺点是挑剔、悲观、情绪化。

这种人的工作特点是:在团体中做事积极认真、努力向上、毫不懈怠,喜欢与团体在一起,富有协调精神。但行为迟缓、扭捏、怯懦、怀疑、孤僻、优柔寡断,因此,在决策方面要注意果断,应尽量克服犹豫不决的缺点。

这种气质类型的典型代表人物有《红楼梦》中的林黛玉、《西游记》中的唐僧。

一般来讲,抑郁质气质的人适合的职业有:校对员、排版员、检查员、雕刻师、刺绣工、物品保管员、机要秘书、哲学家、科学家等。

**黏液质——重视关系者、稳健型/支持者**

这种类型的人通常冷静、稳重、有耐心,他们机智、从容、仁慈、具有同情心,善倾听，且具有协商能力，适合当外交家、政治家、教师。他们表情平淡，情绪不易外露，外表似乎给人"冬天般寒冷"的感觉，但内心的情绪体验深刻，因此也被称为"热水壶"外凉内热。他们的缺点是被动、刻板、目标性差、缺乏动力、优柔寡断、思维欠灵活。

这种气质类型的典型代表人物有《西游记》中的沙僧、《水浒传》中的林冲等。

一般来讲，黏液质气质的人适合的职业有：外科医生、法官、管理人员、出纳员、会计、播音员、话务员、调解员、教师、人事主管等。

上述四种气质类型显示出人们"四季"般的天性，但是有些人会发现自己不仅具有一种类型的特征。事实上，单纯地属于这四种典型气质之一的人并不多，在生活中，绝大多数人是这四种气质相互混合、渗透、兼而有之的人。有些人是两种气质的混合，有些人是三种气质的混合，也有些人是四种气质的混合型。

**【扩展阅读】**

从半杯水就可以看出气质类型的差异，具体如图 3 - 4 所示。

图 3 - 4　气质类型的差异

## （二）性格

**性格是指一个人对现实比较稳定的态度，以及与之相适应的习惯化了的行为方式**，是一种与社会因素关系最密切的人格特征，其中包含许多社会道德含义。性格是人最鲜明、最重要的标志，是在后天的社会环境中逐渐形成的，是人最核心的个性差异，因为人与人之间的差异首先表现在各自的性格上。例如，有的人大公无私，有的人自私自利；有的人热情奔放、自信勇敢；有的人冷若冰霜、缺乏自信。性格受个人的人生观、价值观、世界观的影响，表现形式是人的品德。性格有好坏之分，不良的性格可以通过一些途径矫正。

性格也有不同的类型，表现为一类人身上共同具有的性格特征的独特结合。目前，对于性格的分类，不同的心理学家有着不同的观点。

瑞士心理学家荣格依据个体的心理活动是倾向于外界还是倾向于内在，将人的性格分为外倾型和内倾型。外倾型的人情感外露，善于交际，不拘小节，独立性强，容易适应外界环境。内倾型的人情感深沉，交际面广，处事谨慎，深思熟虑，不善于灵活适应环境。

德国心理学家斯普兰格则依照人类社会意识形态的倾向性对人的性格进行区分。将性格分为理论型（或追求知识型）、经济型（或实际型）、审美型、社会型（或同情型）、权力型（或管理型）和宗教型六种类型。理论型的人以探求事物本质为人生的最大价值，但在解决实际问题时却常常无能为力，哲学家和理论家多为此种类型。经济型的人通常一切以经济观点为中心，以追求财富、获取利益为个人生活目标，以实业家为典型代表。审美型的人以感受事物美为人生的最高价值，其生活目的是追求自我满足和自我实现，不太关心现实生活，如艺术家。社会型的人以关心他人和爱社会为自我实现的目标，重视社会价值，致力于从事社会公益事业，以社会慈善活动家为典型代表。宗教型的人以信仰宗教为生活的最高追求，相信超自然力量，爱人、爱物，以神学家为典型代表。权力型的人以追求权力为目标，具有强烈的权力意识，以获取权力为最高价值，多为领袖人物。在实际生活中，一般是多种类型的特点集于一身，但又以一种类型特点为主。

性格决定着人的活动方向，是一个人有别于其他人的最主要的特征。比如对待生活的态度是乐观还是悲观，对待别人是谦虚还是骄傲，对待朋友是关心还是冷漠，这些都是对现实反映出来的态度。在不同态度的驱使下，我们形成了一种习惯化的稳定行为模式。比如，每位同学对学习都持有不同的态度，有些同学认为目前学习的课程大多没有太多的实用价值，因此上课时心不在焉，考试前临阵磨枪；而有些同学则认为这些课程现在看似用处不大，但通过学习能够开阔视野，提升自己对问题的综合分析能力，并能为今后某些课程的学习打下坚实的基础，因此，他们会认真学习每门课程。

## （四）性格和气质的关系

性格和气质是两个完全不同的概念，但二者相互作用，既有区别又有联系，具体见表3-1。

表3-1　性格和气质的关系

| 项目 | 气质 | 性格 |
| --- | --- | --- |
| 起源 | 先天 | 后天 |
| 可塑性 | 变化慢，可塑性比较小 | 环境对性格的塑造作用明显，可塑性较大 |
| 道德性质 | 无好坏之分 | 有好坏之分 |

二者的联系体现在以下三个方面：

（1）气质可以按自己的动力方式渲染性格，从而具有了独特的色彩。

（2）气质影响性格特征形成或改造的速度。

（3）性格可以在一定程度上掩盖或改变气质。

视频：人格的结构

【扩展阅读】

### 性格与疾病息息相关吗？

人们普遍认为，充满敌意、争强好胜、缺乏耐心的性格的人更容易患心脏病。但英国一些研究人员发现，从胃溃疡、支气管哮喘到老年痴呆症等多种疾病都与性格特征存在千丝万缕的联系。性格及其特征与常见疾病的对应关系见表3-2。

表3-2　性格及其特征与常见疾病的对应关系

| 性格 | 特征 | 疾病 |
| --- | --- | --- |
| 急躁易怒 | 趋向好斗和急躁易怒、要求过高、雄心勃勃、醉心于工作，但是缺乏耐心，容易产生不良情绪，常有时间紧迫感 | 原发性高血压 |
| 争强好胜 | 即使休息仍不能松弛；个性太过认真严谨，同时认死理太执着，不撞南墙绝不回头；情绪易波动，但惯于克制，喜怒不形于色；人际关系正常，但自我控制强，并非天生热情、喜好社交等 | 消化道溃疡 |
| 心理冲突 | 在排除了遗传、生活方式等原因后，生活与工作中的重大变故、挫折和心理冲突等可以诱发和加重病情。有性格不成熟、被动依赖、优柔寡断、缺乏自信等特点，但人们后来发现，这些人格也见于其他慢性病患者 | 糖尿病 |
| 情绪不稳 | 情绪不稳定、过分因循守旧、对问题处理欠灵活、极端关心身体，偏于抑郁、悲观，易于不满等性格特点 | 头痛 |
| 幼稚敏感 | 趋于内向，有悲观倾向，多为过分依赖、幼稚敏感和希望受人照顾；遇事退缩，自信心不足，情绪比较不稳定，甚至较小的事情也能够导致强烈的情绪反应 | 支气管哮喘 |
| 精神紧张 | 多种不良刺激造成的综合结果，而其中的精神刺激、情绪因素、压力太大无法宣泄、过度劳累是重要原因。甚至有观点认为，如果幼年时期缺乏母亲通过抚摸和拥抱等方式给予足够的皮肤刺激，就可能会导致人患病 | 神经性皮炎 |
| 过分压抑 | 性格克制压抑，不表现负面情绪，特别是对愤怒的压抑，好生闷气，尽量回避各种冲突；对别人过分耐心，忍让，屈从于权威；生活和工作中没有主意和目标，不确定性多，有孤独感或失助感 | 癌症 |
| 性格孤僻 | 不善与外界交往，感情交流少，经常处于信息低负荷的状态。孤僻者、丧偶、独居、情绪抑郁者是老年痴呆的高危人群 | 老年痴呆症 |

## 三、人格特质

大家都知道孙悟空和林黛玉，而提到他们的时候，大家首先想到的各自的特点是什么呢？疾恶如仇？多愁善感？这是我们一下子就能想到的，但是他们身上还有很多其他特点，有些就不太吸引人注意了。为什么会这样呢？这就涉及人格特质方面的问题。

人的性格是由一组特质组成，人格拼图中的每一块是一种特质，特质是构成人的性格的基本单位，特质决定个体的行为。

人的特质有些是共同的，比如一个民族具有的共同特点等，有些属于个人特有的，像孙悟空的疾恶如仇、林黛玉的多愁善感。每个人身上的各种特质的作用是不同的，根据这种不同我们把它分为：首要特质、主要特质和次要特质。

首要特质是一个人最典型、最具概括性的特质，如孙悟空的疾恶如仇、林黛玉的多愁善感、曹操的狡猾奸诈。但并不是所有的人都会发展成这样明显的首要特质。

核心特质是构成个体独特性，代表一个人主要特征的特质，在每个人身上大概有 5 ~ 10 个，如孙悟空的善恶分明、不畏强权、忍辱负重、勇于牺牲，林黛玉的内向、敏感、孤僻、抑郁、清高、率直、聪慧等都属于核心特质。

次要特质是个体一些不太重要的特质，对于理解个体的人格作用不是很大，如对于食物和衣着的偏好。

其实每个人都有很多面，如果片面地从一些行为表现推断别人是什么样的人，非常容易犯经验主义错误。接纳和认可人格特质的每一面才能更好地理解自己和理解他人。

如果把人看作是一个装水的木桶，如图 3 - 5 所示。水桶是由不同的木板扎成的，而不同的木板有不同的长度，如同一个人的全面情况，有优势，也有劣势，从表面看，短板限制整个水面的高度，需要人们去提升短板的长度，但是，如我们让桶更加倾向那些长板所在的区域，在长板足够多的情况下不断发展长板，也可以装下更多的水。

管理学中的
短板理论

将木桶
倾向一侧

把几块
长板
分别
加长

图 3 - 5　木桶理论

美国人格心理学家，实验社会心理学之父奥尔波特的特质论认为人格的维度是连续的，是可以测量的，而测量单位就是特质，而每个特质在全人类中的表现都呈正态分布。例如，只有非常少数的人非常热情、自来熟，也只有非常少数的人完全没有热情。大部分人的人格特质集中在这个曲线上的某一点上，如图 3 - 6 所示。

为了更好地说明人群的特点，心理学家还尝试把人分成 2 种类型（A 和 B）、5 种类型（大五人格结构）、16 种类型（16pf 人格结构），并发明了很多测试来对人格进行分类。

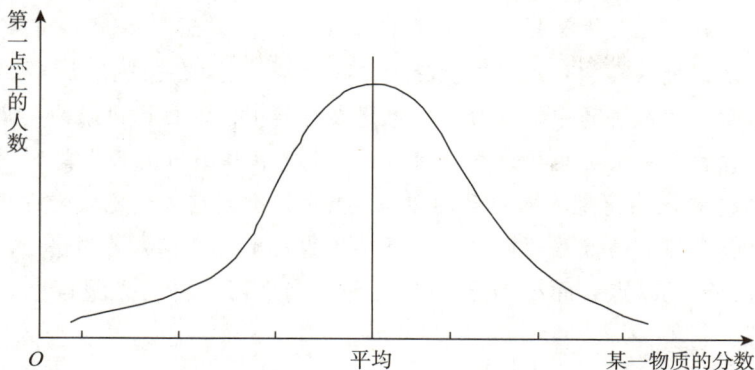

图3-6　人格特质曲线

【课堂活动】

## 性格魅力测试站

假设某一天你参加了一个聚会，其间结识了很多性格不同的人，有严肃认真的、自信的、聪明能干的、风趣幽默的、活泼开朗的、善良热情的，也有心胸狭隘的、固执的、冷漠的、孤僻的、脾气暴躁的、恶毒的、自私自利的等。

活动流程：

（1）每个学生在心里对自己进行评判（不必说出来）：你认为自己具有哪些性格特征？

（2）分小组进行讨论：你最愿意和哪三种性格的人做朋友？最不愿意和哪三种特点的人做朋友？并简要说明理由。讨论时，请仔细听听组内其他成员对自己的性格评价，目的是了解自己的性格对人际交往的影响程度。

（3）小组成员分别为各种性格打分。对于喜欢的性格，可根据喜欢程度的高低，分别记 +3 分，+2 分，+1 分；反之，对于不喜欢的性格，可根据不喜欢程度的高低，分别记 −3 分，−2 分，−1 分。最后，组长将组内成员的打分结果整理出来，然后得出各种性格的人际魅力指数。

视频：人格特质

# 第三节　人格重塑
——大学生人格概况和健康人格的培养

【引导案例】

## 想飞的女生

大二女生小 M 说自卑像一块巨石，压得她无法呼吸。她对自己的学习成绩、家境、相貌、甚至说话的方言都不满意，认为自己一无是处。她上幼儿园的时候，老师要挑选一些小朋友表演节目，而她因为又黑又矮，从来没有被选中过，因此，小 M 一直到现在都没有机会登台表演。后来，她认真学习，想以优异的成绩博得大家的关注，但结果也不尽如人意。大家在宿舍里七嘴八舌地讲高中趣事时，她也想参与其中，但自己讲出的故事和满嘴的方言却被舍友取笑。也曾有一个男生接近她、讨好她，没想到那个男生只是想利用她给舍友带一封情书……小 M 总是很在意别人对自己的看法，很害怕听到别人议论或者评判自己，她很羡慕那些长相漂亮、学习成绩优秀的同学，渴望自己的人生也能有成功和快乐。

每个人都有自己的缺点，而小 M 想通过心理咨询来帮助自己克服自卑，这就是很大的进步。

# 一、大学生人格优势

人们成为今天的自己，表现出形形色色的人格特质，而对这些经历的看法塑造成了自己的人格。精神分析流派的心理学家埃里克森描述了人格在一生发展中的模式和特点。在人生的岔路口上总是充满危险和机会，人们解决危机的方式决定了自己的人格发展方向，并影响了自己如何解决今后的危机。表 3-3 为埃里克森的心理社会 8 个阶段及其人格发展结果。

表 3-3　埃里克森的心理社会 8 个阶段及其人格发展结果

| 年龄 | 发展任务 | 重要事件 | 发展顺利的表现 | 危机未得到彻底解决的表现 |
|---|---|---|---|---|
| 出生~18 个月 | 信任对怀疑 | 喂食 | 看护者建立初步的爱与信任，从中获得安全感 | 认为外在世界是不可靠的，在不熟悉的环境中会产生焦虑 |
| 18 个月~3 岁 | 自主对羞怯 | 吃饭、穿衣、如厕训练 | 开始出现符合社会要求的自主性行为 | 缺乏自信心，产生羞愧感 |
| 3~6 岁 | 主动感对内疚感 | 独立活动 | 对周围世界更加主动和好奇，更具自信和责任感 | 形成退缩、压抑、被动的人格，产生内疚感 |
| 6~12 岁 | 勤奋感对自卑感 | 入学 | 学习知识，发展能力，学会为人处世，形成成功感 | 产生自卑感和失败感，缺乏基本能力 |
| 12~18 岁 | 角色同一对角色混乱 | 同伴交往 | 在职业、性别角色等方面获得了同一性，方向明确 | 难以始终保持自我一致性，容易丧失目标，失去信心 |
| 成年初期 | 亲密感对孤独感 | 爱情婚姻 | 乐于与别人交往，感到和别人相处具有亲密感 | 被排斥在周围群体之外，疏离于社会而感到孤独寂寞 |
| 成年中期 | 繁殖感对停滞感 | 养育子女 | 关爱家庭，支持下一代的发展，富有社会责任感和创造力 | 过于自我，注重满足私利，产生颓废感，生活状态消极 |
| 老年期 | 完善感对绝望感 | 反省自我并接受生活状态 | 自我接受感和满足感达到顶点，安享晚年 | 沉浸在往事中，在绝望里度过余生 |

大学生正处于青少年到成年初期的过渡时期，既要完成自我认同，又渴望和同学建立新的亲密关系，并从亲密关系中获得情感的满足，从而避免肤浅关系带来的孤独感。具体来

说，当代大学生的人格发展一般呈现出以下特点：

### 1. 能正确认识自我

当代大学生一般能客观地评价自我，有自知之明；悦纳自我，接受自己，能较好地处理理想自我与现实自我的关系。

### 2. 智能结构健全合理

当代大学生具有良好的观察、记忆注意、思维和想象力，各种认知能力能有机结合并发挥其作用。

### 3. 有较强的社会适应能力

当代大学生积极参加社会活动，对外部世界有浓厚的兴趣，有广泛的活动范围，不断学习和接受社会规范，能正常与别人相处。

### 4. 具有一定的创造能力和竞争意识

当代大学生重视学业，有较强的进取心和责任感，具有较强的竞争意识，思想开放，勇于创新。

### 5. 感情饱满适度

当代大学生的情感丰富而且饱满，情绪积极健康。

### 6. 具有强烈的道德责任感

当代大学生表现出诚实正直、谦虚谨慎、热情勇敢等高尚品格。

由此可见，我国大学生人格发展状况基本良好，在人格发展方面具有良好的自觉性和主动性，但是也存在一些不足之处。

## 二、大学生常见人格缺陷及危害

### （一）大学生常见人格缺陷

人格缺陷是介于人格健全与人格障碍之间的一种人格状态，也可以说是人格发展一种的不良倾向，或是说某种轻度人格障碍。常见的人格缺陷有自卑、羞怯、懒惰、狭隘、孤僻、冷漠、悲观、依赖、敏感、猜疑、焦虑、敌视、暴躁冲动、自我中心等。

### 1. 自卑

自卑是自我评价过低的心理体验，在心理学上又称为自我否定意识，主要表现为对自身品质、能力、学识等方面评价过低，心理承受力弱，谨小慎微，多愁善感，经不起较强的刺激，常怀疑自己，行动缩手缩脚，做事瞻前顾后。

### 2. 羞怯

羞怯的人不敢在大众场合发表意见，害怕与陌生人打交道，在异性同学面前手足无措，见到老师更是难为情，说话时会感到紧张等。通常，害羞之心人皆有之，但过分害羞就不正常了，因为这会阻碍人际交往，影响一个人正常的发挥其才能，还会导致人产生压抑、孤独、焦虑等不良心态。

### 3. 懒惰

懒惰是不少大学生为之苦恼，而又难以克服的一种人格缺陷，是意志活动不足的表现，也是影响大学生积极上进、挥洒青春活力的主要因素。

### 4. 狭隘

受当前社会功利主义影响，大学生中狭隘现象十分普遍。表现为凡事斤斤计较、容不得人、喜欢挑剔等。

### 5. 悲观

有些人遇到不如意、失败的情况便垂头丧气、怨天尤人，面临重任和挑战时，便自认无能为力，甘愿失败，对前途失去信心，心灰意懒，这些都是悲观的表现。大学生中有的人常从消极的角度去看问题，总把眼睛盯着伤心、弱点和困难上，或认为失败无法改变，这实际上是用悲观来对待挫折，结果是"帮助"挫折来打击自己，在已有的失败感中又增添了新的失败感，就像在伤口上又撒了一把盐。这种悲观心理的发展会使人浑浑噩噩、毫无生气，甚至厌世轻生。

### 6. 猜疑

所谓猜疑，一猜二疑，疑是建立在猜的基础上，因此往往缺乏事实根据，有时也缺乏合理的思维逻辑。好猜疑的人往往对人对事敏感多疑，看到同学背着自己说话，就疑心是在说自己的坏话；某人没和自己打招呼，便猜疑他（她）对自己有意见等。猜疑是很有害的人格缺陷，它会导致人际关系紧张、伤害他人感情、无事生非等；自己则会陷入庸人自扰、苦恼、惶惑的不良心境中。培根在《论猜疑》中指出，疑心"是迷陷人的惘，混淆敌友，破坏人和事业"。因此，有这种不健康人格品质的人应积极寻求矫治。

### 7. 自我中心

随着大学生中独生子女的增多，当代大学生越来越多地关注自我的感觉，尤其是那些具有一定优越感，有较强自信心、独立感、自尊心的学生，容易出现自我为中心的倾向。这种倾向如果再结合一些自私自利的思想和心理特征（如过强的自尊心等），就会表现出扭曲的、过分的自我中心。

## （二）大学生常见人格障碍

人格障碍是指一些适应困难的人格类型。按照特质理论的说法，就是一些人的人格特征处于正态分布的两个极端的表现。这些人往往难以适应社会生活，难以与别人和自己和谐相处。虽然这些人格特征我们可能都有点，但是他们可能处于极端。有偏执型人格障碍的人多疑，过分敏感，对别人有强烈的敌意，难以相信别人。表 3 - 4 列出了精神疾病诊断标准 DSM - IV 中的一些主要的人格障碍类型及其对人的行为的影响程度。

表 3 - 4    人格障碍划分

| 中度人格障碍的的典型行为 | |
| --- | --- |
| 依赖型人格 | 过分服从和依附别人 |
| 表演型人格 | 过分向别人表达情感和寻求他人注意 |
| 自恋型人格 | 妄自尊大，过分期望别人不断赞扬自己 |
| 反社会人格 | 不负责任，有反社会行为，如攻击别人、骗人、行为粗暴无礼，对人毫无同情心 |

续表

| 中度人格障碍的典型行为 | |
|---|---|
| 强迫型人格 | 行为呆板，一切必须井然有序，绝对完美 |
| 分裂性人格 | 缺乏情感，无意与别人建立亲密的人际关系 |
| 回避性人格 | 在公共场合感到不舒服，害怕被人评价，极度害羞 |
| 极度人格障碍的典型行为 | |
| 边缘型人格 | 行为冲动，在对自我的表象，与别人的关系和心境等方面极度不稳定 |
| 偏执型人格 | 极度怀疑别人的动机，认为别人所做的一切都是要危害自己 |
| 分裂型人格 | 与社会隔绝，行为极度怪异，思维混乱，但并非精神错乱 |

人格障碍的诊断需要专业的精神科医生才能做出，不能仅根据某个行为就判断某人有病或者障碍。同样，治疗人格障碍也需要去专业机构。

### （三）大学生人格缺陷的危害

人格（即个性）是人的心理行为的基础，它决定了一个人对外界刺激的态度和应对方式，其行为又影响自身的各项机体状态，因此影响着个人的身心健康、社会适应状况和活动效率。不良个性不仅对学生的身体机能产生不良影响，也会对学生的学习、生活、交往产生不利影响，而且危害更大。

#### 1. 对学习的影响

学习是一项艰辛的脑力劳动，需要具有稳定、持久的态度。由于不良个性者很难具备正常学习所必需的态度和行为方式，因此，必然会使学习受到不良影响。

大学生的学习需要主动，具有独立思考的能力，要善于和同学交流思想及看法、讨论发现的问题，要有科学的学习方法和策略，具有一定灵活性。有的学生胆怯、孤僻、习惯于被动接受知识而缺乏主动性，导致他们不能适应这种学习方式，对学习渐渐失去兴趣，学习成绩下降，对自己失去信心，甚至有的学生产生社会交往退缩，不愿参加各种活动，最终可能导致休学或因心理疾病严重而必须接受治疗。

#### 2. 对生活的影响

不良个性对学生生活产生着广泛的影响。从饮食到个人卫生，从起居到个人衣着，再到自理能力的培养，都可能受不良个性的影响。例如，一个懒散的大学生可能个人卫生状况不佳，自理能力很差，需要别人无微不至地照顾，不能应对需要独立自主的大学生活。又如，一个脾气急躁的学生，其饮食方式可能是狼吞虎咽的，久而久之，容易导致消化不良等肠胃方面的疾病产生，而且脾气急躁的学生言行举止往往也比较粗鲁，容易伤害周围的人，从而严重影响自己和别人的情绪。

#### 3. 对交往的影响

不良个性对大学生交往的影响也是很大的。开朗热情、为人诚恳、尊重别人、富于同情心的学生，大多能很好地适应各种社会交往活动，比较容易被群体和别人接纳、欢迎和帮助。相反，个性不良的大学生（如自卑的、猜疑的、报复的、固执的、自私自利）会使同学、老师、亲属，以及其他社会成员在与之交往的过程中产生不安全、紧张、不信任等不良反应，最终导致个性不良的大学生没有朋友，出现交往障碍，走到孤僻、自我封闭的境地。

　　大学时期遇到各种干扰和心理冲突，出现个性方面的不良表现是不可避免的，如果学校或家长能及时注意到，尽早矫治，就能为大学生个性的健康发展奠定基础。反之，如果不能及时解决或矫治这些人格缺陷，而形成稳定的行为方式，以后再来解决和纠正，就会事倍功半，甚至永远无法弥补。因此，在大学生个性形成和发展的时期，抓紧对其进行教育、引导、矫治是十分重要的。

视频：大学生的
人格

【扩展阅读】

智慧点拨

　　在心理学上，自卑属于一种性格缺陷，所以常常归入气质与性格中讨论。自卑的人往往从怀疑自己能力到不能表现自己的能力，从怯于与人交往到自我封闭，本来经过努力可以实现的目标，也会认为自己做不到。他们看不到人生的希望，感受不到生活的乐趣，也不敢去憧憬美好的明天。

　　自卑既不利于身心健康，也不利于人际交往，让我们来看一下应该如何克服这种不良心理吧。

　　（1）相信自己。这是一种信念，每天默念数遍。

　　（2）找出自卑的原因，理性分析其产生的根源。

　　（3）欣赏自我。把自己最满意的照片选出来时常欣赏。一个忽视外表、衣冠不整的人想要建立自信是很难的。

　　（4）调整理想自我。如果将理想的自我的目标定得太高，或根本不适合自己，就会在实践中一次又一次失败，使理想的自我目标永远不能实现，自然就无法建立自信。如果理想的自我定得过低，就会失去前进的动力，安于现状，不思进取，也建立不了自信。所以，定下适合自己的理想目标，然后全力以赴地追求，还要在实践中适时调整，这样才能成功。

　　（5）拥有乐观的生活态度。积极使你的力量与自我形象相吻合，而拥有乐观的生活态度是建立自信的基础。

　　（6）敢于面对错误与挫折。要勇敢行动，不怕犯错，不怕暂时的失败，如同幼儿学走路时必然会跌倒一样。失败并不可怕，可怕的是不总结经验，人不能因为失败而失去行动的勇气，更不能认定自己无能而自暴自弃。经历过失败或挫折的人更加经得起考验，必定能建立真正的自信。

　　（7）经常自我鼓励与自我暗示。例如"我能行，我一定能行""我很放松，我能做好""再加把劲儿，离目标不远了""我感觉不错"。

## 三、健全人格的塑造

　　美国教育家戴尔·卡耐基在对各界名人进行广泛的调查后认为，个人能取得事业成功，

15%是由于他们卓越的学识和专业技术，而85%靠的是健全的人格和良好的心理素质，因此"人格即命运"。大学时期是人格完善与定型的关键期。

## （一）健康人格标准

健康人格是指人格能全面、和谐、健康地发展，它是现实人格的良好状态，是与社会环境相适应、为其他社会成员所接受而又能充分表现个人的个性特征的人格模式。大学生健康的人格标准如图3-7所示。

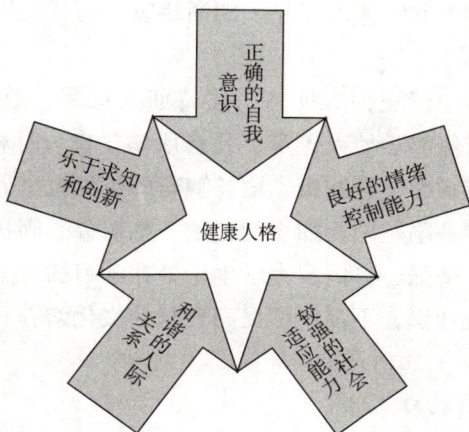

**图3-7　大学性健康的人格标准**

培养和塑造健康的人格应从以下几个方面入手。

### 1. 培养健康的自我意识

（1）正确认识自己、客观地评价自己、全面分析自己的优点和缺点，要明白"尺有所短，寸有所长"；要了解自己的性格特点，因为良好的性格可以助力人们的成功；要认清自己的气质类型，充分发挥气质中积极的一面。

（2）要培养获取积极自我体验的能力，多发现周围的真善美。积极进取，获得成功的体验，帮助我们树立自信心；关心集体、关爱别人、关注社会，培养正义感和同情心；热爱集体、珍惜生命，创造更加美好的生活。

（3）培养自我实现的调控能力。自我控制不仅是个体所具备的基本人格特征，而且也是成功人格所需要的。要使自我设计顺利完成，大学生要给自己设立一个合适的奋斗目标，选择适合自己水平的理想目标；要经常反省自己，再肯定优点，改正缺点，当目标和现实情况发生冲突时，要适时调节；还要学会自我激励，因为别人的激励能让你充满信心，而自我激励会让你力量无穷。

### 2. 保持愉快的心境

（1）心境是一种微弱、弥散和持久的情绪，即平时人们所说的心情。心境的好坏常常是由某个具体而直接的原因造成的，它所带来的愉快或不愉快会保持一个较长的时段，并且把这种情绪带入工作、学习和生活中，影响人的感知、思维和记忆。愉快的心境让人精神抖撤，感知敏锐，思维活跃，待人宽容；而不愉快的心境会让人萎靡不振，感知麻木，看到的、听到的全都是不如意、不顺心的事物。因此，保持乐观、愉快的心境对人的学习、生活、人际交往都十分重要。因此，大学生要保持必要的社会交往和情感交流，这是维持一个人心境平衡的重要条件。找出充分表达自己情绪的方法，创设适于宣泄自己情绪的氛围、环境、条件，这都有助于基本情绪的稳定和健康发展。学会调节消极的心境，在认知方面对消极的情绪进行疏导。正视消极情绪，接受消极情绪的产生是正常的、不可避免的；用辩证的观点对待消极情绪，对引起负性情绪的事物进行正向评价；在心情不好时采取合理的方式调节、发泄消极情绪，如旅游、欣赏艺术作品、朗诵诗歌、写日记等。

### 3. 培养求知创新的习惯

弗兰西斯·培根说过："读史使人明智，读诗使人灵秀，数学使人周密，科学使人深刻，伦理学使人庄重，逻辑修辞学使人善辩，凡有所学，皆成性格。"人的知识面越广，视野便越宽阔，人格也越完善。而学习知识、增长智慧的过程也是人格优化的过程。在现实生活中，许多大学生存在人格缺陷是因为知识的欠缺，如粗鲁、固执、自卑、狭隘等，而丰富的知识会使人谦和、理智、坚强、自信。大学生正处在学习的黄金时期，因此，广泛地学习自然科学、社会科学和专业知识，不仅能够提高自身的文化素养、掌握专业技能，还能够促进人格的完善。

### 4. 营造和谐人际关系的能力

和谐的人际关系有利于提高和完善大学生的自我意识。人际关系良好可以让人们感到自己被别人所接受、认同，从而认识到自己对他人以及社会的价值，能够提高自信心。如果与人分享快乐，快乐会加倍；如果向人倾吐忧愁，你的忧愁将被分走一半。因此，我们应当营造和谐的人际关系。

### 5. 培养完善的人格

中华民族的优秀传统文化和伟大民族精神应该成为大学生健康人格自我塑造的榜样，如崇尚的爱国精神、尚公精神、亲民精神、自立自强精神等。我国的英雄模范人物也层出不穷，如焦裕禄、孔繁森、黄继光、雷锋等，尽管他们对国家、民族的贡献不尽相同，但他们都具有高尚的人格。另外，在现实生活中具有优秀人格的人（如父母、亲戚、身边的同学、朋友等）也可以成为大家学习的榜样，应取其精华，经过长期的学习和努力，最终一定能培养出完善的人格。

## 二、人格的整合

不管是面对我们自己还是看待别人，我们都习惯将某一部分看作整体，或者把自己或别人划分成两类："好的"和"坏的"。一个人越是试图掩饰坏的部分，就越削弱自己的成长可能性，而这种内在的争斗也会使我们人格不完善。其实个性的各个部分都是我们的资源，整合各部分性格有助于实现人格的完善。

### 1. 理解规则背后的积极意义

其实，某种个性特质不能被我们认可，往往由于其受制于背后的规则，但那些规则中包含了一个积极的目标——保护自我价值。例如，"压抑愤怒"的规则，是因为我们觉得如果直接表现出愤怒，就会将自己置于一个不光彩的位置，可能会受到拒绝或惩罚。这些规则可能来自社会规范也可能来自家庭，往往是潜在的，通常以"应该"的形式出现。当自我承担的"应该"过多时，人们就会感到压力很大。

## 【课堂练习】探讨规则

请思考你在成长过程中受到家庭、同伴间或者社会影响而对自己所定下的规则。注意，每种规则至少写出三条。

家庭规则

例如：吃饭不能说话。

_____

_____

同伴规则

例如：约同学出去玩，要注意团结，互相帮助。

_____

_____

社会规则

例如：家中有人过世时，当葬礼结束后，其他家庭成员就应该开始过新生活了，不要总沉湎于悲痛之中。

_____

_____

反思：这些规则其实在保护人格的哪些方面？

### 2. 承认各个部分

当了解那些"不应该"的标签后，就更能发现那些通常被我们否认的部分了，如愤怒、敌意、脆弱、性欲、恐惧等，而其中有些部分需要你卸下心理的"不应该"的负担才能显现出来。

### 3. 接纳各个部分

接下来就是照顾和接纳自己的部分了，即要平等地看到自己的软弱。著名家庭治疗大师萨提亚通常把人们对待自己各个部分的态度比作对待恶犬的态度：人们将恶犬禁闭在一个狭小的空间里锁上大门，再围上高耸的围栏。那些饥饿的恶犬会不停地咆哮，一旦打开牢笼，它们就会残忍地撕咬人。之后人们会告诉我们"看到了吧，我早就告诉你会这样"。但是如果我们愿意接纳这些恶犬，喂养照顾它们，就可以安全地把它们放出来，或许它们还是会吠叫，但不会咬人了。

**4. 转化各个部分**

当各个部分得到认可后，就可以转化那些以前被我们扭曲的个性特点。转化的目的并不是消灭任何事物，而是发现使用它们的方法，即重新找到蕴涵在愤怒、傲慢、破坏性背后的创造性能量。

**5. 整合各个部分**

人格或者自我都有自我完善的倾向。随着对各个部分获得整体性的看法，我们不再认为自己比别人卑下或优越，而是开始理解自己的每个部分，发现各个部分之间的相互联系，这也就等于开始了对人格的整合，不再和自己较劲，也不再心口不一。

视频：健全人格的塑造和整合

## 【课堂练习】个性面貌舞会

**1. 确定人格角色**

选一位同学做主角，让他写下自己性格中三个积极的部分和三个消极的部分，分别用积极和消极的形容词描述它们，并为每个部分选择一位名人作为代表；然后选择其他学生来扮演这些名人。

**2. 让各个部分见面**

舞会的开场部分是为了让各个部分的代表人物见面和互动，然后停下来体会他们各自的感受，与主角一起验证这些感受。接下来再让各个部分重新互动，并尽量夸张地表达出自己的感受。最后，还要让大家分别描述自己的感受。

**3. 出现矛盾**

让各部分根据自己的理解来组织这个聚会，让其中一个部分做主导，控制其他部分，描述一下各自的感受。

**4. 转化冲突**

让各部分互动，并相互协作，建立和谐的关系，彼此接纳，并与主角一起观察、审视这个过程。

**5. 举行整合仪式**

请各部分展示其所拥有的资源，以及所做出的转变，请求主角的接纳。接下来，主角接纳并整合属于自己的各部分。

## 【扩展阅读】

### 你会做出什么样的反应？

某天，一个人坐在公园的长椅上休息，他随手把帽子放在长椅上。这时，另一人突然坐下来，还刚好坐在了他的帽子上（图3-8）。如果你是这个帽子的主人，会做出什么样的反应？

别急，我们往下看：

图3-8中的四个人在这个问题中的反应各不相同。

甲：发现自己的帽子被别人坐坏了，情绪非常激动，揪着对方的衣领破口大骂。

乙：发现自己的帽子被别人坐坏了，什么也没说，默默点了一根烟。

丙：发现自己的帽子被别人坐坏了，非常郁闷，唉声叹气，一直愁眉苦脸。

丁：发现自己的帽子被别人坐坏了，友好地告知对方，愉快地解决了这个问题。

请同学们自己想一下平时在对待此类问题时你是如何反应的？是否能更恰当地处理此事呢。图3-8中的甲、乙、丙三人的做法哪里不合适？邀请同学们一起讨论吧。

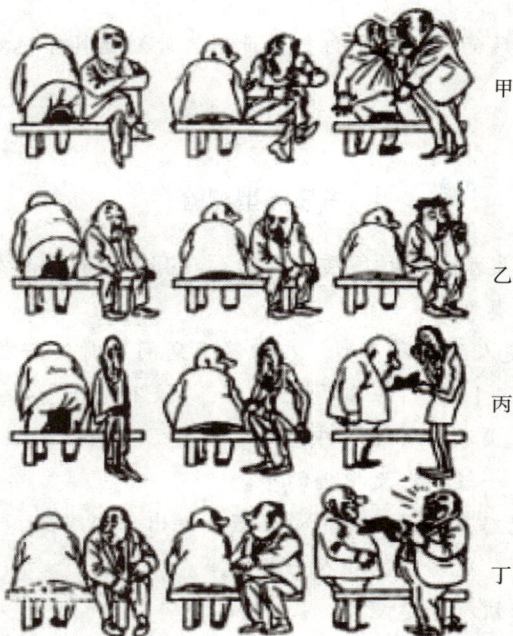

图3-8 四个人处理同一个问题的方式

## 【本章小结】

（1）广义的人格等同于个性，是指稳定的行为方式和发生在个体身上的人际过程。

（2）人格的主要特性有：独特性、稳定性、整体性、社会性和功能性。

（3）人格的影响因素主要有遗传、社会文化、家庭环境和早期成长经历，以及自然环境等。

（4）弗洛伊德认为，人格包括三个部分：本我、自我和超我。

（5）人格的心理特征包括气质和性格。

（6）希波克拉底体液说将气质分为胆汁质、多血质、抑郁质和黏液质。气质受先天因素影响比较大。

（7）性格是指一个人对现实比较稳定的态度，以及与之相适应的习惯化了的行为方式。通过后天的锻炼可以有所改变。

（8）大学生处于自我认同和培养亲密感的人格发展阶段，具有多个发展任务和危机。

（9）某些人格因素可能会引发健康问题，甚至某些人格问题可能带来功能不良和毁灭性的后果。

（10）培养和塑造健康人格应从健康的自我意识、心境的愉快、求知创新的习惯、人际关系的和谐和树立榜样等几个方面入手。

（11）人格的各个部分都是我们的资源，越能整合各个部分，就越能将其运用自如，从而实现人格的统一。

## 【思考题】

请思考你自己最想发展的人格并制订行动计划，计划越具体越好。

## 【心理自测】

### 气质类型测验

本章介绍了人的气质类型，每种气质类型的人具有不同的特点和适合从事的职业，请同学们测试一下自己的气质类型吧？

下面60题可大致确定人的气质类型。在回答下列问题时，若发现与自己的情况"很符合"记2分，"较符合"记1分，"一般"记0分，"较不符合"记-1分，很不符合"记-2分"，并将得分填入"气质测验答卷"中。

（1）做事力求稳妥，一般不做无把握的事。

（2）遇到可气的事就怒不可遏，想把心里话全说出来才痛快。

（3）宁可一个人做事，也不愿很多人一起做事。

（4）到一个新环境很快就能适应。

（5）厌恶那些强烈的刺激，如尖叫、噪声、危险镜头等。

（6）和人争吵时，总是先发制人，喜欢挑衅别人。

（7）喜欢安静的环境。

（8）擅长和别人交往。

（9）羡慕那种善于克制自己情感的人。

（10）生活有规律，很少违反作息制度。

（11）在多数情况下，情绪是乐观的。

（12）碰到陌生人觉得很拘束。

（13）遇到令人气愤的事，能很好地自我克制。

（14）做事时总有旺盛的精力。

（15）遇到问题总是优柔寡断。

（16）在人群中从不觉得过分拘束。

（17）情绪高昂时，觉得干什么都有趣；情绪低落时，又觉得什么都没有意思。

（18）当注意力集中于一事物时，别的事很难使我分心。

（19）理解问题总比别人快。

（20）遇到危险时，常出现极度恐怖之感。

（21）对学习、工作怀有很高的热情。

（22）能够长时间做枯燥、单调的工作。

（23）对于符合自己兴趣的事情，干起来劲头十足，否则就不想干。

（24）一点小事就能引起情绪波动。

（25）讨厌做那种需要耐心、细致的工作。

（26）与人交往不卑不亢。

（27）喜欢参加热闹的活动。

（28）爱看感情细腻、描写人物内心活动的文艺作品。

（29）工作或学习时间长了，常感到厌倦。

（30）不喜欢长时间谈论某个问题，愿意动手实践。

（31）宁愿侃侃而谈，也不愿窃窃私语。

（32）别人总认为我闷闷不乐。

（33）理解问题常比别人慢些。

（34）疲倦时只要短暂的休息就能精神抖擞，重新投入工作。

（35）心里有话宁愿自己想，也不愿说出来。

（36）认准一个目标就希望尽快完成，不达目的，誓不罢休。

（37）学习、工作同样一段时间后，常比别人更疲倦。

（38）做事有些莽撞，常常不考虑后果。

（39）老师或他人讲授新知识、技术时，总希望他讲得慢些，多重复几遍。

（40）能够很快地忘记那些不愉快的事情。

（41）做作业或完成一件工作总比别人花的时间多。

（42）喜欢运动量大的剧烈体育活动，或者参加各种文艺活动。

（43）不能很快将注意力从一件事转移到另一件上去。

（44）接受一个任务后，就希望迅速把它完成。

（45）认为墨守成规比冒风险更稳妥。

（46）能够同时关注好几件事物。

（47）当我烦闷的时候，别人很难使我高兴起来。

（48）爱看情节起伏跌宕、激动人心的小说。

（49）对工作抱认真严谨、始终如一的态度。

（50）和周围人的关系总是相处不好。

（51）喜欢复习学过的知识，重复做能熟练做的工作。

（52）希望做变化大、花样多的工作。

（53）小时候会背的诗歌，我似乎比别人记得清楚。

（54）别人说我"出语伤人"，可我并不觉得这样。

（55）在体育活动中，常因反应慢而落后。

（56）反应敏捷，头脑机智。

（57）喜欢有条理而不太麻烦的工作。

（58）遇到兴奋的事情容易失眠。

（59）常常听不懂老师讲的新概念，但是弄懂了以后便很难忘记。

（60）假如工作枯燥无味，马上就会情绪低落。

气质测验答卷评分方法如下：

A. 如果某一项或两项的得分超过 20，则为典型的该气质。例如，胆汁质项得分超过 20，则为典型胆汁质；黏液质和抑郁质项得分都超过 20，则为典型黏液质 – 抑郁质混合型。

B. 如果某一项或两项以上得分在 10 ~ 20 分，其他各项得分较低，则为该项一般气质。例如，一般多血质；一般胆汁质 – 多血质混合型。

C. 若各项得分均在 10 分以下，但某项或几项得分较其余项为高（相差 5 分以上），则为略倾向于该项气质（或几项的混合）。例如，略偏黏液质型；多血质 – 胆汁质混合型。依次类推。一般说来，正分值越高则表明该项气质特征越明显；反之，分值越低则表明越不具备该项气质特征。

## 【推荐资源】

**1. 书籍：《马斯洛说完美人格》**

马斯洛是美国著名的心理学家。全书汇集了马斯洛核心的人本主义思想智慧，马斯洛在本书中探讨了健全的人格和健康的关系，他认为我们每个人都有一种内在的本性，在某种程度上是"自然的、内在固有的、大自然赋予的"，并且通常是善的。一个人的这种基本核心一旦遭受否定或被压抑，就会生病。马斯洛强调，如果我们允许内在本性来引导生活，我们就会变得健康、成功，并且因此而感到幸福。

**2. 电影：《黑天鹅》**

本电影通过挑选天鹅舞演员的故事提示了女主角人性中顺从与阴暗共存的一面。在芭蕾舞《天鹅湖》的排练过程中，因前领舞贝丝（Beth）离去，总监托马斯（Thomas）决定海选新领舞，且要求领舞分饰黑天鹅与白天鹅。于是，新的领舞尼娜（Nina）在排练过程中从那个循规蹈矩的顺从者一步步触碰到内心隐藏的阴暗面，然后撕开结痂，直击内心的真"恶"，并与之反抗，展现出人性中善恶分离带来的心灵折磨。

**3. 电影《致命 ID》**

本电影探讨了分裂人格者的心理，在其中表现出了不同人格之间的关系和厮杀。在一个大雨滂沱的夜晚，罪犯被诊断出拥有十种人格却不自知，而故事就围绕那十个人格所化身的人物展开。这些人的出生日期都一样，因为它们全都是罪犯的人格，并不是真正的人，而这些不经意相聚的十个角色实际上是人格分裂者兀自的妄想。

# 第四章　学会学习　成就未来

## 【知识点导读】

大学生一路过关斩将，经过各种考试，终于进入了大学。然而，大学的学习和中学的学习有本质的区别，因为学习环境、教学方式、教学内容和学习方式等都发生了巨大的转变，于是部分大学生在学习中可能会遇到诸多困惑和不适应，如学习适应不良、对专业不感兴趣、学习动力不足和考试焦虑等。当前，大学生厌学、逃课、考试不过关等问题较为突出，甚至"混学历"成了某些学生的最终学习目标。如果不能及时解决这些心理问题，不仅影响大学生学业的顺利完成，还会影响他们的心理健康。通过本章的学习，希望同学们能够了解学习的含义、分类以及大学学习活动的基本特点，理解大学生学习心理问题的表现及成因；学会调适学习心理障碍，使自己拥有良好的学习状态；掌握提高学习能力的主要方法，养成良好的学习习惯，从而提高学习效率。

## 【教学内容】

（1）了解学习的含义、学习的基本类型和大学学习活动的特点。

（2）了解大学生常见的学习心理问题，学会自我调适。

（3）掌握有效学习的策略和方法，培养良好学习习惯，进行高效率的学习。

## 【素质目标】

珍惜校园生活和学习机会，树立终身学习的信念；能脚踏实地、扎实学习、志存高远；将理论与实践相结合，做到知行合一。

## 第一节　认识学习
### ——大学生学习心理概述

### 【引导案例】

#### 一名女生的学习烦恼

小何，女，19岁，××大学二年级语言类专业学生，性格较内向。虽然父母健在，一家人相处融洽，但小何从小被奶奶养大，和奶奶有着深厚的感情。一直以来，家人对她的期望很高，但她并没能进入家人和自己都认为理想的大学就读。大学一年级开学后不久，奶奶因病去世，小何发誓不再让亲人失望，要取得优异的成绩，计划今后通过考研进入家人期望的大学继续深造。自此以后，她勤奋学习，抛开一切活动，把所有时间用在学习上。大学一年级期末考试时，她的成绩位居班级第三名，这个成绩让一心投在学习上的她很失望，暑假期间她便更加努力学习。大学二年级开学后，小何更是努力学习，对自己严格到了苛刻的程度，一天只睡五六个小时。小何认为自己这么刻苦，考试成绩肯定没问题，谁料在一次小考中她还是只得了第五名。小何心里非常难过，经常失眠，上课时注意力也无法集中。对此，小何感觉十分苦恼。

学习是一项伴随人终生的活动，正所谓"活到老，学到老"。人类为了生存和发展必须学习，因为不学习就不会进步。同时，学习是个体生存和发展的根本手段，个体通过学习知识和技能，能够使自身得到不断的发展和提高。

## 一、学习的含义

我国古代教育家对学习有许多精辟的分析和深刻的论述。最早把"学"和"习"联系在一起的是孔子。孔子曰："学而时习之，不亦说乎"（《论语·学而》），又曰："学而不思则罔，思而不学则殆"（《论语·为政》）。这是我国古代儒家教育心理思想中的学习观。这些话在一定程度上揭示了学习与练习、学习与情感、学习与思维的关系，显示了我国古代学习心理思想的丰富性。"学习"二字成为一个词，最早见于《礼记·月令》。古代，所谓"学"，就是获取知识；所谓"习"，就是反复练习。《说文》里写道："习，数飞也。"鸟初学飞，时常数飞不已。可见，我国古代"学习"二字的内涵主要指获取知识，练成技能。

什么是学习

在现代学习理论中，学习是一个含义极广的概念，有广义和狭义之分。

广义的学习既包括人类的学习，也包括动物的学习。广义的学习是一种非常复杂的心理过程，指个体由经验引起的行为或心理相对持久的变化。这一概念有三个方面的含义：其一，学习是动物和人类共有的现象。虽然人类的学习相对复杂，且与动物的学习有本质的区别，但我们并不能因此否认动物存在学习过程。其二，学习必须是由经验引起的，而非本能的活动，要排除由成熟或先天反应倾向导致的变化。比如，生理上的成熟、疾病引起的体力减弱以及药物引起的行为减弱或增强，就不能称为学习。其三，学习引起的变化是相对持久的。有些变化，如由适应、疲劳和疾病引起的变化，就不能称为学习，因为这些变化是暂时的，经过条件改变或适当的休息、治疗之后，这些短暂的变化就消失了。

狭义的学习则特指学生的学习，是学生在教育者的指导下，有目的、有计划、有组织地通过各类信息的影响，促进个体的身心发展，以达到社会所期望的状态，成为适应并能够在一定程度上促进社会发展的人。学生的学习具有两个明显的特征：第一，学生的学习不是以学习直接经验为主，而是以学习间接经验为主，间接经验的学习可以避免学生在学习过程中走弯路，可以让学生直接学习到人类经过千百次实践获得的知识成果；第二，学生的学习指是在教师指导下进行的有目的、有计划、有组织、系统地掌握知识和技能的活动，在这种教育情境中进行的学习活动更加系统、高效。

## 【课堂活动】

请试着回答下面的问题。

（1）针对母虎教幼虎觅食的现象，有人说幼虎在学习，有人说那不是学习，你认为呢？

（2）黑猩猩喜欢吃白蚁，但它们无法用手指把白蚁从洞穴中挖出来，于是便会找一些树枝伸到洞中钓取白蚁。黑猩猩的这种行为能否反映它们具有学习心理？

（3）你认为父母在儿时带你唱儿歌、数数这些行为是在教你学习吗？

（4）你是否发现：学习相同的知识时，心情的好坏会导致完全不一样的学习效果？你知道是怎么回事吗？

（5）当大家阅读一段同样的文字后，为何形成的观点会有区别呢？

## 二、学习的分类

对学习活动进行分类，有利于认识不同类型的学习特点及其特殊规律，便于提高学习效果。但是，由于学习本身具有复杂性，分类时有一定的困难，再加上心理学家对学习所持的观点不同，分类也就各不相同。

### （一）按学习内容分类

按学习内容可将学习分为言语信息的学习、智力技能的学习、认知策略的学习、态度的学习、动作技能的学习等。

#### 1. 言语信息的学习

学生掌握的是以语言信息形式传递的知识，或者学习结果是以言语表达出来的。学生不仅应获得"是什么"的知识，还应赋予知识意义，形成知识系统，而语言正是学习过程中的思维工具。

#### 2. 智力技能的学习

智力技能，也称为智慧技能或者心智技能，是指学生运用符号或概念进行学习的能力。

#### 3. 认知策略的学习

认知策略是指学生在学习过程中调控自己的注意、记忆和思维等内部心理过程的技能，是学生用来管理学习过程的方式。

#### 4. 态度的学习

我们对人和事物的情感、态度，往往是在校内外的活动、家庭及社会生活中通过观察学习获得的。比如，儿童在家庭成员的互动中学会尊重长辈；学生在学校活动中培养对音乐、阅读、体育等积极喜爱的情感；人们在社会环境中发展品德，如热爱祖国、关心社会需求尽公民义务等。

#### 5. 动作技能的学习

体操技能、写字技能、绘图技能、操作仪器技能等学习均属于动作技能的学习，可以通过敏捷性、准确性、力度、连贯性等方面进行衡量，是能力的组成部分。

### （二）按学习性质与形式分类

每个人对待学习的态度是不同的，有的同学会主动出击，尝试新事物；有的同学会照本宣科，死记硬背；有的同学会坐等他人的笔记或攻略。著名的教育心理学家奥苏贝尔认为，根据学习的方式可以将学习分为接受学习与发现学习。而根据学习材料与学习者原有知识结构的关系，可以将学习分为有意义学习与机械学习。其中，有意义学习是奥苏伯尔学习理论的核心。

#### 1. 接受学习与发现学习

接受学习是指讲授者将学习的内容以定论的形式传授给学生。接受学习并不要求学生主动发现和思考，只要求学生将学习的内容内化为自身的知识，以便能在适当的时候把知识提取出来并加以运用；发现学习是指让学生自己去发现学习内容。学生学习的主要任务不是单纯地接受知识，而是需要经过自己的思考，自主发现知识，掌握其中的原理和规律，然后再将所发现的知识内化，从而形成自己的知识。

#### 2. 有意义学习与机械学习

有意义学习指通过符号、文字使学习者在头脑中获得相应的认知内容。也就是说，要在用符号代表的新知识与学习者原有的知识结构之间建立起一种"实质性的"和"非人为的"联系。所谓"实质性的"联系，是指人们可能会用不同的符号表达知识，但它们代表的意义是相同的。所谓"非人为的"联系，是指新知识与认知结构中的有关观念，在某种合理或逻辑基础上的联系。例如，在学习"四边形的内角之和等于360°"这个新知识时，学习者可利用原有的观念"三角形内角之和等于180°"来推导出"任意一个四边形都可以分成两个三角形"，进而得出四边形的内角和等于360°的结论。这种联系就是合理的、非人为的。而机械学习与有意义学习恰恰相反。在机械学习中，学习者并没有真正理解学习符号的真实含义，只是在学习内容与已有的知识结构之间建立一种非本质的、人为的联系。在课堂教学中，机械学习经常表现为死记硬背的学习方式。

## 【课堂活动】

### 我的学习方式

1. 请你根据奥苏贝尔对学习的分类来判断以下学习活动属于何种学习形式。

（1）看视频学唱新歌。　　　　　　　　　　　　　　　　（接受学习，发现学习）

（2）发现新的旅游线路。　　　　　　　　　　　　　　　（接受学习，发现学习）

（3）开始学习一门新的外语。　　　　　　　　　　　　　（机械学习，有意义学习）

（4）攻读感兴趣的学科的研究生。　　　　　　　　　　　（机械学习，有意义学习）

2. 回答以下问题，反思你的学习生活。

（1）你都有哪些学习活动？

（2）你主要采用何种方式学习？其效果如何？

（3）你的学习方式和学习活动匹配吗？

## 三、大学生学习的特点

大学阶段是大学生开始新的学习和生活的非常重要的一个阶段。大学生从青春期进入成人期后，其身心发展在很多方面都会表现出新的变化和特征，大学学习也有其特殊性，这些都意味着，比起中小学生，大学生的学习在学习目标、学习内容和学习方式上都会发生很大的变化。了解和把握大学生学习的特点，有助于我们更好地适应大学的学习生活。

### （一）学习的自主性

进入成人期后，大学生的自我意识开始成熟并日趋稳定，这主要表现为他们在学习上有着更强的独立性和自主性。

首先，与中学生相比，大学生拥有更多自由支配的时间。大学的课程安排不像中学那样每天都排得满满的，除上课之外，大学生每天有将近一半的时间由自己自由支配，可以对每天的学习做出更个性化的安排。

其次，与中学生相比，大学生拥有更为丰富的学习资源。除了跟着老师的课堂上学习外，大学生在图书馆、阅览室、校园学术讲座、学生活动、社会实践、师生交流、同学交流等中都可以学习。

再次，与中学生相比，大学生的学习方式发生了明显的变化。在中学阶段，学生的学习主要是在老师的教授和指导下进行的，大部分学习内容由老师来安排，学生只需要去执行。而大学的学习不像中学那样完全依赖老师的计划和安排，学生不只是单纯地接受课堂上老师所教的内容，还需要根据自己的学习目标和专业要求，自主学习一些自己感兴趣的和对自己有价值的知识。因此，自学在大学生的学习中占有很大的比例。另外，一些大学具有特有的教学环节，如专业调查研究、课题参与、毕业论文写作等，虽然也需要老师的指导和同学的讨论，但主要工作仍是依靠自己的力量完成的。

最后，与中学生相比，大学生有了更多独立思考的意识。面对学习的内容，他们不再是全盘接受，而且开始以敢于质疑的态度对待学习、对待书本、对待老师，也开始在更多的问题上通过独立思考来表达自己的观点。假如在课堂上出现了争论性较大的问题，大学生敢于表达自己的观点，喜欢争辩与探讨；在讲座结束后，他们也会向相关专家阐述自己的观点问题，甚至对专家的某些观点提出质疑。

当然，不可否认，"自主"也是一把双刃剑，在课外的时间里，大学生是相对自由的，如果不能有效把握自主的时间，在缺乏外界压力和自我约束力的情况下，便有可能会把这些时间浪费在其他事情上，如终日睡觉、沉迷网络游戏等，这样不仅浪费了时间，还会对身心发展产生不良的影响。

因此，大学生要有良好的自我控制力、时间管理能力和规划意识，结合自己的实际情况，合理制订学习计划，科学管理和利用时间和丰富的学习资源，不断提高自学能力。

## （二）学习的专业性

大学生学习与中学生学习的另一个明显的区别是：中学属于基础教育阶段，他们更多的是学习多科性的基础知识，在同一年级，中学生所学习的课程内容基本是相同的。而大学属于专业教育阶段，大学生在入校时会进入各自所在的专业，在某一专门领域进行有针对性的学习，并掌握这一领域的专业知识、专业能力和专业道德，为毕业后从事相关专业领域的工作做好准备。

基于大学学习的专业性，大学生应深入了解自己的专业，包括专业的培养目标、就业方向、课程设置、毕业条件等，努力发掘所学专业的魅力，培养自己对本专业的热爱，养成对专业学科知识的浓厚兴趣。在此基础上，大学生还应认真学习专业知识，锻炼专业技能。

当然，大学学习的专业化并非狭隘化，而是要求大学生在认真学习专业知识的同时，还要清晰地认识到仅仅把眼光盯在专业领域内是很难学好专业的，因为在当今社会，学科的发展呈现出明显的融合趋势，各个学科之间也出现了越来越多的交叉和联系。有时，一个学科的专业知识是以另一个学科为基础的。比如，要学好物理专业，必须有扎实的数学基础。同时，很多工作也体现出多学科相互合作的特征，若要成功完成某项工作，大学生仅具备某个专业单一的知识是不够的，也需要其他相关专业知识的配合。所以，专业学习是大学生学习的主体方向，但不是学习的全部。大学生需要在学好专业知识的同时拓展自己的知识面，了解一些相关学科的知识，形成最佳的知识结构，这样才能更好地完成未来的专业工作。

当今社会要求人才全面发展，除了专业素质外，还要求其具备一定的人文素质、科学素质、良好的思想道德素质和心理素质，而这些素质需要大学生在相关领域的学习中不断去积累。

## （三）学习的多样性

学习的多样性是指在大学期间，大学生可以通过多种渠道、多种形式来学习。大学生除在课堂上学习之外，还可以通过学校丰富的教学资源进行学习，如听取学术报告、到图书馆查阅资料、参加学生社团活动、与老师和同学交流、参与老师的科研课题等。除了校园内的学习，科学调查、社会实践也是大学生学习的重要方式。灵活多样的学习方式为大学生从不同层次、不同角度学习知识提供了宽广的平台，也为大学生在学习活动中发展自己多方面的兴趣爱好、培养多方面的能力提供了条件。如大学生可以通过选修课，学习自己感兴趣的知识；通过参加学生活动锻炼自己多方面的能力，通过参加演讲比赛锻炼自己的语言表达能力；通过加入心理协会学习一些心理健康方面的知识等。

## （四）学习的探究性和创造性

大学阶段是个体智力发展的高峰期，身体和智力上的成熟使大学生具备了深入思考的基础。另外，大学的学习还具有研究、探索和创造的性质。

首先，一些学习环节本身就是一种探索和创新。例如大学期间，论文写作是对专业课程的一种重要的考核方式，它需要大学生认真确定课题和研究思路，通过调研和思考，分析和解决研究的问题，并提出自己对该课题的观点。再如，对某一学科的学习已不是单纯对知识点的背诵，更为重要的是，要掌握这门学科的研究方法，了解学科存在的问题，对某些领域能提出自己的思考和见解。

其次，一些课外活动也体现了探究和创造的特点，如环保协会的学生可以通过专业知识测量附近水域的污染情况；航模协会的学生可以设计出更加精巧、仿真度更高的模型等。

### 【拓展阅读】

## 大学学习导航

每个大学生在理性上都知道大学应该好好学习，但是对于学什么、怎么学则是一头雾水。大学生在了解了大学学习的特点之后，还存在一些迫切需要解决的问题，那就是大学该学些什么、该怎么设计属于自己的学业规划。

学习专业知识和培养各种能力要组合起来，而进入大学没多久的大学生，由于见识有限，很难一下子圈定自己的学业专攻和能力范围，更重要的是先广泛了解自己感兴趣的学科和活动，即先博后渊。

那么大学生应该储备什么样的知识，发展什么样的能力呢？辛迪·梵和理查德·鲍尔斯把后天学习的知识和能力分为三种，即专业知识、自我管理技能、可迁移能力，见表4-1。

表4-1　知识能力分类

| 知识能力类型 | 定义 | 举例 | 特点 |
|---|---|---|---|
| 专业知识 | 又称内容性知识，多用名词描述，一般不可迁移，常常与人们的专业学习、工作分工直接相关 | 管理、财务、销售、技术、其他专业领域知识 | 这部分能力不只能通过专业学习一个途径来获得<br>专业知识的作用存在积累效应<br>专业知识的组合很重要 |
| 自我管理技能 | 是适应性技能，指一个人如何使用自己的专业知识，以及以什么样的态度从事工作的技能 | 积极心态、时间管理、情绪管理、压力管理、工作方法 | 是人们管理好生活和做好工作的保障 |
| 可迁移能力 | 是功能性能力，一般用动词描述，这部分能力可以迁移到不同的工作之中，是人们最可靠的能力，能够持久地发挥作用 | 沟通、分析、演讲、计算、决策、团队合作、组织等 | 是人们安身立命的根本，使人们能够适应各种工作和职位，从容面对生活的各种挑战和机遇 |

如果把一个人比作一辆汽车，人的可迁移能力就是发动机，专业知识是轮胎，而自我管理技能就是方向盘，三者共同决定了汽车行驶的方向。大学生要明确国家和社会对人才核心素养的要求，找到自己的优势组合，制订适合自己的能力培养计划，有意识地让它们形成合力。

## 第二节　快乐学习

——大学生的学习适应不良问题及其调适方法

【引导案例】

### 一位学生的来信

一位大学生在给学校心理咨询中心老师的信中写道："初来大学时，由于对大学学习的特点一无所知，我常常感到茫然，不知道该学些什么，日子几乎是在空虚和烦躁中度过的。大二'猛回头'，才发现错过很多，但依旧很盲目，就像'无头苍蝇'，碰到什么就学什么。到大三了，我知道该学些什么了，奋斗目标也比较明确了，于是开始争分夺秒、废寝忘食地学习，好把过去浪费的时间补回来，学习很快有了进步。可好景不长，高度紧张甚至疯狂的学习，使我患上了严重的神经衰弱，由于身心疲惫、失眠健忘，学习效率和质量可想而知。我这种状态，不要说将来走入社会，就是现在顺利地完成学业都很困难，我心情极为烦躁……"

这位同学的问题具有一定的代表性，反映了大学生在学习过程中出现的心理困惑。一些心理学研究发现，学习心理与学习效果之间存在着密切的联系。在学习过程中，健康的心理有助于取得良好的学习效果，不健康的心理不仅会影响学习效果，而且会导致大学生厌学甚至辍学。因此，了解大学生在学习中存在的心理问题十分重要。

【课堂活动】

### 我的学习困惑

进入大学以后，我们发现大学的学习方式和学习特点和中学时代相比有了很大的改变，那么你在学习过程中遇到了哪些困惑？你又是如何调节的呢？

将全班同学分成10人以内的小组，每位同学写下自己遇到的学习困惑和调节方法，在小组内分享。

(1) 我的学习困惑：＿＿＿＿＿＿＿＿＿＿＿＿＿＿＿＿＿＿＿＿＿＿＿＿＿＿＿＿＿

＿＿＿＿＿＿＿＿＿＿＿＿＿＿＿＿＿＿＿＿＿＿＿＿＿＿＿＿＿＿＿＿＿＿＿＿＿＿

(2) 我的调节方式：＿＿＿＿＿＿＿＿＿＿＿＿＿＿＿＿＿＿＿＿＿＿＿＿＿＿＿＿＿

＿＿＿＿＿＿＿＿＿＿＿＿＿＿＿＿＿＿＿＿＿＿＿＿＿＿＿＿＿＿＿＿＿＿＿＿＿＿

## 一、学习适应不良及其调适

学习适应不良主要指大学生不能很好地接受和消化所学内容，从而出现的学习效果不佳和学习效率低下的状态。对于刚入学的大学新生来说，学习适应不良是普遍存在的现象，这个问题若得不到及时解决，不仅会严重影响学习成绩，而且会给他们的学习生活投下阴影。

之所以会产生学习适应不良，主要是因为大学生还没有认识到大学与中学在学习上的差异。与中学的学习相比，大学的学习内容更丰富，更注重对学生自学能力、理解能力和创新能力的培养。大学生如果在学习上仍沿用中学的学习方法，死抠书本知识，机械、被动地依赖老师，就不能适应大学的学习特点和要求，学习效果自然不会很好，若时间长了，就会在心理上感到困惑。

中学时形成的心理定式也是大学生产生适应不良的原因。许多对大学生活适应不良的大学生认为，学习就是要超过别人，如果没有考试分数，没有教师和家长的评价，学习就毫无兴趣可言了。这种想法是在过去长期的中学环境下形成的为高分而学的心理定式。进入大学后，由于学习成绩不再像过去那么突出，又缺乏中学时代教师和家长的警告，部分大学生意识到自己的优越地位丧失，自信心便开始动摇，从而逐渐丧失了对学习的兴趣，变得不再努力，并经常逃课、抄作业、找各种借口逃避学习。甚至有些大学生还会采取"不参与"的策略避免承认自己能力的不足，他们觉得与其努力后仍然失败，不如干脆放弃。这样一来，成绩不佳就不是因为自己能力低，而是因为没有努力或者时间安排不合理。他们认为，这么做既能避免令人失望的无能感，又能维护自尊心。调适学习适应时不良可以从以下几方面入手。

### （一）熟悉新的环境，做好充分的心理准备

人的一生会经历许多新的环境，每面临一个新环境都有一个适应过程，都需要一段适应时间。其实，如果人们用心、努力去熟悉新环境，就会有新的体验、新的欣喜、新的收获。大学生应努力在发现新的学习环境特点的同时，做好充分的心理准备，迎接新环境的挑战，并尽快调适新环境给自己学习带来的不便。

### （二）利用身边的资源，寻找应对方式

在学习目标定位方面，大学生可以请教自己敬佩的专业老师，以更深一步了解所学专业的内涵，更准确地树立学习目标；在学习方式方法方面，可以设法找机会和学哥学姐进行交流，从而获得许多间接学习经验；在具体的学科学习方面，可以与任课老师、同班同学展开讨论，以提高自己在该学科方面的水平。

### （三）学会主动学习，规划学习时间

大学的学习特点和节奏与中学有很大的不同，大学生学习的主动性是提高对学习的适应水平的关键。主动学习，主动复习，主动在课余时间里学习，主动去图书馆拓宽自己的知识面，都能帮助大学生逐渐适应大学的学习模式和节奏。大学的学习时间短暂而宝贵，大学生在主动学习的前提下，有效规划学习时间，从而提高时间利用率，不仅能使轻松面对学习任务，还能从中愉悦自我。

## 二、学习动机不当及其调适方法

学习动机不当包括学习动机不足和学习动机过强两种情况，二者都会影响大学生的学习效果。

### （一）学习动机不足

#### 1. 学习动机不足的表现

（1）懒惰行为。

动机不足的大学生不愿意上课，懒得动脑筋，不完成作业，学习拖拉、散漫，怕苦怕累，还常常为自己的懒惰行为找借口。

（2）容易分心。

动机不足的大学生注意力较差，无法专心听课，不能集中思考，兴趣容易转移情绪和行为都不稳定。

学习动机知多少

（3）厌倦情绪。

动机缺乏的大学生对学习冷漠、畏缩，常感到厌倦，对校校生活感到无聊。

（4）缺乏方法。

动机不足的大学生把学习看成被迫的苦差事，不愿寻求一些适合自己的学习方法，死记硬背，应付考试。由于他们缺乏适合的学习策略和方法，往往很难适应新的学习环境。

（5）独立性差。

动机缺乏的大学生在学习上没有明确的目标，他们的学习行为时常表现出从众性与依附性，即随大流，缺乏独立性和创造性。

#### 2. 学习动机不足的原因

（1）对专业不感兴趣。

大学生不喜欢或对自己的专业不感兴趣，一方面，这是因为当初在填报志愿的时候，选的专业不是自己喜欢的，而是父母要求选的；另一方面，这是由于对专业不够了解，学习时缺乏动力和满足感。

（2）学习目的不明确。

有的大学生学习往往是为了获得他人的赞赏或关注，而这些外在动机很难支持学习者战胜学习的种种困难，一旦在学习过程中遇到挫折，就会丧失动力。

（3）对学业失败的错误归因。

很多大学生无法正确面对学习失败，认为偶尔的学习失利就是人生的失败，习惯把成功归结于运气，把失败归结于自己的智力或能力不足。这种错误归因使他们在学习中常常自责，自然就降低了对学习的兴趣，也就失去了学习动力。

（4）缺乏学习成就感。

一些大学生总是喜欢用偶然的失败经历抹杀自己在整体上的进步，也习惯拿自己的成绩与学习好的同学比，结果越比越觉得自己无可救药。

### 【成长案例】

#### 丢失的学习动力

小黄是某高校大一学生。填报高考志愿时，他在父母的强烈要求下选择了土木工程专业。进入大学后，对专业课没有多少兴趣，上课能不去就不去，遇到考勤严格的老师去也是在课上睡觉。而后，期中考试给了他当头一棒：有两门功课成绩不及格，其余功课成绩也不理想。此后，小黄便破罐子破摔起来，将时间都挥霍在网络游戏上。辅导员找他谈心，希望他可以端正学习态度，而他却不以为然，觉得上大学就是来"混日子"而已，自己的目标就是能拿到毕业证。

小黄的学习问题来源于学习动机不足。大学生学习动机不足一般表现为无明确的学习目标，为学习而学习，甚至厌倦学习和逃避学习，觉得上大学就是来混毕业证的，平时的日子得过且过，空虚无聊，甚至经常通过上网和打网络游戏来消磨时光。

【扩展阅读】

### "我无比确定，读书真的可以改变命运"

哪一刻让你觉得读书特别有用？——"我家就住在他读书的中学里，我家的厨房对着他高中住的那间小屋。每天黄昏吃饭的时候，都会听到他在大声朗读背诵。小时候贪玩，经常被老爸揪着去看他学习，透过那扇纱窗，我不知道我看到的，是一个宇航员的曾经。"

继戴着眼镜也能上太空后，神舟十六号航天员、我国空间站首位载荷专家桂海潮的逆袭之路引起了人们的关注。

和许多人一样，桂海潮的起点极其普通。桂海潮出生于云南省保山市施甸县姚关镇，父母是农民，虽然家庭普通，但是少年时代便因"中国航天之父"钱学森致力于航天报国的事迹而感动，小小年纪的他便在内心里埋下了一个航天梦。好奇心极强的杜海潮在课堂上如饥似渴地汲取文化知识，一套《中国少年儿童百科全书》让他了解了从课堂上学不到的科普知识，从小学到初中，他一直是学霸。在桂海潮成长的小镇里，航天梦也许不是每个人都有，或者即使有也不敢想是否能够实现，而桂海潮却为之不懈奋斗。桂海潮的高中班主任杨兆东说，桂海潮的高考成绩可以报考北大，作为他的班主任，也是希望他能报考北大，然而，矢志于航天事业的桂海潮最终还是坚持自己年少时梦想。

为了实现自己的航天梦，桂海潮敢于吃苦，甚至常常自讨苦吃。比如到了吃饭时间，其他同学一下课就冲去食堂打饭，而他从不去挤，会留在教室多背几分钟书，大家都在玩，而他却能把所有的精力都用在学习和体育锻炼上，每天早晨第一个走出宿舍到教室学习，最后一个从教室回到宿舍。"这在我的教学生涯中基本算是唯一一个，高中三年，不论大小考试，他都是第一名。"班主任杨兆东说起桂海潮，语气中满满都是自豪。

桂海潮带着心中的梦想和敢于吃苦的精神登上了成功的阶梯，但是他从来都不满足于眼前的成绩，他总在挑战自己，朝着目标笃定前行。面对国家重大需求，桂海潮瞄准航天动力学与控制领域继续深耕。"我曾经梦想着，有一天能把自己热爱的科研工作搬到太空去。"虽然 36 岁的他，已是北航的教授和博士生导师，获国家发明专利两项，主持科研项目十余项。但是当得知祖国要选拔首批载荷专家，时年 31 岁的他当即报了名。航天员的选拔过程极其严苛，对身心的综合素质都是极大的考验，桂海潮却能从 2500 名候选对象中脱颖而出。在此后的两年多时间里，又经受了 8 大类 200 余项科目的严格训练和考核，为飞向太空做好了技能上、身体上和心理上的准备，满怀信心地迎接挑战。

历尽天华成此景，人间万事出艰辛。逆袭不是瞬间完成的，而是长时间努力的结果。不仅桂海潮如此，同样出身于普通家庭的航天员朱杨柱、陈冬、刘洋、王亚平等也是如此。事实证明，天道酬勤，力耕不欺。很多时候，梦想与现实的差距，一方面取决于资源有限时，个人将困难归于外界环境，自怨自艾，还是抓住一切能抓住的，积极主动作为；另一方面取决于在做思想上的巨人的同时，是成为行动上的矮子，还是行动上的巨人。

桂海潮曾说过："读书真的可以改变命运"。他有资格得出这样的结论。看完了桂海潮的故事，你还认为读书无用吗？

### 3. 学习动机不足的自我调适方法

（1）制订适合自己的学习标准。

心理学研究及教学实践证明，学习标准定得过高或过低都不利于提高大学生学习的积极性。一般来说，学习标准以一个学生在其原有学习成就的基础上增加20%比较合适，实现该标准的时间以一学期为宜。

（2）掌握适合自己的学习方法。

好的学习方法并无固定的模式。大学生应该结合大学学习的规律和自己的特点，制订学习策略，采取切实可行的改进措施，使自己真正学会学习。

（3）提高对学习目的和意义的认识。

明确学习目的和意义是培养和激发大学生学习动机的重要条件之一。当大学生认识到自己学习的价值时，学习就有了责任心和使命感。只有当兴趣与奋斗目标、人生理想结合起来的时候，个体的学习兴趣才会由有趣、乐趣发展到志趣，这样的志趣才具有更大的自觉性和方向性，有更大的推动力量。

（4）培养并保持对所学专业的学习兴趣。

首先，大学生要明确这一学科的社会意义和专业意义，认识此学科对于自己的专业学习、品行修养等方面所产生的影响。其次，大学生要带着问题去学习，抓住本学科中一些没有定论的、存在争议的问题，广泛收集资料。最后，大学生要通过独立思考来激发学习动机。

### 【扩展阅读】

#### 内在动机和真正的自主

幼儿在刚出生的几年内，往往对外界有着极其强烈的好奇心，他们像海绵一样不停吸收着一切新的知识，渴望探索和学习。幼儿拿起东西，晃来晃去，用嘴巴品尝一番，接着又扔出去，并询问："这是什么？"这些小家伙尝试着做任何他们想做的事情，如把东西折弯，将一种东西改装成另一种东西，他们的行为不需要任何实际的奖赏，唯一的奖赏似乎就是活动本身。可是为什么到了学校，那么多的孩子都逐渐丧失了学习的动力？他们曾在三四岁时就明显表现出来的对学习天生的好奇心和兴奋感去哪儿了？

20世纪60年代初，心理学家德西对当时老师和家长用奖励激励孩子学习的方式产生了怀疑，第一次设计实验来证明奖赏会伤人。在1971年发表的研究报告中，德西让两组被试在三个不同的环节中玩一种叫作索玛（Soma）的拼图游戏。在第二个环节中，每成功拼出一个图案，其中一个小组的被试就会得到报酬，而另一个小组的被试则没有。在第三个环节中，两组被试都不会得到报酬，而令人意外的发现就出现在这个环节。当德西宣布任务结束，让两组被试各自单独在房间里待一会儿时，在第二个环节中已经获得报酬的被试往往会看杂志，而从未获得报酬的被试更愿意继续解决拼图问题。

由此，德西得出结论，那些被提供报酬的人不再有主动解决问题的动力——外部奖励反而会损害其内在动机。其他研究者还发现，不仅是奖励，最后期限、强加的目标、外在的监督和评价都可能会破坏内在动机，这与人们常用的激励策略恰恰相反。只追求那些外界强加给他的价值和目标的人是不自由的，因为他丧失了内在动机和真正的自主，也无法获得真正持久的幸福。

## （二）学习动机过强

学习动机对学习活动起着激发、推进、维持的作用，但并不意味着学习动机的强度越高，学习效果就越好。学习动机作用于学习活动之上，有一个最佳水平的控制问题。若缺乏学习动机，则大学生不能专注于学习，学习行为不能发生，即使发生也不能维持；而动机过强，不论是内部的抱负和期望过高，还是外部的奖惩诱因过强，都会使大学生专注于自己的抱负和外部的奖惩，不会专注于学习，从而阻碍学习。

### 1. 学习动机过强的主要表现

（1）学习强度过大。这类学生几乎把所有精力都用于功课的学习上；把学习看成最重要的事情，不允许自己去从事其他与学习无关的事情；奖励动机过强，看重分数和名次，害怕失败，经常想得到他人的赞扬，唯恐失败被人看不起。

（2）容易自责。对自己要求严格，并且十分苛刻，不敢面对学习失败的现实，易产生挫败感；无法容忍自己的失误，一旦没有达到自己设置的目标，就给自己施加更大的压力，期望下次获得成功；并且常常不满意自己的现状，总觉得自己应当做得更好一些。

### 2. 学习动机过强的原因。

（1）目标设置得太高。对学业期望过高，对自己的学习能力缺乏适当的估计；渴望学业成功而又担心学业失败，受表面的学业动机的驱使，渴望外在的奖励与肯定。

（2）不恰当的认知模式。认为只要自己付出了努力，就一定会成功。要把努力和勤奋看作成功的唯一条件，这是产生过强动机的基础。事实上，任何成功都与自身能力和环境因素有关，努力是成功的必要条件而非充分条件。

### 3. 学习动机过强的自我调适

（1）正确认识自己的学习能力。学习动机过强者的抱负和期望值与自己的实际情况往往不相符，或者低估了学习任务的难度，或者过高估计了自己的能力。因此，在学习时要不断获得反馈信息，随时知道自己学习的阶段性效果，并不断对这种学习过程和学习效果进行反思。参照同学、朋友对自己的评价，这样就会不断提高自己的自我评价水平。大学生应在这个基础上再制订合理的学业目标与学业期望，调整成就动机，脚踏实地，循序渐进，不能好高骛远。

（2）建立正确的认知模式。首先，找出不合理的信念，特别是要改变努力与成功的必然关系的信念，如"我付出了努力，就必须获得成功""别人可以失败，我必须成功"等都是错误认知。其次，建立正确的认知模式，如"成功 = 努力 + 能力 + 方法 + 基础 + 机遇 +

环境＋心态"。

（3）以宽容的心态对待自己。动机过强的大学生往往对自己要求过高，且对自己过于苛刻。事实上，自尊心很强而又能力不足的大学生最容易产生高压力，并过度焦虑。因此，动机过强的大学生应以宽容的心态来对待自己，降低对学习成绩的敏感度，从而保持情绪稳定。

【扩展阅读】

### 动机水平和工作效率的关系

"心有多大，舞台就有多大。"好像一个时期只要有足够强的动机便一定能做好，但事实真的是这样吗？想要回答这个问题，就一起来了解下耶克斯－多德森定律，如图4－1所示。耶克斯－多德森定律，指动机的最佳水平随任务的性质不同而不同：在比较简单的任务中，工作效率随动机的提高而上升；而随着任务难度的增加，动机的最佳水平有逐渐下降的趋势。这种现象就叫作耶克斯－多德森定律。

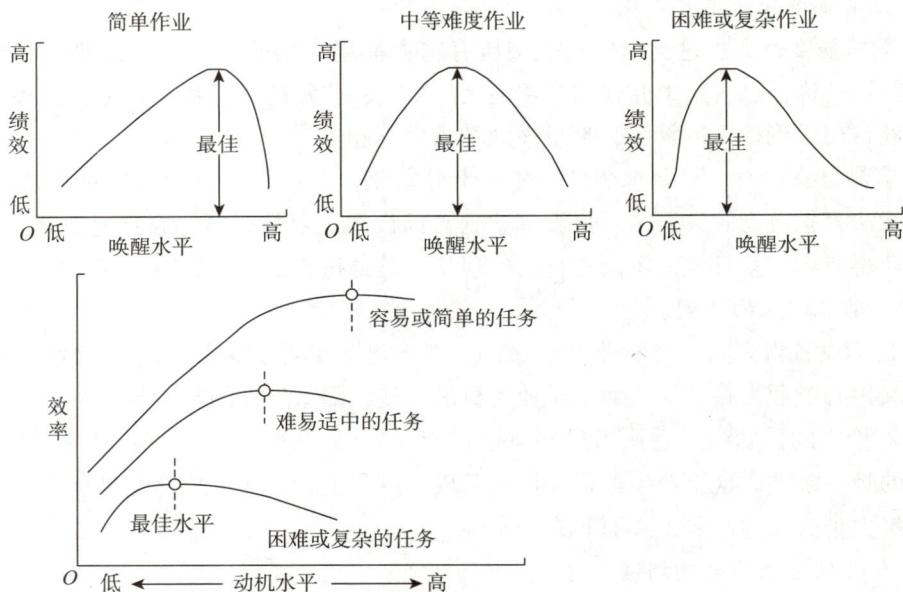

耶克斯－多德森定律

图4－1　耶克斯－多德森定律

耶克斯－多德森定律表明，各种活动都存在一个最佳的动机水平。动机强度和工作效率之间的关系不是一种线性关系，而是倒U形曲线关系。中等强度的动机最有利于任务的完成。也就是说，动机强度处于中等水平时，工作效率最高，一旦动机强度超过了这个水平，就会对行为产生一定的阻碍作用。如果学习的动机太强、急于求成，会产生焦虑和紧张，干扰了记忆和思维活动的顺利进行，使学习效率降低。例如，学生考试中的"怯场"现象主要就是由于动机过强而造成的。

## 【心理自测】

### 学习动机自我诊断

下面是一份关于大学生学习动机的自我诊断量表，一共有 20 个问题。请根据自身实际情况，对每个问题作"是"或"否"的回答。为了保证测试的准确性，请认真答题。

（1）如果别人不督促，你极少积极主动地学习。

（2）你一读书就觉得疲劳与厌烦，直想睡觉。

（3）当你读书时，需要很长的时间才能集中精神。

（4）除了老师布置的任务之外，你异不想多看学习。

（5）在学习中遇到不懂的问题时，你根本不想弄懂它。

（6）你常常觉得：我不用花太多时间成绩也会超过别人。

（7）你迫切希望在短时间内就能大幅提高自己的学习成绩。

（8）你常为短时间内成绩没有提高而烦恼不已。

（9）为了及时完成某项作业，你宁愿废寝忘食、通宵达旦。

（10）为了把功课学好，你放弃了许多感兴趣的活动，如体育锻炼、看电影等。

（11）你觉得读书没意思，想找个工作做。

（12）你常常认为课本上的基础知识没什么好学的。

（13）你平时只在喜欢的科目上下功夫，对不喜欢的科目放任自流。

（14）你花在课外读物上的时间比花在教科书上的时间多很多。

（15）你把时间平均分配在各门学科上。

（16）你给自己定下的学习目标多数因为做不到而不得不放弃。

（17）你几乎毫不费力就实现了自己的学习目标。

（18）你总是为同时实现好几个学习目标而忙得焦头烂额。

（19）为了应付每天的学习任务，你已经感到力不从心。

（20）为了实现一个大目标，你不再给自己制订循序渐进的小目标。

### 【结果分析】

（1）～（10）题考查学习动机的强度，若前 5 题"是"多，后 5 题"否"多，说明你的学习动机比较弱，对你学习行为的推动力比较小；反之，说明你的学习动机偏强，可能会引起你的焦虑情绪；如果大部分选择都是"否"说明你的学习动机处于中等水平。

（11）～（15）题考查学习目的和兴趣是否存在困扰，若肯定答案偏多，说明你的学习目的不够明确和端正，学习兴趣偏离专业知识。

（16）～（20）题考查学习目标是否合理，若肯定答案偏多，说明你目前的学习目的可能超出你的能力之外需要进行适当的调整。

总体而言，如果选"是"记 1 分，选"否"记 0 分，各题得分相加算出总分。若总分在 0～5 分，说明学习动机上有少许问题，必要时可以调整；若总分在 6～10 分，说明学习动机上有一定问题和困扰，需重视；若总分在 14～20 分，说明学习动机上有严重的问题和困扰，需要调整。

## 三、注意力障碍及其调适

注意是心理活动对一定对象的指向，具有指向性、选择性和集中性。注意是人类学习的前提，没有注意，就没有学习。

对现定目标的主动指向及集中的精神活动，称为随意注意或主动注意；由于外界或内在的刺激而引起被动的指向及集中的精神活动，称为不随意注意或被动注意。注意障碍是指个体无法将自己的心理活动指向和集中到应该注意的对象上。大学生的注意力问题集中表现在注意力不集中方面。

### （一）注意力不集中的主要原因

注意力不集中的主要原因表现在三方面：一是由于青年时期发展任务多，因而导致压力与心理冲突加剧，特别是由于恋爱、性幻想等容易引发注意力问题；二是生活事件导致心理应激，如考试失败、家庭生活发生重大变故、经济困难、评优失败、失恋、宿舍关系失和等造成的思想负担重，精力分散；三是学习动机不足，学习焦虑过低，缺少压力与紧迫感。

### （二）注意力不集中的自我调适

#### 1. 强化学习动机，保持适当的学习压力与学习焦虑

凡是根据自身意志、兴趣、爱好而进行学习的动机因素都是内部动机，如明确的学习目的与强烈的求知欲，它具有持久性、主动性等特点；与此相反，在外因的驱使下，如家长、教师等一些学习者以外地人所提供的奖罚手段或诱因来推动学习者学习是外部动机，这种动机是短暂的，引起的学习是被动的。比如，如果是为了应付检查和考试及格而进行学习的，我们更可能采取一些应付性的、肤浅性的、消极被动式的学习方法，在学习过程中，自我监控学习行为较少，注意力难以集中；如果是对所学内容有内在兴趣，为了弄懂和掌握知识而进行学习，则更可能采取一些探索性、钻研性、积极主动的学习方法，自我监控学习行为较多，注意力也较为集中。因此，我们应强化学习的内在动机，保持适当的学习压力，进行积极的自我激励和自我暗示。

#### 2. 学会注意力转移，尽快从生活应激事件与挫折中解脱出来

学会注意力转移的主要目的是抵抗内外干扰。注意力集中不仅表现在没有干扰的情况下能做到，更主要体现在有各种干扰的情况下也能做到。内部干扰主要指疲劳、疾病以及和学习无关的思想情绪等。克服内部干扰主要从三方面下手：一是培养健康的思想情操；二是提高挫折承受与应对能力；三是学习科学用脑，避免用脑过度。在排除外部干扰时，除尽量避免外界刺激外，还要有意识地锻炼意志，培养"闹中求静"的本领，使注意力高度集中，且具有韧性。

#### 3. 养成良好的注意习惯与学习习惯，保持旺盛的精力

首先，要从对小事的注意开始，可以经常进行一些精细的工作，以提高注意力。其次，用内部语言进行经常地自我提问或自我提醒。在学习和生活中，我们要经常给自己设置一些注意力训练的难题，"跟自己过不去"，不断提高克服注意力不集中的能力，在战胜困难的

过程中磨炼自己，使自己的注意力日益集中。所谓习惯成自然，是指持之以恒地对有意注意的训练，逐渐过渡到有意后注意，它既具有有意注意的自觉性、目的性特点，也具有不需要注意力的无意注意的特点，是保持和维持注意力的一种有效手段。

### 4. 选择理想的学习环境，减少与学习无关的活动

学习环境对注意力有较大影响，良好的学习环境可使人在学习活动中身心舒畅，注意力集中，从而提高学习效率；嘈杂、脏乱的学习环境则使人心烦意乱，焦躁不安，注意力涣散，从而降低学习效率。由于大家的心理特征不同，个人所喜好的学习环境也不同，如有的人必须在绝对安静的环境下才能集中注意力，而有的人在轻柔的音乐声中更能集中注意力。因此，大学生应根据个人的不同情况，选择适合于自己的学习环境。大学生大多过着集体生活，当无法选择环境和排除干扰时，就需要提高自身抗干扰的能力了。

### 5. 劳逸结合，适时变换学习活动

学习疲劳也是注意力不集中的原因之一。我们要学会劳逸结合，科学安排作息时间，保证充足的睡眠。学习与休息时间的安排应根据自己的生物钟节律变化，有效防止学习疲劳的产生。同时，单调而重复的刺激易使人疲劳而注意力涣散，而多样化的学习活动则能使人保持充沛的精力，从而提高注意的稳定性。另外，学习中的科目交替，看、读、听、写的学习方式交叉，都有利于大脑优势兴奋中心的保持，从而有效维持注意力的质量。

**【心理自测】**

**注意力自评量表**

对下面符合自己情况的，在括号内画"√"，反之打"×"。

（1）听别人说话时常常心不在焉。　　　　　　　　　　　　　　　　　　（　　　）

（2）学习时，常常想起毫不相关的事情。　　　　　　　　　　　　　　　（　　　）

（3）学习时，往往急于想干另外一件事情。　　　　　　　　　　　　　　（　　　）

（4）一有担心的事，便终日焦虑不安，总是静不下心来。　　　　　　　　（　　　）

（5）学习时，总觉得时间过得太慢。　　　　　　　　　　　　　　　　　（　　　）

（6）被别人指责时的情景始终不会忘记。　　　　　　　　　　　　　　　（　　　）

（7）有时忙这忙那，什么都想干。　　　　　　　　　　　　　　　　　　（　　　）

（8）想干的事很多，却不能专心于一件事情。　　　　　　　　　　　　　（　　　）

（9）听课时常常哈欠不断。　　　　　　　　　　　　　　　　　　　　　（　　　）

（10）谈话时有时会无意识想起其他的事情。　　　　　　　　　　　　　（　　　）

（11）在等人时会感到时间很难熬。　　　　　　　　　　　　　　　　　（　　　）

（12）对刚整理完的（笔记）会重新阅读好几遍。　　　　　　　　　　　（　　　）

（13）读书不能坚持2小时以上。　　　　　　　　　　　　　　　　　　（　　　）

（14）做一件事情时间太长后，就会急躁，希望早点结束。　　　　　　　（　　　）

（15）学习时，能将周围人的说话声听得很清楚。　　　　　　　　　　　（　　　）

每题1分，把"×"相加作为记分：0～3分者注意力差；4～7分者注意力稍差；8～

11 分者注意力一般；12～13 分者注意力较好；14～15 分者为注意力很好。

## 四、学习疲劳及其调适

学习疲劳是指人由于长时间的持续学习，在身体和心理等方面出现了倦怠，导致学习效率下降，甚至出现不能继续学习的状况。它表现为学习错误增多，学习效率下降，注意力集中困难等。学习疲劳经过适当的休息可以得到恢复，对身心健康不会造成太大影响。但如果长期处于疲劳状态，强行让大脑有关部位持续保持兴奋，就会导致大脑兴奋和抑制过程的失调，甚至还会引起神经衰弱。

### （一）学习疲劳产生的原因

学习疲劳产生的原因多种多样，不仅取决于学习的性质，还和一个人的学习动机、学习态度、学习兴趣等个人特点，以及所处的环境有关。学习疲劳分为两类：生理疲劳和心理疲劳。其中，心理疲劳是主要的学习疲劳。

心理疲劳一般不像生理疲劳发生得那样迅速，所以一个人有了强烈的学习动机和积极的学习态度，就能够较长时间地持续学习而不感到十分疲劳。但是，集中精力持续学习时间过长，就会产生疲劳，使学习效率和学习质量受到影响。许多研究指出，需要紧张的注意、积极的思维和记忆的学习活动，都容易发生疲劳。

一些大学生在进入大学之前不了解所学的专业，进入大学后感觉所学的专业与自己当初的设想相差甚远，或者感觉所学专业没有或少有现实意义，无法设想所学专业与现实社会的联系，因而表现出急躁情绪，对专业的兴趣和求知欲随之减弱，学习积极性受到影响，在学习过程中也容易疲劳。另外，一些大学生不注意劳逸结合或沉迷于网络，也会导致学习疲劳产生。

### （二）学习疲劳的调适

大学生的身心自我调适功能正处于人生的最佳时期，身体和心理发展的可塑性比较强，只要能够正确地处理内外环境对自己身心的影响，防止疲劳的发生，特别是防止极度疲劳对身心造成的重大损害是完全可能的。常用的调节学习疲劳的方法有以下三种。

#### 1. 科学用脑，劳逸结合

科学研究已比较清楚地揭示了大脑两半球的不同功能，左半球为言语优势半球，右半球为非言语优势半球。如果长时间地运用一侧大脑，相对容易疲劳，因此学校在课程的安排上，要注意不同性质的课程在时间上的参差搭配。大学生在每天的学习、生活中也要注意劳逸结合，在课间休息时，一定要走出教室，至少应打开教室的门窗换换新鲜空气；学习一段时间后，应休息片刻；在学习之余，可参加一些文体活动，使身心都得到放松和调节，从而消除疲劳，提高学习效率。

#### 2. 遵循人体生物节律，保证睡眠

人的生物机能在上午 7—10 点逐渐上升，10 点左右精力充沛，处于最佳状态，之后趋

于下降；到 17 点再度上升，到 21 点达到高峰；到 23 点以后又急剧下降。因此，在学习过程中应遵循人体生物节律，同时每天要保证充分的睡眠时间（7~8 小时），这样可以提高效率，做到事半功倍。

### 3. 培养学习兴趣，优化学习环境

如果学习兴趣浓厚，学习时心情愉快，则长时间学习也不会觉得疲劳；反之，对学习的兴趣不大甚至厌恶，则很快就会进入疲劳状态。因此，应尽量将学习环境布置得整洁美观，使人感到心情舒畅；尽量不在有刺耳噪声的环境中学习，避免心烦意乱，焦躁不安；不在过暗或过亮的地方学习，避免头晕目眩，出现视觉疲劳。

## 五、考试焦虑及其调适

考试是一种复杂的智力劳动，要求考生头脑清醒、情绪稳定。考试焦虑是指考生在考试过程中预感考试失利或对考试无把握而产生的焦躁不安的状态，有着情绪、认知、行为、生理上的反应。考试焦虑在情绪上表现为担忧、焦虑、烦躁不安；在认知上表现为注意力不集中、记忆力下降、看书效率低、思维僵化；在行为上表现为坐立不安、手足无措；在生理上表现为头痛、食欲下降、恶心、心慌、睡眠不好等。具有高度考试焦虑的学生在考前会出现明显的生理反应，如恐惧、失眠、健忘、食欲减退、腹泻等症状；在临近考试时心慌气短、呼吸急促、手足出汗、发抖、尿频、思维肤浅、判断力下降、大脑一片空白；在考场上看不清题目、看错题目、漏题丢题、动作僵硬、手不听使唤、出现笔误等。

### （一）产生考试焦虑的原因

#### 1. 心理压力过大引起焦虑

学生往往过于看重考试的结果，把考试与人生的成败等同起来，还可能与同学之间的无形竞争导致的压力联系起来，产生对前途的担忧。

#### 2. 期望值过高引起焦虑

对考试成绩的期望值过高，唯恐考试失利，无颜面对父母、同学，把考试成绩与自我能力混淆起来，担心他人的评价，怕丢人，产生对自我形象的担忧。

#### 3. 消极的自我暗示引起焦虑

由于长期以来因考试失败所形成的对考试的恐惧与消极态度深入了潜意识而引发自我暗示，大学生对自己的智力、能力持自卑、怀疑态度。

#### 4. 缺乏自信引起焦虑

对自己考试前的复习、准备缺乏应有的自信心，总认为自己没有其他同学准备得充分。

### （二）考试焦虑的调试

#### 1. 对考试有一个正确的评价

正确评价主要是指对考试结果的预期和评价，试想成绩最差会是什

缓解考试焦虑小妙招

么后果，而好的成绩又能为自己带来什么，是否对考试成绩看得过重，是否把自己的不足放大了，以及可以从哪些方面来避免考试成绩不理想，做到"从最坏处着眼，从最好处努力"。

**2. 做好应试准备**

（1）知识准备。认真复习老师上课的内容（特别是结课前几次课的内容），以及书本上的重点，并在考前进行模拟，以熟悉考试的各个环节和考场气氛。

（2）心理准备。要建立起应试的信心，从模拟考试中发掘自己的优势，为自己制订合适的目标，不要过高要求自己。此外，也要调节情绪，在考前有意识地做些放松训练，如适当地运动、深呼吸、和同学交流等，以转移注意力，缓解紧张情绪。

（3）应试技能准备。尽量多了解有关考试的信息，如题型、题量、范围、难易程度、评分标准等，尽量做到心中有数。平时应有意识地训练自己掌握一些应试技能。例如，如何在拿到试卷后迅速浏览一遍，分出轻重缓急，掌握各题的时间分配，找出答题重点；如何抓住问题的实质，切中要害；遇到一时难以回答的问题时，如何在已知条件中寻找蛛丝马迹等。

**3. 考场调适**

在考场上如果出现怯场情况，如手脚发抖、呼吸急促、头脑昏乱，以致思维混乱，注意力无法集中，可放下笔，做几次深呼吸，有意识地按从上到下的顺序使身体各部位的肌肉放松，逐步达到平心静气，从而将注意力和兴奋点集中到应试上。另外，在考完一门科目后，不要过分关注考过题目的对错与否，应暂时将考过的科目抛开，全力准备后面的考试。只有这样，大家才能保持平静的心情，而不至于产生过多的焦虑。

# 第三节　高效学习
## ——大学生学习能力提升策略训练

**【引导案例】**

### 最强大脑是如何练就的

中国大脑潜能开发专家、"最强大脑"选手训练导师汤世声曾经是一个非常普通的人。2003年，他在广东师范大学读书的时候，虽然每天很勤奋、用功，但是老师在课堂讲的知识点和英语单词就是记不住，第二天起床就忘光了。后来，他学习了快速记忆的方法，从抗拒背诵到喜欢上记忆，从死记硬背到高效学习，大幅提高了学习效率。经过一年多时间的系统学习后，汤世声在2005年中国举办的第一届脑力锦标赛中获得了中国前五强的成绩。汤世声说："学习记忆方法之后，才明白学习没有那么辛苦，合适的学习方法让我在学习生活中变得游刃有余。"

进入大学后，大学生的学习发生了很多变化，大学里有更灵活的学习方式，有多样化的学习途径，有更多的自主学习时间和更优越的学习环境……面对这些学习中的"拦路虎"，大学生应如何有效调整学习方式，合理安排大学学习？又如何做到让学习更加轻松、更加有效率？下面就给大家介绍几种大学生学习能力提升的学习策略，助你提升学习能力，变身学习达人。

【课堂活动】

### 挖掘自己学习的特长

在过去的学习中，你成绩最好的课程是：＿＿＿＿＿＿＿＿＿＿＿＿＿＿＿＿＿＿＿。

你取得优异成绩的原因是：

（1）＿＿＿＿＿＿＿＿＿＿＿＿＿＿＿＿＿＿＿＿＿＿＿＿＿＿＿＿；

（2）＿＿＿＿＿＿＿＿＿＿＿＿＿＿＿＿＿＿＿＿＿＿＿＿＿＿＿＿；

（3）＿＿＿＿＿＿＿＿＿＿＿＿＿＿＿＿＿＿＿＿＿＿＿＿＿＿＿＿。

在过去的学习中，让你感觉学习起来很轻松，而成绩又能保持优良水平的课程是：＿＿＿

＿＿＿＿＿＿＿＿＿＿＿＿＿＿＿＿＿＿＿＿＿＿＿＿＿＿＿＿＿＿＿＿＿＿＿＿＿＿＿。

让你感到学习这些课程轻松的原因是：

（1）＿＿＿＿＿＿＿＿＿＿＿＿＿＿＿＿＿＿＿＿＿＿＿＿＿＿＿＿；

（2）＿＿＿＿＿＿＿＿＿＿＿＿＿＿＿＿＿＿＿＿＿＿＿＿＿＿＿＿；

（3）＿＿＿＿＿＿＿＿＿＿＿＿＿＿＿＿＿＿＿＿＿＿＿＿＿＿＿＿。

## 一、激发学习兴趣

兴趣是最好的老师。兴趣是人们探究某种事物或从事某种活动的心理倾向，它以认识和探索外界的需要为基础，是推动人们认识事物、探求真理的重要动机。人们往往对有兴趣的东西表现出积极的关注，并且产生某种肯定的情绪体验。正如日本教育家木村久一所言："天才，就是强烈的兴趣和顽强的入迷"。若大学生对某门学科有兴趣，就会为此努力学习，广泛涉猎相关的知识。那么大学生应如何激发学习兴趣呢？

### （一）发现学习的魅力

孔子曰："知之者不如好之者，好之者不如乐之者。"如果大学生能够主动寻找具体生动的、有吸引力、组织连贯流畅的书籍阅读，补充课堂教学的不足，就会发现学习是一件很有趣的事情，就能主动克服困难，排除干扰，最终才能有所收获。

### （二）寻找学习的价值

价值观是后天形成的，也是我们在社会生活中不断培养起来的，家庭、学校等社会环境会对我们的个人观念起着关键的作用。对于大学生来说，只有学会寻找学习的价值，培养间接兴趣，树立正确的价值观，了解自己应承担的责任，才能有正确的学习目的，从而实现自己的人生理想。

### （三）保持学习兴趣

作为大学生，若要长期保持学习兴趣，一方面，需要有明确的学习目标，了解学习的目的，或是为了提高自身修养而学习，或是为了提高某种职业技能而学习；另一方面，需要培养坚韧不拔的毅力，树立终身学习的理念，并意识到只有不断学习、终身学习才能适应社会的发展。

【课堂活动】

#### 我的兴趣清单

兴趣是人们从事某种活动的驱动力。但相关调查结果显示，14%的大学生对所学的专业不感兴趣，因此感到前途黯淡、心生懈怠。这可能源于大学生对所学专业不了解、对所学专业不喜欢、未能有效掌握学习方法，以及对就业前景感到悲观。每个人都有自己的兴趣和志向，请试着思考以下几个问题，并与小组中的同学分享你对自己专业的认识和看法。

（1）你感兴趣的领域是什么？

（2）你的专业和你的兴趣是否一致？

（3）怎样把自己的兴趣和专业结合起来？

（4）怎样培养自己的专业兴趣？你的行动方案是什么？

## 二、设置学习目标

学习目标是学习的出发点，也是学习的归宿，合理的目标让学习更有动力。有的同学喜欢在新年伊始设定很多目标，但到年终岁末才发现什么事情都没做成，这是为什么呢？

制订合理的学习目标，应从个人的实际情况出发，依据个人兴趣、爱好、能力以及自己现有的主观条件等，分层渐进地制订。一般来说，具体的、短期内能实现的、难度中等的目标可以有效激发学习动机。因此，应学会将相对宽泛的总体目标分解成多个具体的子目标，将一个长期目标分解成多个短期目标。

学习目标按照时间长短可以分为长期目标、中期目标和短期目标。如果只有短期目标，没有长期目标，我们就会每天忙忙碌碌地做很多事情，最后还是不知道自己做了什么。如果只有长期目标，没有中期和短期，我们就会对目标望而却步，无从下手，动力丧失。

大学生在进行学习目标设置的时候，可以从设置小一点的目标开始，要尽量做到从小处着手，最终完成大目标。而在目标实现过程中，每个人都要学会将学习目标具体化，将其转化为可操作的学习行为。不要只停留在每天对自己说"我今天要努力学习"，而是要对自己说"我今天要学习以下几件事，分别是……"学会让自己的目标具体化，在行动中逐渐明确、清晰、可实施，并让自己知道这个明确而具体的目标如何才能达到。这样，一个个学习目标最终才能成为自己人生道路上的里程碑。当具体目标逐一成为现实时，你就会为每次的进步感到骄傲。

**【扩展阅读】**

### 学习目标制订的原则

（1）学习目标的确定要符合 SMART 原则。

S（Specific）代表目标是具体的，明确的，而且科学的。

M（Measurable）代表目标是可衡量的，可量化的和可描述的。

A（Attainable）代表目标是可达成的，可起到激励作用的。

R（Relevant）代表目标需要有一定的意义，有价值并有奖惩的措施。

T（Time‐bound）代表目标是有时间限制的。

（2）怎样让学习目标具体而且明确？

What——做什么？

Why——为什么做？它们和我的长远目标、价值观一致吗？

When——什么时间完成？

Where——在哪里做？那里的环境如何？

Who——我来做，谁还可以帮助我做？

How——怎么做？如何提高效率？如何实施？这个方法怎么样？

How Much——做多少？用多少资源？这些资源从哪里获得？我能得到吗？

## 三、做好时间管理

时间是人们最宝贵的资源，"日月逝矣，岁不我与"。每个人都应当根据自己的总体目标，对时间做出总体安排，并通过阶段性的时间表来落实这些目标。相对于中学时期，大学生活更自主，这种自主通常表现在对时间的安排上。除了上课外，大学生还有许多空余时间。如何合理地安排学习时间和闲暇时间就成了大学生必须学会的技能。有些学生的学习自主性和自我管理能力很强，对时间管理比较合理。但是，有些学生却不能很好地管理时间，整天浑浑噩噩、放任自流，存在严重的拖延现象。时间管理是一门重要的人生课程，合理进行时间管理可以让学习更有效。

时间四象限管理法则

### （一）高效利用最佳时间

在不同的时间里，人的体力、情绪和智力状态是不一样的，因此对学习时间的要求也有所差异。大学生要根据自己的生物钟安排学习活动，可以根据一周或一天内学习效率的变化安排学习活动，如有些大学生在早晨的学习效率较好，有些大学生在上午学习效率较好，而另一些学生喜欢晚上学习。因此，大学生可以根据自己的学习效率和精力状态，在一天中不同的时间段合理安排不同的学习内容，确保在自己可以在状态最佳时学习最重要的内容。

## （二）利用番茄工作法

长时间连续学习容易积累疲劳，学习效率受到一定影响。使用番茄工作法，选择一个待完成的任务，将工作时间设定为 25 分钟，这期间只专注工作，中途不允许做任何与该任务无关的事，直到计时结束；然后进行 5 分钟的短暂休息，接着再启动下一个番茄时段。每完成 4 个番茄时段的任务，可以多休息一会儿。这种简单易行的时间管理方法可以大幅提高学习效率。

## （三）高效利用零碎时间

利用零碎时间学习一些必须熟记的单词、公式、规则等，有利于加深印象。利用零碎时间的技巧很多，例如，在起床、洗脸、刷牙、就餐等活动场所的墙上钉上一个与视线等高的小夹子，夹上卡片，写上当天要识记的单词、公式等；准备可以随身携带的便签本或平板电脑，用来记录知识点和关键词，在空余时可随时翻阅。

【课堂活动】

### 绘制时间馅饼

活动目的：引导大学生对自身时间管理形成全面认识，懂得珍惜时间、合理安排时间，学做时间的主人。

活动过程：整个活动过程包括四个部分。

（1）绘制实际的时间馅饼如图 4-2 所示。每个人在纸上画一个大圆圈。请尽量回忆在过去的一周中参加各项活动所花费的时间，包括花费在各项学习上的时间，花费在家庭、朋友等方面的时间，以及参加各种兴趣爱好、娱乐休闲、身体锻炼等活动的时间，然后根据每项活动所投入时间的多少按照百分比例分配在这张时间馅饼图中。

（2）分享交流。与同学分享自己的时间馅饼图，比较自己和别人的时间安排有什么不同。你对目前时间安排的状况满意吗？请推荐一位代表在班上发言。

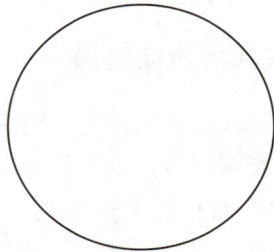

（3）绘制理想的时间馅饼如图 4-3 所示。每个人在纸上再画一个大圆圈，请大家规划自己理想的时间馅饼，其中包括学习、实践、娱乐、休息等方面所花的时间。

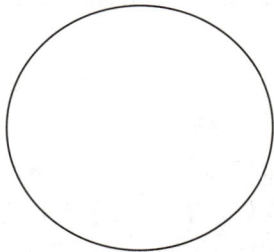

图 4-2　实际的时间馅饼　　　　图 4-3　理想的时间馅饼

（4）完成理想的时间馅饼图的绘制后，请思考下面的问题。

①对照自己的两张时间馅饼图，分析理想时间馅饼图和实际时间馅饼图中的时间分配状

况有何区别。

②你认为是什么原因造成了这种情况？能不能改进？用什么方法改进？

③你从绘制时间馅饼图的活动中可以得到哪些收获？

## 四、学会积极归因

当我们完成一项学习任务之后，往往喜欢寻找自己或别人取得成功或遭受失败的原因，这就是归因。而归因在某种程度上会影响我们学习的动力。心理学家韦纳对学业成败归因进行了系统的研究，并提出了著名的归因模型，将归因按照控制点、稳定性和可控性三个维度进行分析。归因模型见表4-2。

表4-2 归因模型

| 项目 | 稳定 | 不稳定 |
|---|---|---|
| 内部 | 能力<br>成功——我很聪明<br>失败——我很笨 | 努力<br>成功——我下了功夫<br>失败——我实际上没下功夫 |
| 外部 | 任务难度<br>成功——这很容易<br>失败——这太难了 | 运气<br>成功——我运气好<br>失败——我运气不好 |

这三个维度的归因对个体的情绪反应、未来预期和行为产生影响。

控制点，影响对成败的情绪体验，如果将成功归因于内部因素，则会产生骄傲自豪感和满意；将成功归因于外部因素，则会产生侥幸心理；如果将失败归因于内部因素则会产生羞愧和内疚，归因于外部因素则会生气，感到不公。

稳定性，影响对未来成败的预期。如果将成功归因于稳定性因素，则将期望未来再度成功；将失败归因于稳定性因素，如能力缺乏，将预期再度失败，从而产生冷漠抑郁的情绪，倾向于放弃类似任务，减少努力。

可控性，影响情绪反应和行为，如果将失败归因于可控因素（如努力），则会感到内疚，下次会更加努力；如果将失败归因于不可控因素（如运气），则倾向于不作为。反思自己，你更愿意相信"我命由我不由天"，还是相信"机遇决定成败"？

在面对学业成绩时，大家要积极看待问题，调整对问题的归因和解释，可以尝试将成功归因于稳定性因素，要肯定自己的能力，不要将失败完全归因于个人因素，通过调整认知来增强自己的自信心，进而改善学习状态。

## 五、掌握记忆规律

### （一）记忆的含义

记忆是人脑对过去经验的反映。记忆的内容包括感知过的事物、思考过的问题、体验过的情绪、做过的动作等。记忆的过程分为识记、保持回忆三个基本环节。

记忆连接着心理活动的过去和现在，是人在学习、工作和生活中的基本能力。作为一种基本的心理过程，记忆与人的认知和学习活动有着密切的联系。

### （二）遗忘规律

遗忘是指人们对识记过的内容不能回忆或错误地再认。用信息加工的观点来说，遗忘就是信息不能被提取或提取错误。遗忘可以分为暂时性遗忘和永久性遗忘。暂时性遗忘是指记忆的内容只是一时不能回忆，但在适宜条件下还可恢复的现象，如遇到熟悉的朋友，却说不出他的名字。永久性遗忘是指识记过的材料如果不经过重新学习不能恢复的现象。德国心理学家赫尔曼·艾宾浩斯（Hermann Ebbinghaus）通过设计了一组无意义的音节，经过一段时间之后再对其进行回忆，并根据保持数量的变化创立了遗忘曲线，如图 4 - 4。

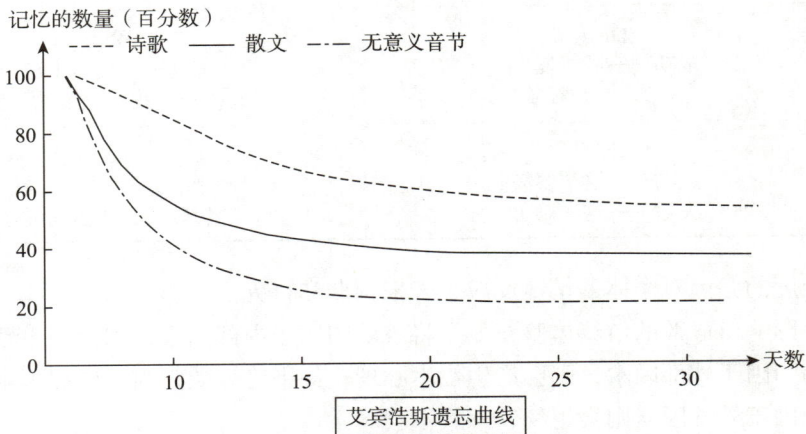

艾宾浩斯遗忘曲线

图 4 - 4 艾宾浩斯遗忘曲线

遗忘曲线表明，人在学习后的不同时间里对记忆材料的保存量是不同的，遗忘存在着发展不均衡的现象。在识记后的短时间内，人遗忘得较多、较快。随着时间的延长，人的遗忘速度会变慢，经过一段时间后几乎不再遗忘。从总的趋势来看，人类遗忘的规律是"先快后慢"。由此可知，人们要想尽可能多地记住所学内容，应尽快地、及时进行复习和巩固。

心理学家研究发现，影响遗忘进程的因素主要包括以下几个方面：①时间的长短。随着时间的延长，人们对材料遗忘得会越多。②记忆材料的性质与数量。人们对熟练的动作和形象的材料遗忘得慢，而对无意义的材料遗忘得快。在学习程度相等的情况下，识记的材料越多，遗忘得越快，识记的材料越少，遗忘得越慢。③学习的程度。在达到恰能背诵的程度之后再继续学习一段时间，记忆效果会更好。④识记材料的系列位置。最先呈现和最后呈现的材料被回忆的效果比在中间呈现的材料被回忆的效果好。⑤学习者的态度、需要、兴趣等主观因素。研究表明，次要的、令人乏味的、人们内心不需要的事情会首先被遗忘，而重要的、令人感兴趣的、人们内心渴望的事物则最后被遗忘。此外，人们对于经过积极思考和精心组织的材料遗忘得较少，而对只是单纯重复和机械识记的材料遗忘得较多。

一个人只有掌握遗忘规律，并主动减少导致遗忘的因素，才能使遗忘率降低到最小，从而使记忆的效果得以巩固。

### （三）记忆策略

记忆策略是指人们经过长期实践经验总结出来的对于提高记忆能力行之有效的技巧。记忆策略的基本原则是，学习者对材料进行积极主动的加工，促进大脑记忆能力的开发，从而提高记忆力。常用的记忆策略包括：

（1）多种感官协同记忆。研究发现，人们在识记时一般可以记住自己阅读的10%，自己听到的20%，自己看到的30%，自己看到和听到的50%，交谈时自己所说的70%。因此，面对一项学习任务时，对需要记忆的材料既看又听，既读又练，这样才能有助于增强记忆材料之间的联系，有助于保持和回忆识记内容。这充分说明多重感觉器官协同参与，记忆的效果会更好。

（2）整体识记与分段识记相结合。对于篇幅短小或内在联系密切的材料，适用于整体识记，即通篇阅读，直到记住为止。对于篇幅较长的学习材料，最好采取先分散记，后组合起来，进行整体记忆的方法，效果更好。

（3）过度识记效果最佳。背诵能够减缓记忆的消退过程，但如果刚刚能够完全背诵材料就停止识记，那么识记的效果就会打折扣。相反，如果这时还能继续学习一段时间，就会有意想不到的效果。

（4）采用阅读和回忆相结合的方法。即可以先阅读一遍要识记的内容，然后尝试回忆一次，再阅读一次，然后再尝试回忆一次，这样有助于提升记忆的效果。

（5）及时进行复习。识记与遗忘是相伴随的过程。识记一旦结束，遗忘也就开始了，遗忘的特点是先快后慢。因此，在学习结束后需要及时复习。

【扩展阅读】

## 记忆技巧

1. 位置记忆法

位置记忆法是古罗马人发明的一种记忆方法，其目的是在短时间内把大量无关的、琐碎的东西记住。记忆者先选择一个熟悉的屋子或常去的地方，里面有写字台、计算机、电视机、冰箱、床等各种物品，然后把想要记住的与这些物品一一对应，从而建立起特定的联系。如他要给朋友写封信，可以和计算机联系在一起，因为要用计算机来写信。这样，他只要回忆起屋子里的东西，就能由这些东西所提供的线索联想出要办的事。

2. 数字形象记忆法

这是一种通过把要记的东西与数字的形状联系起来的记忆方法。数字的形状就是人为赋予的一个特定形象，如数字1令人想到一支笔，2可以和鸭子联系在一起，3可以用耳朵来表示，4可以被想象成一面旗帜，5是个钩子，6是个烟斗，7可以被想象成拐杖，8像个葫芦，9可以用鱼钩来表示。有了这些形象的数字以后，人们就可以把要记住的事物和这些数字形象联系到一起。如要记住五件事物，第一个是书，可以想象一支笔放在一本书上；第二个是电视机，可以想象电视里正在放映唐老鸭……以此类推。这五件事物因为很形象地在人头脑中获得了表征，所以不会轻易地被遗忘。

### 3. 连锁记忆法

连锁记忆法是人通过想象作用，将要记住的东西有机地串到一起，如果其中一样东西被提起，就会自然地想起另外需要记忆的东西。运用连锁记忆法的关键就是记忆者必须联想出自然的、有意义的东西，并把这些东西有机地联系到一起。

### 4. 谐音联想法

这种方法是指利用观念与形象的联想，将材料构成有意义联系的内容。例如，马克思生于 1818 年、逝于 1883 年，可以用"一爬一爬，一爬爬山"来记忆；圆周率 3.14159，可记成"山巅一寺一壶酒"；又如农历二十四节气共 48 个字，对不熟悉农活的人来说，很难记住。但如果将它们编成有音韵节律的口诀，如"春雨惊春清谷天，夏满芒夏暑相连。秋处露秋寒霜降，冬雪雪冬小大寒"，就很好记了。

### 【本章小结】

（1）学习是通过主客观的相互作用，在主体头脑内部积累经验，构建心理结构以积极适应环境的过程，它可以通过行为或者行为潜能的持久变化表现出来。

（2）学习的概念有广义与狭义之分。

（3）学习按照学习内容、学习性质与方式有不同的分类。

（4）大学生学习的特点包括：自主性、专业性、多样性、探究性和创造性。

（5）大学生常见的学习心理问题有：学习适应不良、学习动机不当、注意障碍、学习疲劳和学习过度焦虑。

（6）大学生学习能力提升策略训练包括：激发学习兴趣、设置学习目标、做好时间管理、学会积极归因和掌握记忆规律。

### 【思考题】

1. 分别采访 2～3 个不同年级的同专业的学生，了解大学学习与中学学习有什么区别，问向他们平时是怎样学习的，你打算接下来怎么办？

2. 你是否存在学习心理问题？你将如何克服它们？

3. 请思考有效的学习策略，并结合自己的经验谈谈如何进行有意义的学习。

### 【心理自测】

#### 萨拉萨（Sarason）考试焦虑量表

下列各项目均为"0"或"1"评分。对每个项目，被试根据自己的实际情况答"是"或"否"。例如，对于"参加重大考试时，我会出很多汗"这个问题，被试根据自己的实际情况答"是"或"否"。评分时，"是"记 1 分，"否"记 0 分；3、15、26、27、29、33 题为反向记分，即"是"记 0 分，"否"记 1 分。

（1）当一次重大考试就要来临时，我总是在想别人比我聪明得多。

（2）如果我将要做一次智能测试，在做之前我会非常焦虑。

（3）如果我知道将会有一次智能测试，在此之前我感到很自信、很轻松。（反向记分）

（4）参加重大考试时，我会出很多汗。

（5）考试期间，我发现自己总是在想一些和考试内容无关的事。

（6）当一次突然袭击式的考试开始时，我感到很害怕。

（7）考试期间我经常想到会失败。

（8）重大考试后，我经常感到紧张，便开始胃不舒服。

（9）我对智能考试和期末考试之类的事总感到发怵。

（10）在一次考试中取得好成绩似乎并不能增加我对第二次考试信心。

（11）在重大考试期间，我有时感到心跳很快。

（12）考试完毕后，我总是觉得可以比实际上做得更好。

（13）考试完毕后，我总是感到很抑郁。

（14）每次期末考试之前，我总有一种紧张不安的感觉。

（15）考试时，我的情绪反应不会干扰考试。（反向记分）

（16）考试期间，我经常很紧张，以致本来知道的东西也忘了。

（17）复习重要的考试对我来说似乎是一个很大的挑战。

（18）对某一门考试，我越努力复习越感到困惑。

（19）某门考试结束后，我试图停止对成绩的担忧，但做不到。

（20）考试期间，我有时会想自己是否能完成大学学业。

（21）我宁愿写一篇论文作为某门课程的成绩，而不是参加一次考试。

（22）我真希望考试不要那么烦人。

（23）我相信，如果我单独参加考试而且没有时间限制的话，我会考得更好。

（24）想着在考试中能得多少分影响了我的复习和考试。

（25）如果考试能废除的话，我想我能学得更多。

（26）我对考试抱这样的态度："虽然现在不懂，但我并不担心。"（反向记分）

（27）我真不明白为什么有些人对考试那么紧张。（反向记分）

（28）我很差劲的想法会干扰我在考试中的表现。

（29）我期末考试复习并不比平时考试复习更卖力。（反向记分）

（30）尽管我觉着某门考试复习很好，但我仍然感到焦虑。

（31）在重大考试之前，我吃饭总是不香。

（32）在重大考试前，我发现手臂会颤抖。

（33）在考试前，我很少有"临时抱佛脚"的需要。（反向记分）

（34）校方应该认识到有些学生对考试较为焦虑，而这会影响他们的考试成绩。

（35）我认为，考试期间似乎不应该那么紧张。

（36）一接触到发下来的试卷，我就觉得浑身不自在。

**【结果分析】**

得分总和低于 11 分，说明考试焦虑处于较低水平；12～20 分，说明考试焦虑为中等程度；21 分以上，说明考试焦虑处于较高水平；15 分或以上表明考试带来了不适感。

**【推荐资源】**

**书籍：《自控力》**

内容简介：斯坦福大学最受欢迎的心理学课程用书，不同于市面上流行的励志书籍，一味鼓励自我超越。本书作者把有关自控力、意志力和专注力的心理学、社会学和经济学研究与改变人们实际的日常生活结合起来，帮助我们明白人的自控力其实非常有限，让我们能够认清自己的目标，锻炼并且合理利用自控力缓解压力，克服拖延症。

**电影：《三傻大闹宝莱坞》**

内容简介：法兰、拉杜与兰彻是皇家工程学院的学生，三人结为好友。在以每学期 42 场考试、成绩排名张榜公布、竞争激烈乃至自杀率高居不下的学院里，大家都追求高分数，只有兰彻是个非常与众不同的学生，他不死记硬背，只为真正热爱工程而学习，为我们展示了主动学习的魅力。他不仅鼓动法兰与拉杜去勇敢追寻理想，还劝说校长的二女儿碧雅离开满眼铜臭的未婚夫。特立独行的兰彻有句口头禅叫"一切都好"，这充分诠释了乐天派心态的关键点——就算不能解决问题，至少可以平复心绪，打败恐惧，增加直面问题的勇气。

**电影：《风雨哈佛路》**

内容简介：丽兹出生在美国的贫民窟里，从小就开始面对家庭的千疮百孔：父母酗酒、吸毒，母亲患上了精神分裂症。贫穷的丽兹需要出去乞讨，流浪在城市的各个角落，生活的苦难似乎无穷无尽。随着慢慢成长，丽兹知道，只有读书成才方能改变自身命运，走出泥潭般的现状。她从老师那里争取到一张试卷，顺利地完成答卷，争取到了读书的机会。从那一刻起，丽兹在漫漫的求学路上开始了征程，她千方百计申请到哈佛的全额奖学金，面试时候连一件像样的衣服也没有。然而，贫困并没有让丽兹停下前进的脚步，在她的人生中，的奋斗是永恒的主题。

# 第五章　人际交往　从心开始

## 【知识点导读】

一个人只要没与世隔绝，就必然要和各种各样的人发生交往关系。心理学的研究表明，在正常情况下，一个人除 8 小时睡眠以外，其余时间约 70% 都用在了人与人之间的直接或间接交往上。有人对成功人士的成功原因进行了分析，得出的结论是，85% 成功的人士都具有良好的人际关系。可见，人际交往对个体的成功起着重要的作用。著名的美国前总统罗斯福曾经说过："成功的第一要素是懂得如何经营人际关系。"通过学习本章，学生能够了解人际交往的特点、意义及类型，了解影响大学生人际交往的因素，了解人际关系障碍的类型及调适方法，掌握人际交往的原则和技巧，增强人际交往能力。

## 【教学内容】

（1）了解人际交往的基本理论。
（2）可以有效处理人际交往中的各种冲突和矛盾。
（3）可以运用人际沟通技巧建立和改善人际交往关系。

## 【素质目标】

学会感恩，学做友善之人，与人平等交往；学会换位思考，宽容待人，从点滴小事做起，助力"我助我，我助人，人助人"的良好社会氛围，培养团结协作的集体主义精神。

## 第一节　心与心的距离
### ——人际交往概述

## 【引导案例】

### 大男生的困惑

我是一个性格开朗活泼的男生，平时大大咧咧，和人交往时不拘小节，喜欢有什么就说什么。例如，同学新买了一双鞋子，颜色是黄色，这正好是我最不喜欢的颜色，我想都没想就说了一句："这么土的颜色，你买它干什么？"同学的女朋友，个子不高，还不漂亮，我见到之后，就对他说："你这不是找了一个'小矮人'吗？还这么丑，你找不着更好的了？"

视频 1：人际交往的含义

有的同学做了我看不惯的事情，我马上就会表达自己的不满。有时，我还会守不住他人告诉的"秘密"，把别人告诉我的比较隐私的事情随口就说了出去，并且不觉得这样做有什么不好。慢慢地，我发现大家开始躲着我，比如同学们一起说话的时候，我刚凑过去，大家就散了。他们开始逐渐地疏远我，我一个朋友也没有，感到很孤独无措，觉得自己非常失败。女朋友也和我提出了分手，说我在别人面前不给她面子，令她难以忍受。

案例中的"我"哪里做错了，该怎么做才能改变这种状况呢？

## 一、人际交往的含义、心理源动因与意义

### （一）人际交往的含义

人际交往指的是人与人之间通过一定方式的接触，从而在心理和行为上发生相互影响的过程。这里的人际交往包含动态和静态两个方面。

动态的人际交往是指人与人之间物质和非物质的相互作用的过程，即通常意义上的人际交往；静态的人际交往是指人与人之间通过动态的相互作用建立起来的情感联系，即人际关系。

社会心理学家时蓉华认为，人际交往是指在社会活动中，人们运用语言符号系统或非语言符号系统相互之间交流信息、沟通情感的过程。

人际交往在这个过程中包含着认知、动机、情感、行为之间的相互作用。亚里士多德说，能独立生活的人不是野兽就是上帝。可见，在我们的生活中，大家都要跟别人打交道，有人估计一个人除了每天 8 个小时的睡眠以外，而在其余 16 个小时中，大概有 70% 的时间是在进行人际交往。还有一些研究证明，如果学会了与人打交道，不管你从事什么工作，不管你的职务是什么，你都会在通往成功的道路上走完了 85% 左右的行程；而在获得幸福方面，已经有了 99% 的把握。可见，人际交往对我们人生来讲是多么的重要。

### （二）人际交往的心理源动因

任何个体都需要或多或少地和其他个体交往，从而形成大小不一的人类群体，从而组成了一个复杂的人类社会。那么，是什么因素在加强或减少着人们要和其他人在一起的社会性欲望呢？

美国心理学家斯坦利·沙赫特观察和走访了一些曾经孤独生活过的人，有的是因某些意外而不幸被抛在荒岛上的人，有的是曾经孤独修行过的异教徒。他发现这些曾经孤独生活过的人在孤独时都能体验到恐惧感。针对这样的观察，沙赫特产生了一个大胆的假设：孤独的环境会使人体验到恐惧的感觉，人在恐惧的状况下会产生要和他人生活在一起的社会性倾向。恐惧感越大，要和他人待在一起的欲望就会越强烈。通过研究，沙赫特在 1959 年发表了被人们视为心理学经典之作的实验研究报告，提出了恐惧是引起并影响人们社会性欲望的一个重要因素的观点。

为了验证自己的假设，沙赫特邀请一些女大学生当被试，进行了经典性的研究。沙赫特将被试者分为高恐惧组和低恐惧组。在高恐惧组里，主试跟被试们说，她们将参加一项电击

实验，电击时会很痛，但不会留下永久性伤害，而且这项研究是为了获取有关人类发展的某些有用的资料；在低恐惧组，被试仅仅被告知，电击时只会有点儿痛，感觉有些轻微的震动，不会产生任何伤害性后果。在被试们等待接受电击的时间里，研究者逐个询问她们是愿意独自等待，还是想与别人一起等待。结果发现，当个体对周围环境缺乏了解和把握，心情紧张，处于高恐惧状态时，他们更倾向于寻求与别人在一起。当个体处于低恐惧状态时，这种合群的需要并不那么强烈。实验证明，恐惧是引起和影响个体社会性欲望的一个重要因素，与他人交往能增加人的安全感，降低恐惧感。沙赫特的实验研究结果见表 5 – 1。

**表 5 – 1　沙赫特的实验研究结果**

| 条件 | 选择的百分比/% | | | 合群程度 |
| --- | --- | --- | --- | --- |
| | 与别人待在一起 | 无所谓 | 单独 | |
| 高恐惧组 | 62.5 | 28 | 9.5 | 0.88 |
| 低恐惧组 | 33 | 60 | 7 | 0.35 |

## （三）人际交往的重要意义

### 1. 人际交往是大学生身心发展的需要

大学生思维活跃，人际交往需求强烈，想通过人际交往获得友谊，以满足自己在精神和物质上的需求。大学生面对新的环境和紧张的学习生活，会增加一些心理困扰。积极的人际交往、良好的人际关系可以使人情绪愉悦，精神饱满，保持乐观的人生态度。良好的人际关系能帮助同学们正确认识和处理各种现实问题，迅速适应大学生活；相反，如果缺乏积极的人际交往，不能正确地对待自己和别人，则容易形成心理上和精神上的巨大压力，难以化解心理矛盾，严重的还可能形成病态心理。

### 2. 人际交往影响大学生的情绪和情感变化

大学生正处在人生的心理、生理和社会化方面逐步走向成熟的阶段。如果他们在成长过程中受到不良因素的影响，就容易产生焦虑、紧张、恐惧、愤怒等不良情绪，影响学习和生活。和谐友好的人际交往，有利于大学生掌控和释放不良情绪。大学生在紧张的学习之余，进行情感交流，讨论人生思想，诉说喜怒哀乐，可以满足对友谊、归属、安全的需要，也可以更生动、更深刻地体会到自己在集体中的价值，并产生对集体和别人的亲密感和依恋之情，获得充实、愉快精神生活，促进身心健康。

### 3. 良好的人际交往是大学生顺利成长成才的重要保证

信息化的时代给大学生人际交往提供了交流信息、获取知识的重要平台。孔子曰："独学而无友，则孤陋而寡闻。"充分利用信息时代的媒介，促进人际交往的高效性和快速发展。通过人际交往，能以更迅速的方式直接进行信息沟通，最终赢得成功。人际交往是实现人际信息沟通的基本条件。在一般的沟通中，9%以书面写作形式进行，16%以阅读形式进行，其余75%分别用以听取别人和自己说话的交谈方法沟通。

心理学家对贝尔实验室工作人员所做的追踪研究表明：既能在工作上兢兢业业、顽强拼搏，又能积极进行社会活动，建立广泛交际网的工作人员成绩优异。这是因为在遇到技术难题时，他们需要与不同领域的专家联系来解决问题，有健全的交际网络，信息沟通快捷，解决问题效率高。良好的人际关系可克服自己认知中的盲点，拓宽自己的知识视野。

#### 4. 良好的人际关系有助于大学生获得事业的成功

美国学者卡耐基指出："在现代社会，一个人事业的成功，只有15%是依赖自身的素质，另85%取决于人际关系。"美国哈佛大学就业指导小组曾对几千名被解雇的人员进行综合调查，发现因人际关系不好而离职的比不称职而离职的人高出两倍多；在每年调动工作的人员中，有90%的人由于人际关系不好而无法施展才华。根据管理学家的估计，有80%的人不是因为它们的专业技术、能力或工作动机不够在工作上失败，而是他们无法与别人一起工作，无法与人友好相处。因此，良好的人际关系是一个人获得事业成功的重要条件。

### 【能力训练】

#### 团体人际关系训练

一、能力目标

在活动中提升人际交往的质量；学会人际沟通技巧；学会人际交往中的应变和反思策略；培养合作精神。

二、支撑知识

（1）人际交往策略。（略）

（2）素质拓展理论。（略）

三、训练项目

1. 滚雪球

（1）目的：使小组组员相互介绍并牢牢记住彼此。

（2）实施：6～8人一组，一个组员开始自我介绍，另一个组员接着介绍时要加上前面同学的介绍内容，格式如"我是来自某某地区的某某某，爱说爱笑的某某左边的……，以此类推，每个组员的名字和特征可以在重复中被大家牢牢记住。

2. 我说你画

（1）目的：让学生体验有效的信息沟通要素，包括准确表达、用心聆听、思考质疑、澄清确定等。

（2）道具：准备两张样图，给每位学生一张16开白纸和一根笔。

（3）实施。

①第一轮请一名志愿者上台担任"传达者"，其余人员都作为"倾听者"，"传达者"看样图一两分钟，背对全体"倾听者"，下达画图指令。

②"倾听者"根据"传达者"的指令画出样图上的图形，"倾听者"不许提问。

③根据"倾听者"的图，"传达者"和"倾听者"分别谈各自的感受。

④第二轮再请一位志愿者上台，看着样图二，面对"倾听者"传达画图指令，并允许"传达者"不断提问，看看这一轮的结果如何。

⑤请"传达者"和"倾听者"谈谈自己的感受，并比较两轮过程与结果的差异。

（4）注意事项。

①第一轮与第二轮两张样图构成基本图形一致，但有细微差别。

②两轮中的"传达者"可以为同一人，也可以为不同的人。

③邀请"倾听者"谈感受时要选择有代表性的图，如画得较准确的和画得特别离谱的，这样便于分析出造成不同结果的多种因素，从而找到改进的主要原因。

3. 赞美别人，感受愉悦

（1）目的：营造和谐的人际关系，消除交往障碍。努力挖掘他人优点和长处，使学生能够认识到他人比自己优越的方面，从而对他人产生敬慕感、接纳欲。克服唯我独尊、难觅知音和自卑羞怯等影响人际交往的心理障碍，达到学生之间关系融洽、和谐的目的。

（2）实施。

①学生分成若干小组，每组不超过 10 人，每位学生自备 1 张纸。各自写出小组内 其他人的 2 ~ 5 条优点或长处（此长处可以是相对于全班同学，也可以是相对于自己），另外再向其指出一个（只提一个）缺点："如果能把某个方面或某个问题改正一下，你就会成为我心目中比较完美的人了。"

②互读评语。写完后，分小组宣读自己对他人写的评语。

## 二、人际交往的产生与发展

人际交往的过程是人与人之间情感、信息和物资交换的过程。其中，人际吸引是人与人之间建立交往关系的基础。

视频 2：人际交往的产生与发展

### （一）人际吸引的条件

人际吸引是人与人之间的相互喜欢和接纳。人为什么会被别人喜欢或者喜欢别人呢？心理学家认为，人际吸引的条件主要是熟悉度、个人特征、相似性与互补性等。

#### 1. 熟悉度

个体选择将喜欢的情感投向周围与自己有直接交往的对象，并在其中选择可以交往或合作的伙伴，这就成了人际吸引的前提条件。人际关系由浅入深，就是相互接触与交往的结果。

大学生最初的人际关系都是从宿舍成员与老乡开始的。例如一个宿舍的成员，彼此的熟悉程度显然高于其他非同宿舍成员，大学生最好的朋友往往都在同一宿舍；而老乡由于地缘关系，在陌生环境里会产生心理上的亲近感。

#### 2. 个人特征

（1）才能。一般认为，在同等条件下，一个人能力越强，就越能受到欢迎。研究结果表明，在一个群体中，最有能力、最能出好主意的人往往不是最受欢迎的人。这是由于每个人都希望自己周围的人有才能，有一个令人愉快的人际关系圈，但如果他人的才能使自己可望而不可即，就会产生心理压力，这也就是中国人所讲的"木秀于林，风必摧之"。显然，才能与被人喜欢的程度在一定范围内成正比，超出这个范围，就会产生逃避或拒绝的心理。

每个人都不太喜欢贬低自己无能和低劣的人。因此，一个才能出众但偶尔犯一些小错误的人在某种程度上比不犯错误的人更受欢迎。

（2）外貌的辐射作用。外貌魅力会引发明显的"辐射效应"，人们对高魅力者的判断具有明显的倾向性。在大学生组织的集体活动中，在同等条件下，那些具有外貌吸引力的学生会最先受到关注。值得注意的是，人们虽然对拥有美貌的人的其他方面会给予积极评价，但是当人们感到其在滥用自己的美貌时，也会反过来倾向于对其实施严厉制裁。对于外貌美的标准，人们通常有大体一致的看法，但也存在文化、时代、个体与关系的差异性。

研究表明，个体对美貌存在刻板效应，即"美就是好"。美国心理学家戴恩及其团队在实验室向被试大学生分别出示3张外表吸引力不同的照片，并请他们对照片上的3个人的27项特质打分，然后预测未来的幸福程度。结果表明，大多数被试对外貌美的照片给予较高的评价与预测，人们觉得外貌好的人聪明、有趣、独立、会交际、能干等。

（3）个性品质。表5-2中列出了影响人际关系的主要个性品质，它是美国心理学家安德森1968年所做的一项调查得出的结论。排在序列最前面的、受喜爱程度最高的6个个性品质（真诚、诚实、理解、忠诚、真实、可信）都或多或少、间接或直接与真诚有关。而排在序列最后的不受喜爱的几个品质（如粗鲁、装假等）都与虚伪有关，真诚受人欢迎，虚伪令人讨厌。一个人要想获得别人的喜爱，与别人保持良好的交往，真诚是必须有的品质。

表5-2　影响人际关系的主要个性品质

| 最积极的品质 | 中间品质 | 最消极的品质 |
| --- | --- | --- |
| 真诚 | 固执 | 古怪 |
| 诚实 | 刻板 | 不友好 |
| 理解 | 大胆 | 敌意 |
| 忠诚 | 谨慎 | 饶舌 |
| 真实 | 易激动 | 自私 |
| 可信 | 文静 | 粗鲁 |
| 智慧 | 冲动 | 自负 |
| 可信赖 | 好斗 | 贪婪 |
| 有思想 | 腼腆 | 不真诚 |
| 体贴 | 易动情 | 不善良 |
| 热情 | 羞怯 | 不可信 |
| 善良 | 天真 | 恶毒 |
| 友好 | 不明朗 | 虚伪 |
| 快乐 | 好动 | 令人讨厌 |
| 不自私 | 空想 | 不老实 |

续表

| 最积极的品质 | 中间品质 | 最消极的品质 |
| --- | --- | --- |
| 幽默 | 追求物欲 | 冷酷 |
| 负责 | 反叛 | 邪恶 |
| 开朗 | 孤独 | 装假 |
| 信任 | 依赖别人 | 说谎 |

### 3. 相似与互补

相似有着重要的意义，比如有共同的兴趣、爱好，共同的价值观和信仰，共同的人生态度，共同的语言，或者还有共同的国籍、民族，受受教育水平、社会阶层，共同的身体特征（身高、体重）、居住地等。都能在一定程度上影响人们的相互接纳，影响人们的沟通。大量相关研究结果显示，在所有的这些特征里面，态度或观点的雷同，会具有特殊的作用。伯恩做了一个研究叫人际吸引的范例，他发现在人们不了解的情况下，观点是否一致决定喜欢的程度。伯恩先了解了被试的观点和看法，几周以后，就给被试其他人的一些材料，材料里将有些人的观点和态度描述的跟被试的观点非常的接近，而另一些人被描述的与被试相距甚远，结果发现，描述的相似性决定了被试对别人的喜欢程度，或是否喜欢这个人作为自己的工作伙伴，这也就是我们在日常生活中总是会找跟我们有一样观点，一样态度的人做朋友的原因，即相似性。

与相似相联系的是互补。当交往双方的需求或个性能形成互补的时候，往往也会有强烈的吸引力，苏联心理学家对气质相同的人合作的效果，与气质不同的人合作的效果，进行了比较研究。结果发现，两个强气质的学生组成的学习小组，经常因为一些问题各执己见而影响团结。而两个弱气质的学生在一起，常常又会因为缺乏主见而无可奈何。而由两个气质不同的学生组成的小组特别团结，学习效率也最高。大量的心理学资料和我们日常生活的事实都证明了，现实生活中一部分人的婚姻是基于互补关系缔结的。一个喜欢控制别人的人可能与一个喜欢被别人控制的人结为夫妻，因此气质互补的人在日常生活中也可以成为好朋友。

## （二）人际交往理论

人际关系是在人际交往的基础上形成的。关系的进展，还要取决于人们的交往行为与交往动机。交往行为包括工具性的交换和情感的交流，前者如相互帮助、互通有无等，后者如内心交流、情感支持及相互陪伴等。

### 1. 社会交换理论

社会交换论是由霍曼斯等人提出的，即人与人之间的交往，本质上是社会交往的过程。在我们的人际交往过程中，实际上，这种交往的过程从本质上说是一种交换，这种交换呢，不仅仅是物质的交换，同时还包括了非物质方面的交换，而非物质方面的交换，比如说情感、信息、服务，人们如何看待和别人的关系，主要取决于人们对双方关系中回报与成本的评价和体验。社会交换理论认为，人们所知觉到的一段关系，是积极的还是消极的，取决于以下三点：①自己在关系中所得到的回报。②自己在关系中所花费的成本。③对自己应得到什么样的关系以及能够与他人建立一个更好关系的可能程度。

社会交换理论中，将人与人之间的关系比拟成人与人之间的交换。人总是希望能以最小的代价换取更大的回报。比如说，有些人跟别人交往是为了从别人那里获得一些利益，或者有高价值的东西。这是霍曼斯的社会交换理论。但这个理论给我们的感觉是人和人的交往太功利了。

### 2. 社会需要理论

心理学家魏斯提出了六条基本的"社会关系律"：依附、社会整合、价值保证、可靠同盟、寻求指导、关心别人。人与人之间的交往有些是处于这些心理需要才去交往的，有些人是内心需要去依附的想法，有些人需要得到别人的关心，有些人可能想寻求可靠的同盟，还有些人可能想寻求别人的一些指导，这些需要组成了人际交往的基本的动力。

### 3. 人际关系三维理论

舒茨认为每个人都有与别人建立关系的动力和需要，这些需要大致可以分为三类，有包容的需要、控制的需要和情感的需要，每个人都有这三种最基本的人际需要，而且每类需要都可以转化为动机，从而产生一定的行为倾向，帮助人建立一定的人际关系。包容的需要指的是想与他人建立并维持一种满意的相互关系的需要；控制的需要是指个体控制他人，或被他人控制的需要，也就是说个体在权力上想与他人建立并维持满意关系的需要。情感需要是个体爱人或者被别人所爱的需要，也是个体在与他人的关系中建立并维持亲密联系的需要。由于这三种人际需要有主动和被动两方面，就会形成六种人际关系倾向，见表5-3。

表5-3　人际关系的三维理论（舒茨）

| 需要的性质　　行为表现 | 主动型 | 被动型 |
|---|---|---|
| 包容需要 | 主动与别人交往 | 期待别人接纳自己 |
| 控制需要 | 支配别人 | 期待被别人领导 |
| 情感需要 | 主动表示友爱 | 期待别人对自己表示亲密 |

接下来，我们可以根据舒茨的人际关系三维理论回想一下在与人交往时有哪一种人际倾向呢？

## 三、大学生人际交往的特点

从交往心理方面看，大学生的交往呈多元性与开放性。他们渴望友谊内心期望了解异性，并得到异性的理解，尊重和爱慕，渴望结交更多的朋友，交流更多的信息，接触更多的新思想。在这种心理的作用下，大学生的人际交往呈现出前所未有的开放式交往趋势，主要表现在以下几个方面。

### （一）不平衡性

大学生受出生地、家庭环境和贫富差距的影响，社交状况呈现出不同的状况。一些来自农村的同学较敏感、自尊心强，在经济生活的巨大压力下出现自卑、自闭等心理问题，交往被动、不敢与别人交往、不敢加入学生社团组织。

### （二）情感性和非功利性

社会心理学研究表明，人的行为具有某种互酬性。"酬"包括物质内容、精神、情感内容，即交往双方都希望自己能够得大于失或至少得等于失。大学生往往出于习惯、性格、观念乃至语言等方面的相似，即志趣相投而互相结为朋友，没有特定的目的，注重的是情感价值，注重彼此思想、情感上的交流，较少带有功利性。

### （三）理想性和现实性

大学生思想单纯，与人交往时崇尚真诚，都渴望纯洁的友谊，常常以理想的标准要求对方，希望彼此之间的交往不带任何杂质，一旦发现对方某些不好的品质就深感失望，趋于理想化。但是面对社会就业的压力，迫于现实，他们也会进行一些功利性的交往，从而表现出了交往的现实性。

### （四）开放性和时代性

当代大学生的交往范围在不断扩大，不仅会跟同校的同学交往，还会跟外校的同学、社会上的人交往，不仅会在现实环境中去与人交往，还会跟虚拟世界中的人交往。可以说，他们交往的范围更广泛。

目前，网络交往已经成为一种新型的人际互动方式。中国互联网络信息中心第 51 次发布的《中国互联网络发展状况统计报告》数据显示，截至 2022 年 12 月，中国网民规模达到 10.67 亿，普及率达到 75.6% 网络。在网民中，青少年群体最多，占到 50% 左右。大学生在网络空间中聊天、交友的行为，反映出了交往的时代性。

### （五）交往的迫切性和主观性

交往的迫切性表现在大学生的生理和心理渐趋成熟，交友愿望强烈，加上学习及生活环境的改变，使他们迫切需要结识新朋友，适应新环境，同时自主择业的现状，也使他们迫切想与人建立沟通，多方面获取有价值的信息。

随着大学生自我意识的增强，他们对周围事物的评判带有较为强烈的主观色彩，在择友和人际交往中，常常以自我为中心来处理新环境中的人际关系，在认识和评价别人时，常有主观、极端、简单化的倾向，这样就会影响人际关系的和谐。

## 四、影响人际交往的因素

社会心理学研究表明，在人际交往中，对交往对象的印象、认知、态度及情感，都会影响交往的正常进行。因此，把握好人际交往中的心理效应将有助于人际交往的展开。

### （一）首因效应

首因效应又称"第一印象"，是指在初次交往中，人们往往对首次接触时注意到的信息印象深刻，对之后的信息则很少注意。心理学家阿希通过一个实验证明了首因效应的存在。他分别向两组大学生呈现出描述一个人性格特点的语句。一组大学生看到的语句是"这个人聪明、勤奋、易冲动、爱评论人、顽固、嫉妒"；另一组大学生看到的语句是"这个人嫉妒、顽固、爱评论人、易冲动、勤奋、聪明"。两组用来描述人的词汇都一样，只是顺序完全相反。结果发现，先接受了积极信息的一组大学生对被评价者的印象远远优于先接受了消极信息的那一组。心理学家洛钦斯认为，先出现的信息之所以会对总体印象产生较大的影响，一方面因为人们在接触陌生人时，一般会比较注意对方的形象、动作等细节，因此最开始得到的印象较为鲜明和强烈。另外，人们对于很多后继信息的解释往往受到先前信息的影响。

视频：影响人际交往的因素

第一印象是最鲜明、最牢固的。因此，人们在日常交往过程中，尤其是在与别人初次见面时，一定要给对方留下美好的印象。要做到这一点，首先，要注重仪表仪态。人们都愿意同衣着干净整洁、端庄大方的人接触和交往。其次，要注重举止言谈。不卑不亢、举止优雅、言辞幽默、谈吐大方的人，一定会给他人留下难以忘怀的印象。

### （二）近因效应

近因效应是指在总体印象中，新近获得的信息比以往获得的信息影响更大。近因效应不同于首因效应，它们之间的差异具体表现在两个方面。一是当两种信息连续出现时，首因效应作用较为明显；当两种信息断续出现时，近因效应的作用较为突出。二是在与陌生人交往时，首因效应的作用较大；在与熟人交往时，近因效应的影响较大。

心理学家通过实验证明了近因效应的存在。他们将参加实验的大学生分为 A、B 两组，A 组看到的信息是"这个人聪明、勤奋、易冲动"，B 组看到的信息是"这个人嫉妒、顽固、爱评论人"。接下来心理学家让这两组大学生做数学题，目的是使信息间断出现。1 小时后，再向 A 组呈现"这个人还很嫉妒、顽固、爱评论人"；向 B 组呈现"这个人还很聪明、勤奋、易冲动"。结果发现，B 组对这个人的描述较好，而 A 组对这个人的描述较差。

### （三）光环效应

光环效应又称晕轮效应，是指一个人某一方面的特征掩盖了他其他方面的特征，因而造成人们对他认识上的偏差。所谓"情人眼里出西施"，是指这种光环效应。

光环效应往往会影响到人们的相互交往。例如，在一个集体里，当对某人印象好时就觉得对方处处顺眼，甚至觉得对方的缺点、错误也很可爱；当对某人印象不好时就觉得对方处处不顺眼，对其优点、成绩也视而不见。当一个人的外表充满魅力时，与外表无关的特征也会得到更好的评价。因此，在交往过程中，人们一方面可以利用光环效应给对方留下良好的印象；另一方面也要相信"人非圣贤"，从而避免以点带面、以偏概全。

### （四）刻板效应

刻板效应是人们对于某一类事物或人物的一种比较固定、概括而笼统的看法。比如，我们总认为女性是柔弱的，男性是强壮的；商人是精于算计的，学者都是文质彬彬的；南方人往往被认为是聪明的、灵活的，北方人则被认为是豪爽的、勇敢的。

刻板印象在人际交往中有利有弊。一方面，它会导致在与人交往的过程中无意识地简化概括对他人的认识；另一方面，倘若在非本质方面做出概括而忽视了人的个别差异，就会形成偏见，做出错误的判断。因此在人际交往中必须克服上述心理偏见，要辩证地、发展地、全面地、历史地观察和了解一个人，提高对人、对事认识的广度和深度，从而提高人际交往的水平。

### （五）投射效应

投射效应是指认知者形成对他人的印象时，总是假设他人与自己有相同的思维倾向，即把自己的特性投射到他人身上。"以小人之心，度君子之腹"反映的就是投射效应的一个侧面。心理学家罗杰斯的投射效应实验是在 80 名参加实验的大学生中征求意见，询问他们是否愿意背着一块大牌子在校园里走动。结果，同意背牌子的 48 名大学生认为大部分人都会乐意背；而拒绝背牌子的大学生则普遍认为几乎没有学生愿意背。

在了解投射效应的消极作用后，我们需要正确认识自己和别人，严于律己，宽以待人，同时尽可能避免以自己的标准去判断别人。交往对象并非一定如我们所想象的那样优秀，至于对方是什么样的人只有在交往以后才能知道。

【课堂活动】

#### "戴高帽"活动

开展本活动的目的是让学生学会发现他人的优点，学会赞美别人。

以小组为单位，每个小组的组员做一顶高帽，请一位成员站在团体中央，戴好这顶高帽，其他人轮流说出他的优点及欣赏之处（如性格、相貌等）。接下来，被称赞的成员说出哪些优点是自己以前觉察到或者听别人说过的，哪些是不知道的，依次进行。要求大家只能说出新人的优点，态度要真诚，但不能毫无根据地吹捧。

## 第二节　孤岛突围
#### ——大学生人际交往的问题及其调适方法

#### 社交恐惧症

张倩，女，20 岁，某大学二年级学生。上大学以来，她从不与别人多讲话，和人交流时眼睛躲闪，像做了亏心事一样，不敢直视对方。她一说话就会脸红，低头盯住脚尖，好像全身都在发抖。她不愿与班上的同学接触，老觉得别人讨厌自己，而且最怕与男生接触，只要有男生出现，就会不知所措。她很害怕老师，只有老师背对学生板书时才不紧张，常常因为紧张，对老师所讲的内容不知所云。更糟糕的是，她现在连跟家人、朋友说话也不自然了。她自己意识到这个问题，想努力解决，也看了不少心理学科普图书，想按照社交技巧来指导自己，用意志控制自己，但作用不大，这种情况已经严重影响了她的学习和生活。

人际网络不仅有实用价值，还有精神价值，其重要性怎么强调都不为过。美国作家柯达说："人际网络非一日所成，它是数十年来累积的成果。如果到了40岁还没有建立起应有的人际关系，麻烦就大了。"本节主要介绍大学生常见的人际交往问题及如何及调适方法。

## 一、大学生人际交往困扰

从心理咨询和大学生的日常生活中不难发现，有些大学生由于人际交往经验缺乏、性格因素或存在人际交往的认知偏差等，造成的人际关系紧张，大多表现在不敢交往、不愿交往和不擅交往等方面。

视频：人际交往的困扰

### （一）不敢交往

很多在现实中受挫的同学会转向网络寻求心灵的安慰，网络以其匿名性、隐蔽性、便捷性为大学生孤独的心灵搭建了通往外界的桥梁，拓展了他们与世界的联系。然而，网络交往并不能取代现实交往，如果一个人在网络中如鱼得水，在现实中却寸步难行，这恐怕是不适应社会的表现。

已经上大二的小吴因为在学业上受了挫折，变得很内向，也无法融入同学中去，于是开始一天到晚上网。他说："我喜欢泡在网上，因为网上可以给我自重感，没有人看不起我。我交了许多朋友，甚至有的朋友会打电话给我，说我有个性、幽默，虽然在现实中我并不是这样的人。我似乎找到了我要找的东西，但又担心这会使我更加脱离现实。"他还说："我不知道网络对人格发展究竟有没有影响。在网络上，人的性格一方面可以得到极致的张扬；另一方面，其实表现出来的不是现实生活中真实自我的性格。我们不能否认它的真实，但也更不能否认它的虚拟。"

在人际交往的实践活动中，大学生存在着不同程度的恐惧心理，只是每个人的反应程度不同。有一部分大学生在这方面反应强烈，交往时显得特别紧张、心跳气喘、面红耳赤，两眼不敢正视对方；在与别人交谈时词不达意、语无伦次，尤其在人多的场合或者在集体活动中更感到恐惧，不敢和别人打交道，不敢表现自己。

#### 1. 害羞心理及其调适

害羞心理是指在别人面前感到不自在和受压抑，害怕与别人接触的倾向和行为。害羞心理是大学生较常见的人际交往障碍，在交往过程中表现为，神情不自然，羞涩拘束，较被动，不能准确、充分表达自己的思想感情。所以说，害羞心理不利于人际交往的开展，应当主动克服。其主要方法有以下几个。

（1）学会正确地自我评价。应该认识到每个人都有自己的长处和短处，积极肯定自己的长处，善于发现自己的长处，增强自己在交往中的自信心。

（2）加强心理训练和实践锻炼。积极参加各种实践活动，在实践活动中锻炼自己，发挥自己的潜能，锻炼自己的交往能力，增强自己的自信心。

（3）放下精神负担。应认识到失败是成功之母，从失败中吸取经验教训，争取更好的成功。不要因为一时的失败和挫折而背上沉重的思想包袱。

### 2. 自卑心理及其调适

自卑是一种因过多的自我否定而产生的自己不如别人的情绪体验。在心理学概念上，自卑属于主体反常的自我意识，是一种人格缺陷。自卑心理一经产生，就具有扩散性和感染性，便会逐渐影响到个体的学习、工作、生活的各个方面，特别是严重地影响到正常的人际交往。在交往过程中，自卑心理表现为对自己缺乏正确的认知，在交往中缺乏自信，总觉得自己不足的地方太多、优势太少，失去交往的勇气和信心。严重的自卑心理会给大学生心理和生活带来精神上的负担。所以，应积极引导大学生克服自卑心理。

（1）正确认识和接纳自己。学会多角度、多层面了解和认识自己，正确地进行自我评价和接纳自己，既能认识和接纳自己的长处，也能接纳自己的短处。

（2）学会积极地自我暗示、自我鼓励。在公共场合要有积极的心理暗示：别人能做到的事情，我也能做到。

（3）积极与他人交往。积极与他人交往能使自己得到锻炼，增强自信心，尤其是有意识地加强与性格开朗、乐观的人交往，这更有助于克服自卑心理。

### 3. 恐惧心理及其调适

社交恐惧是指个体对任何社交或公开场合，均感到强烈的恐惧或忧虑，形成了不愉快或痛苦的体验，这是一种较为严重的人际交往障碍。具有社交恐惧倾向的个体，会在人际交往时出现严重的胆怯、恐惧和窘迫，会因为在别人面前觉得害羞而不跟任何人讲话，因为担心别人觉得他愚笨，不愿意成为别人瞩目的焦点。

社交恐惧是一种比较严重的人际交往障碍，其产生原因具有一定的特殊性。因此，患有社交恐惧的人需要在专业人士的帮助下找到问题的根源，才能使问题得到较好的解决。治疗社交恐惧的方法有系统脱敏法、认知疗法、森田疗法等。如果患者生理上的不良反应比较严重，就要进行药物治疗，以缓解其不适感。

除了上述治疗方法以外，自我心理调节也是缓解社交恐惧的重要方式，因为任何心理问题的解决，都需要当事人自己有改变的意愿并为之付出努力。简单地说，进行自我心理调节一般要按照以下几点：

（1）肯定自己。不断提醒自己"我是优秀的""我是有价值的"。

（2）宽容自己。能做到什么地步就做到什么地步，只要尽力去做了，结果如何都能接受。

（3）关注现在。过去的已经发生，就让它过去吧，没有什么比现在更重要。

（4）友善对待别人。助人为乐是快乐之本，因为在帮助别人时既能忘却自己的烦恼，也能实现自己的价值。

（5）向别人倾诉。有烦恼一定要说出来，找可值得信赖的人倾诉自己的烦恼。

（6）总结、反思自己。每天花点时间用于总结反思自己，为将来不断面对新的问题和挑战积蓄力量。

（7）微笑待人。与人相处，以微笑示人，把欢乐带给别人，也能收获别人的快乐。

## （二）不愿交往

现实中确实有一部分人，因为人际交往的成功经历较少，或者是性格过于内向，或者是成长环境带来的冷漠，在现实中缺乏交往的愿望和兴趣。他们自我封闭，又特别敏感，心理承受能力差，独往独来，不愿抛头露面，不愿与人交往。

【扩展阅读】

### 性格内向不喜欢与人交往　是不是注定要被淘汰

网络上曾有一个求助帖，内容是这样的：

我与同事总是保持着距离，始终信守着"君子之交淡如水"的理念，不愿和别人有过于亲密的交往，而且性格内向。虽然硬撑着要做事大方些，但从心底里和行动上一直不愿与外界有过多交往，只希望自己顺着心意关门过日子。在物质上，我也只求够用，不愿多努力赚钱，不知道这样的人是不是注定会被淘汰。前两天，有人辗转托我帮忙，我因为与单位的同事交往很淡，就回绝了。后来与中间人聊起来，中间人说："这样的性格不好，应该改。"明知道自己不愿去拉朋结友，不意过多进行人际交往，但听到这样的评价，心中还是感到很烦。

想起自己的性格，在外人看来，只有窝囊和无能，而自己还不愿改变。想到以后，觉得很悲观无望。自己是不是注定要被社会淘汰？

回帖1：这样的性格确实不太能融入现在的社会，会阻碍自己的发展，但是禀性难移，恐怕会很难改变。还是努力一下吧！

回帖2：是的，读书时可能靠自己的能力取得好成绩，上班不社交肯定不行。

回帖3：同哭！我也是这种性格，难道注定要被淘汰？

回帖4：很多成功人士其实都是性格内向的，不要气馁啊！

回帖5：向往自由，但不是向往寂寞。

回帖6：我和楼主简直太像了，喜欢与世无争，选择自己喜欢的生活方式，我才不管别人的看法和社会主流的看法。

在这个推崇人际关系、社会化和表现自我的社会大背景下，这部分人似乎显得不那么合群与社会化。是跟着内心的感觉走还是顺应社会的大趋势，还是保持内心的宁静还是勇于突破自我？这些都是不容回避的问题。

#### 1. 自傲心理及其调适

自傲心理是大学生人际交往中常见的心理问题。自傲心理是指对自己的评价过高，看不上别人，自以为是，甚至不愿与别人来往。

自傲心理是非常不利于大学生人际交往的，必须加以克服，可以通过以下方式来调适。

（1）提高自我的期望值。才能与学识的高低是相对的，对才能和学识的评价也是有条件的。有不同的自我期望值要求，就有不同的奋斗目标，自傲者只要提高自我期望值，就会发现自己的才能和学识的不足，从而自觉地克服自傲心理。

（2）认识自傲心理的危害。每个人都有自尊的需要，如果过分苛求于人，傲视他人，得到的就是对他人的鄙视和疏远，就会导致人际关系紧张。

（3）全面认识自己。自傲者多数只看到自己的长处，看不到自己的短处，总拿自己的长处与别人的短处相比较。自傲者应当明确不能陶醉于自己有限的才能而沾沾自喜，人外有人。

### 2. 闭锁心理及其调适

闭锁心理又称自我封闭心理，其表现是把自己的真情实感掩盖起来，自我克制较强，交往无法深入。闭锁心理严重的人，不信任任何人，还有很强的戒备心理。有闭锁心理的大学生在交往中，或者少言寡语，或者不着边际，从不与人推心置腹，往往给人不可捉摸的感觉，很少有知心朋友。人际交往中的闭锁心理实际上是人为地在自己和别人之间建立了一道心理屏障，影响大学生的学习，妨碍个人的全面发展，因此应当积极加以克服。

（1）更新观念。应当认识到开放意识是现代人的基本特征，在信息化时代的今天，大学生要适应社会的要求，必须不断地更新观念，克服传统的思想意识。

（2）消除思想顾虑，积极与他人交往。如果要克服闭锁心理，就要与人交往。要让他人了解你，避免独来独往，自命清高，只有这样，他人才会亲近你、理解你。人际交往是互动的过程，打开闭锁心理的关键就是要解除心理顾虑，多与人交流，以坦率的心态与别人交流，以情换情，只有这样别人才会欣赏、接纳你。

### 3. 孤独心理及其调适

孤独是指一种经常独处或受到孤立，很少与人接触而产生孤单、无助的心理体验。对于大学生来说，孤独是一种较为普遍的心理现象。大学生的自我意识逐渐成熟，需要暂时独处，以便回味过去的言行，自我反省，确定未来的生活道路。同时，大学生也可以从暂时的孤独中寻找到快乐，享受这份心灵的宁静，塑造良好的人格，因而适当的独处是有益的。但如果长期沉迷于孤独，则会给个人带来诸多负面的影响。孤独是一种主观的心理感受，主要表现为沉默寡言，消极悲观，缺少知心朋友，在新的生活环境中难以适应；敏感多疑，不喜欢参加集体活动；感情脆弱，自卑感强，抗挫能力弱；与人交往紧张抑郁，不善言辞，遇事容易冲动发怒，甚至违法犯罪、厌世轻生等。

（1）开放自我，多与外界保持沟通交流。大学生应该主动亲近别人，关心别人，对人真诚相待，与他人结成各种友好关系，从而形成良好的人际交往环境。

（2）克服自卑情绪，增强自信。大学生要学会充分发挥自身才华和优势，学会看到自己身上的闪光点，增强自信心，学会感受成功的喜悦，可以有效克服孤独。

（3）充实自我，培养广泛的兴趣、爱好。大学生应该为自己安排好丰富多彩、有意义的业余生活，享受大学生活带来的乐趣。与此同时，尽量增进两代人之间的相互理解。

（4）大胆交往，不怕挫折。大学生应该学会在交往中、挫折中反思自己，总结经验，吸取教训，调整改进方法，进而提高人际交往能力。

### （三）不善交往

许多大学生既有与人交往的动机，又敢于与人交往，带着良好的人际期望与同学交往，但由于不懂得与人交往的正确方法，往往事与愿违。

**【案例链接】**

小林的性格十分内向，孤僻，不善言谈，不会处事，很少与人交往。进入大学一年多来，他和班上的同学相处得很不融洽，跟同宿舍人还发生过几次不小的冲突，关系相当紧张。后来他竟擅自搬出宿舍，与外班的同学住在一起。从此，他基本上不和班上同学来往，集体活动也很少参加，与同学的感情淡漠，隔阂加深。他认为自己没有一个能相互了解、相互信任、谈得来的知心朋友，常常感到特别孤独和自卑，情绪烦躁，痛苦至极。而巨大精神苦无处倾诉，长期的苦恼和焦虑使他患上了神经衰弱症。经常的失眠和头痛使他精神疲惫、体质下降、学习效率极低，成绩急剧下降，考试竟出现了不及格的现象。他的心境和体质越来越坏，深感自己已陷入病困交加的境地而无力自拔，失去了坚持学习的信心。他开始厌倦学习，厌恶同学和老师，一天也不愿在学校待下去了。于是，他听不进老师的劝告，也不顾家人的劝阻，坚持要求休学。

不懂人际交往者一般有自我中心主义。自我中心是一种严重影响人际关系的心理障碍。以自我为中心的人在与人交往时总是处处为自己着想，只关心自己的需要和利益，强调自己的感受。不尊重他人的价值和人格，漠视他人的处境和利益。在交往中目中无人，与同伴相聚时不顾场合，也不考虑别人的情绪，自己高兴时高谈阔论、手舞足蹈，不高兴时郁郁寡欢或乱发脾气。自我中心的人有很强的自尊心，在别人看来可能是很小的事情，但在他们身上都会引起强烈的自尊心受挫的感觉。自我中心的人使人敬而远之。

自我中心的人在交往中，由于缺乏对自己的正确认识和对他人的尊重，不易与人建立牢固的、持久的、良好的人际关系。因此，要改变自我中心主义，必须坚持以下两点。

（1）学会宽容。只有能够接受别人正确的意见，承认自己的错误，才有可能通过批评改掉过去固执己见、唯我独尊的形象。对那些与自己不同的人和事，要学会理解。大学生应该主动与人交流看法，可以争论，但重点应放在解决问题上，不要总想着以击败对方为目的。

（2）平等相处。平等相处是要求自我中心的人以普通人的心态和身份与别人相处，不过分苛责别人，也不冷眼看特别人，这样才能使人际交往的天平始终处于平衡的状态。

## 二、大学生人际交往问题的调适

### （一）做最真的自己

每个人的人际交往特点与自身的性格特征密不可分。有人偏外向一端，有人偏内向一端，其实这两种性格类型在交往中各有特点，也各有优缺点，见表5-4。有的人更喜欢与外向者交往，而有的人更喜欢与内

视频：人际交往问题的调适

向者交流。在未来的职场中，大学生只有用对自己的性格优势，做最真实的自己，才能在交往中得心应手。

表5-4　外向者和内向者在交往中的不同特点

| 外向者在交往中的特点 | 内向者在交往中的特点 |
| --- | --- |
| 喜欢表达，即便谈话对象是陌生人 | 喜欢倾听 |
| 喜欢亲自参与进去 | 喜欢观察事物，洞察力强 |
| 坦率、随和、乐于助人、直率、开放、轻信、易于适应环境 | 安静、耐心、富有想象力、爱思考、退缩、害羞、防御性、敏感 |
| 认识很多人，并将他们视为朋友 | 只是将关系较好的人视为朋友 |
| 高调，喜欢表现自己，易与人冲突 | 低调，不露锋芒，不易与人冲突 |

【扩展阅读】

内向者优势：如何在外向的世界中获得成功

二维码：扩展阅读

## （二）提高人际交往效能感

美国心理学家班杜拉最早提出了自我效能感理论，其中对自我效能感的定义是指人们对自身能否利用所拥有的技能完成某项行为的自信程度。后来有人把这个理论用在人际交往上，提出人际关系自我效能感的概念，并围绕这个概念开展了研究。一些研究者对大学生进行问卷调查后发现，大学生的人际关系自我效能感总体水平不高，城市学生的人际关系自我效能感水平显著高于农村学生；非家庭经济困难学生的人际关系自我效能感水平明显高于家庭经济困难学生；非独生子女的人际关系自我效能感水平显著高于独生子女。

那么，如何提高人际交往效能感，增强交往中的自信呢？乔治·霍仑贝克和道格拉斯·霍尔既是心理学教授，又是心理咨询师。他们研究后得出结论，即我们的自信感来自5种信息源。

（1）真实的经历，即我们曾经做过的事。过去的成功对于自信的增强作用最大。

（2）别人的经历，即模仿。

（3）社会比较，即与他人进行比较。如果你发现一个和你资质相仿的人能够做好某件事情，你的自信就会增加。

（4）社会劝说，即被别人说服的过程。如果一个可信的人能说服你，让你觉得自己可以完成某项任务，那么自信心会有所提高。

（5）情感唤起，即你对周边事件的感觉如何以及你如何掌控自己的情绪。人们会部分依赖内心的感受来评估自己是否有信心来完成某项任务。

根据自信感的信息源，人际交往效能感的提高有章可循。①回忆以往成功交往的经验；②学习人际交往效能高的人的交往表现；③与自己相似的同学对比，主动寻求别人的指点，保持积极的情绪状态。

### （三）积极行动

#### 1. 开拓行动

独乐乐不如众乐乐，结交朋友会让我们更快乐。心理学家迪纳与塞利格曼的一项研究显示，在参与研究的大学生中，那些最快乐的学生（占总人数的10%），他们明显的共同特征就是都有亲密的朋友与家人，并花时间与他们共处。迪纳说过："想要追求快乐，就应该培养社交技巧、建立亲密的人际关系与人际支援。"

古人云，读万卷书不如行万里路，行万里路不如阅人无数。说的也是这个道理。

#### 2. 充值行动

你听说过"情感账户"吗？当然这是一种隐喻，但不论你是否意识到，在人们初次相识时，彼此之间就开设了账户。柯维博士指出："透过人际关系的存款，你可以建立自己与他人的安全感和信任感，也激发出正直、创造、自律等品质。"我们每个人心里都有一个账户，每次你让对方开心，做了一件让对方高兴的事，就是在对方的账户里存款；每次你让对方哭、受挫折、受痛苦，就是在对方的中提了款。

虽说君子之交淡如水，但并不是所有的朋友都是"老死不相往来，见面依然如故"的类型，所以要常常记得为你们的情感账户充值。即使是不需要太多语言的深交，能够和这样的朋友分享生命中的快乐与美好，本身就是一种享受。

#### 3. 感恩行动

感恩是一种积极的人格特质，有利于和谐人际关系的建立。积极心理学的研究认为，感恩与幸福感和人际关系有密切关系。

## 第三节　解读交往密码
### ——大学生人际交往原则及技巧

### 【引导案例】

#### 我到底哪里做错了

小龙自从进入大学后，就觉得周围的人都不喜欢他，都对他不满。三年来，小龙几乎没有朋友，跟同学们也鲜有来往。他很孤独，但从内心来讲他却很想交朋友。小龙并不是胆小怯懦害怕交往型，但他总抱怨说现在的大学生思想特别不成熟，行为举止幼稚，特别是自己身边的同学，俨然就是中学生的生活状态，这让他非常看不惯。有一次，上完××老师的课后，室友回来纷纷抱怨该老师照本宣科，讲课枯燥无味，以后有机会就旷课。小龙打断大家说："学习靠自己，你们这样是给懒惰找借口。"当时寝室空气都凝固了。去食堂打饭时，小龙看见炒的蔬菜色泽不好，便大声嚷嚷："这菜喂猪还差不多"。刚好同班的两位女同学正在打这种菜，她俩回过头狠狠向小龙丢下两个白眼。全班去郊游时，班委提前商量方案，大家想去风景区，可小龙认为在那个季节，风景区确实没有风景可看，据理力争要把活动安排在附近儿童福利院，结果讨论会不欢而散。郊游还是去了风景区，大家却没有通知小龙。小龙很困惑，我到底哪里做错了？

在人际交往过程中出现困惑的大学生为数不少，他们在为人处世时都以自己的兴趣和需要为中心，只关心自己的想法和感受，不考虑别人的感受，完全从自己的角度出发考虑和解决问题，似乎自己的态度才是正确的做法。

人是社会关系的总和，大学生在日常学习生活的过程中大都清楚地意识到自己作为一名成熟的社会成员应承担的社会责任，深深地感到人际交往在处理与社会协调统一关系中的重要意义。于是，提高人际沟通能力和人际交往水平便成为大学生大学期间在人际交往方面的迫切愿望。因为这不仅能克服交往障碍、改善人际关系，能给自己的生活和事业带来欢乐。

## 一、大学生人际交往的基本原则

马克思曾经说过："真正的友谊需要用忠诚去播种，用热情去灌溉，用原则去培养，用谅解去护理。"大学生要想建立良好的人际关系，在人际交往中需要遵循以下五个原则。

视频：人际交往的基本原则

### （一）平等原则

在交往过程中，如果没有平等待人的观念，就不可能与人建立良好的人际关系。这里的平等是指人与人在交往中人格的平等。大学生们来自全国各地，虽然有着不同的家庭出身、经济状况和不同的个人能力等，但并无高低贵贱之分，在交往时应该做到平等待人，绝不可"另眼相看"，也不能将自己的意愿强加于人。大学生在人际交往中既不趾高气扬，盛气凌人，也不低人一等、自我封闭，以积极的心态构建良好的人际关系。

### （二）宽容原则

所谓宽容，是指人与人在交往过程中，要心胸开阔，遇事多为别人着想，即使别人犯了错误，或冒犯了自己，只要不是涉及大是大非的原则问题，也不要斤斤计较。再者，金无足赤，人无完人，每个人都有自己的个性和生活习惯，要融洽同学之间的关系，必须学会尊重对方的生活习性，求同存异，不可求全责备，更不能把自己的主观意志强加于人。宽容别人就是在宽容自己，苛求他人也就是在苛求自己，因为在自己的身上也有需要别人宽容体谅的一些缺点和习性。

### （三）诚信原则

所谓信用，是指人与人在交往中，要诚实、不骗人，遵守诺言、兑现诺言。每个人在人际交往中都会有一种寻求安全的心理状态，都不希望自己上当受骗。尤其在当今多元化的社会中，人们对于诚实和信用的要求更加迫切。与讲信用的人交往，就会消除人们的担心、焦虑和怀疑，得到交往的安全感，而一个不讲信用的人很难赢得别人的信任，也不会拥有良好的人际关系。

### （四）互利原则

互利原则要求人们在交往过程中，交往双方都得到好处和利益，心理上获得满足，人际关系才能维持和发展。否则，如果一方在交往中经常付出而得不到回报，人际关系将难以维持和发展。大学生既要力所能及地给别人提供帮助，又要善于求助别人。

### （五）距离适度原则

这里所说的距离，主要是指心理上的距离和时间上的间隔。交往，能够做到亲密无间固然很好，但要达到真正的亲密无间，必须有明确的距离意识，这是交往的原则。对于多么要好的朋友、同学，如果整天泡在一起，形影不离，时间长了也会觉得话题越来越少、乏味。相反，如果彼此隔一段时间相见一次，反倒是见不到时异常思念、牵挂，见到后说不完的话题。前种情况相互缺乏距离，彼此之间合理而正当的个人隐私得不到保证，还会将不足之处暴露无遗，时间长了就觉得没意思了；后一种情况因为有了距离或间隔，反而增加了美感和亲近感。

## 二、大学生人际交往的技巧

### （一）学会交谈

所谓，"良言一句三冬暖，恶语伤人六月寒"。语言艺术运用得好，能优化人际交往。相反，如果不注意语言艺术，往往在无意间就出口伤人，产生矛盾。在人际交往中，大学生需要掌握的谈话要领有以下内容。

视频：人际交往的技巧

#### 1. 说话得体，恰如其分

大学生使用交往用语时要注意分寸。话说到什么地步，要求提到什么程度，应视对象和交往的目标而定，不超过双方的心理承受能力，不引起对方的反感。任何夸大其词、言过其实，或是用语不当、词不达意，都会影响交往的顺利进行。谈话时，做到有礼有节，让对方先讲；不要谈及对方的隐私或忌讳的话题；在适当时机可以有一些幽默，以活跃气氛；人多时，不要把注意力集中在一个人身上，要注意平衡。

#### 2. 态度真诚

英国哲学家弗兰西斯·培根曾说过："人与人之间最大的信任就是进言的信任。"推心置腹就是真诚、信任的表现，如果在与人交往中能够直言不讳，动之以情，那么交谈的氛围就是愉快而和谐的。真诚是人们友好交往的基础，也是人际交往得以延续和深化的保证。

### 3. 避免不恰当的交谈方式

大学生应了解一些不恰当的交谈方式，如目光长时间盯着对方或审视对方，让对方不自在，感觉不舒服；经常故意打断对方的谈话，或抢接对方的话头；注意力不集中，目光不专注，或对他人的谈话表现出不耐烦的样子；词不达意，让人不得要领；滔滔不绝，目中无人，忽视对方的反应；不考虑交谈的对象，用词不当，使人听不明白或感到不高兴；交谈中单方面突然结束谈话，或强行把话题转移到自己感兴趣的方面不考虑交谈的时间、主题、氛围和效果，短话长说或长话短说。

大学生在沟通时还要注意不要轻易提及对方的隐私和生理缺陷等，而对别人不愿意提及或者说引起悲伤的事情，也要尽力回避，不要涉及保密话题，更不要在背后随意地去评论议论别人，如果在谈话中涉及一些忌讳的话题，要及时道歉，并请求对方原谅。

## （二）学会倾听

法国哲学家伏尔泰说过："通往心灵的大道是人的耳朵。"善于倾听，显示了对对方人格的尊重、观点的重视，是赢得友谊的诀窍之一。人们总是喜欢尊重自己，关心自己，对自己感兴趣的人，而善于倾听就会表达对对方的一种人格的尊重，这样会提高对方的自尊心，加深彼此的感情。在交往中，自己一味地说个不停，让对方没有表达的机会，是对对方的不尊重。其实，人们之所以需要与别人交谈，在很大程度上不是为了听别人讲什么，而是自己有种表达的欲望，希望与别人分享。

因此，一个善于倾听的交谈者是最受人欢迎和信赖的；相反，一个不会听，只会说，尤其是所说的内容总离不开自己的人，会被大家认为是以自我为中心，不尊重别人，缺乏交际的敏感。

倾听时的要领如下：

（1）注意力集中，表情专注，经常与对方有目光交流。

（2）用微笑、点头、感叹等表示自己的情感体验，或不时用"哦""对""是这样"以及重复 一些对方认为重要的话，表示自己在倾听，鼓励对方讲下去；如在交谈中有疑问，可提出一些富有启发性或针对性的问题，这样对方会感到你对他的话很重视；用自然、真诚的表情来呼应对方的谈话。

（3）听比说更重要。多听能够帮助自己理解别人，如果没有听懂对方说的话，可以适当提问，用问题来表达你对他很感兴趣，请求对方做一些更详尽的解释，这样也有利于让别人更快接纳自己，交谈时切忌以自我为中心。

（4）尊重对方，平等交流，注重情感沟通。设身处地、感同身受地体会对方的情感，最简单的做法就是反问自己："如果我是他，处在当时的情形下，我会怎么想？怎么做？有什么样的感受？"把自己想象成对方，换位思考，尝试了解一下，如果自己处在对方的情境中，会有怎样的心理状态和行为方式，我们就会理解对方的情感和行为。

## （三）学会赞美

美国学者布吉林教授等人，曾经提出一条在人际交往中成为受欢迎的人的"三 A"法则。第一个 A（Accept）：接受他人；第二个 A（Appreciate）：重视他人；第三个 A（Admire）：赞美他人。

用心发现他人细微的长处，真诚赞美，就能增添对方的幸福感、自我价值感、自信心。在同学的交往中，很普通的几句话，如你很善良，你真有责任心，你真关心人，你让人感觉很温暖，你很勤奋，这样的一些肯定性的话，对方听了以后，心情会很舒畅很快乐，也会自信，当然，真诚地去赞美别人最终获得的往往也是别人对我们的喜欢，感激和回报。真诚赞美别人时要注意四点：①要恰如其分，赞美不能过度，要实事求是。②要具体、实在，赞美一定要是具体和实在的。③要真诚，不能虚伪。④语言要有艺术性。

### （四）学会拒绝

缺乏自信和自尊的人常常为拒绝别人的行为而感到不安，经常会有这样的心理倾向，那就是别人的需求比自己的更重要，这本身就是个人边界不清的状态。

（1）简单回应。如果你想要拒绝，就要坚决而直接。使用这样的一些短语，比如："感谢你看得起我，但现在不方便"或"对不起，我不能帮忙"。尝试用你的身体语言强调"不"，而且你不需过分道歉。记住，你不需要被允许才能拒绝对方。

（2）给自己一些时间，做好充分的准备去学着拒绝对方。

（3）区分拒绝与排斥。拒绝的是他人的请求，而不是排斥他这个人。

（4）不要感到愧疚。你有拒绝的权利，就像是他们有权利要求帮助。有时拒绝别人是让他们学会为自己负责。

（5）做回自己。要清晰地知道你真正想要的是什么。在认识自己方面好好下功夫，找出什么是你在生活中最在意的和最珍惜的。

### （五）掌握非言语技巧

有一部非常流行的美剧（*Lie to me*）掀起了人们对于非语言交流的重视。无论剧中提到的"微表情"：还是说话时伴随的各种动作，实际上都属于人类"非语言交流的一部分"。美国亚利桑那大学传媒学院教授茱迪·K. 伯根写道："非语言交流是非常关键的，甚至可以盖过正在进行的语言交流"。英国心理学家谢尔·阿盖依儿等人曾做过一个实验，是说当非信号和言语信号所代表的意义不一致时，人们相信的是非音语信号所代表的意义，更需要注意的是非言语信号对交际的影响是语言信号的 43 倍。

美国传播学家艾伯特·梅拉比安曾提出一个公式：信息的全部表达 =7% 语调 +38 声音 +55% 肢体语言。我们可以根据交往对象的面部表情、姿态语言和身体距离等了解其隐藏的含义。

#### 1. 面部表情

对沟通双方来说，表情是传情达意和相互理解的必不可少的重要方式，目光接触，是非言语交往，也是人际交往中最能传神的。"暗送秋波""眉目传情"等成语，也形象地说明了目光交流在人们情感交流中的重要作用。

### 2. 姿态语言

姿势语言是指通过身体的姿势和动作来表达情感、传递信息的体态语，主要包括坐姿、站姿和行姿三种。你的身体摆出来的姿势等于告诉别人你希望和别人有怎样的交往关系、对方所讲你是否感兴趣。

人在撒谎时还有不自觉的动作：摸鼻子、口吃、清喉咙、避免凝视、眨眼、不停喝水、吞唾液、咬手指等。有人在与人谈话时，常有梳理头发、打响指等习惯，有的人还有掏耳朵、挖鼻孔的小动作，这些都会给人家留下不好的印象，有时会让人觉得很不礼貌。同时，这些无意义的身体语言也会分散对方的注意力，从而影响沟通的效果。

### 3. 身体距离

人与人之间保持距离的远近，代表着不同的意义，不同的场合及熟悉程度有不同的距离标准。美国社会心理学家霍尔曾经针对人与人之间的物理距离，做过调查研究，人际交往中存在着四种类型的人际距离：

（1）公众距离。公众距离是 360～760 厘米，这是属于人际交往的正式距离。处于该距离的人，可以较容易地采取躲避或防卫行为。它多出现在陌生人之间，或正式场合。

（2）社交距离。较近的社交距离是 120～210 厘米，多出现在非正式的个人交往中，如谈判和商业接待；较远的社交距离为 120～360 厘米，一般正式的公务性接触是这种距离。

（3）个人距离。个人距离在 44～120 厘米，这是与朋友交谈或日常同事间接触的空间距离。

（4）亲密距离。亲密距离是 0～44 厘米，这种距离只出现在特殊关系的人之间，如父母与子女、夫妻、恋人。对关系亲密的人来说，这种距离可以感受到对方的气味和体温等信息。

### 【课堂活动】

#### 非语言交流

1. 游戏目的

人与人之间的沟通不仅包括语言上的沟通，还包括各种表情手势等非语言的肢体动作，本游戏将帮助大家在游戏中体会非语言技巧在谈话中的应用。

2. 游戏时间、场地及道具

游戏时间 5 分钟，场地不限，道具无。

3. 游戏规则

（1）将学员分成 2 人一组，让他们互相介绍自己，但是整个介绍期间不得有任何语言形式的交流。

（2）学员可以使用除语言外的一切形式，如动作、表情、手势，画图、目光等。

（3）交谈 2 分钟，然后让双方口头较少一些采用肢体语言了解到的对方的情况，与实际情况对比，看看是否属实。

4. 相关讨论

（1）当你用非言语的形式来表达自己的时候，表达是否准确？

（2）你是否很好地理解了对方的非言语表达？

（3）在表达者和信息接收者之间是否有信息的丢失和误解，如果有，为什么？

（4）怎样才能减少这些信息的丢失？

5. 游戏的主要障碍及其解决方法

（1）合适的非言语交流可以帮助我们更好地理解对方的意思，而拙劣的表达方式有时候反而会阻碍我们沟通。

（2）非言语形式的交流不同于言语形式的交流，它会产生歧义，如你指一下自己的肚子，说自己饿了，对方可能理解为你肚子疼；你说你困了，对方可能认为你不想理他。所以，这种交流往往会闹出很多笑话。

（3）利用非言语形式成功交流的关键在于能正确地理解彼此的背景和领受程度，对不同的人要采取不同的方法，这样才能达到沟通的目的。

## 【本章小结】

（1）人际关系是指人们运用语言符号系统或非语言符号系统相互之间交流信息、沟通情感的过程。

（2）恐惧是人际交往的心理源动因。

（3）人的身心发展、情绪情感、成长成才、事业成功都与人际关系密切相关。

（4）人际交往理论：社会交换理论、自我表露理论、交往分析理论。

（5）人际吸引的条件主要包括：熟悉度、个人特征、相似与互补等方面。

（6）大学生人际交往的特点主要表现在：不平衡性、情感性和非功利性、理想性和现实性、开放性和时代性、交往的迫切性和主观性等方面。

（7）人际交往中的影响因素主要有：首因效应、近因效应、光环效应、刻板效应、投射效应。

（8）大学生人际交往困扰：不敢交往、不愿交往和不善交往。

（9）大学生人际交往问题调适：做最真实的自己，提高人际交往效能感，积极行动。

（10）人际交往的原则：平等原则、宽容原则、信用原则、互利原则、距离适度原则。

（11）人际交往技巧包括：学会交谈、倾听、赞美、拒绝技巧并掌握非言语技巧。

## 【思考题】

请阅读戴尔·卡耐基《沟通的艺术》中的格言，并思考后面的几个问题。

人际交往的基本技巧：不要批评、指责或抱怨别人；看到别人的优点，给予真挚诚恳的赞赏；激发别人内心强烈渴望的需求。

让别人喜欢你的六大秘诀：①真诚地关心别人；②微笑；③记住别人的姓名；④做一个善于倾听的人，鼓励别人谈论他们自己；⑤了解对方的兴趣，就他感兴趣的话题进行交谈；⑥使别人感到重要并真诚地照此去做。

不伤感情而改变他人的九大技巧：①从称赞及真诚的欣赏着手；②间接地提醒别人注意他的错误；③在批评对方之前，先谈论你自己的错误；④建议对方，而不是直接下命令，使对方保住面子；⑤称赞最微小的进步，并称赞每次进步；⑥给对方一个好名声，让他为此而努力奋斗；多用鼓励的方式使对方更容易改正错误；使对方乐于做你所建议的事。

（1）回想自己的人际交往经历，思考自己做得最好的是哪三件，这给自己带来什么样的好结果，留下什么样的经验。

（2）回想自己的人际交往经历，思考基本做得最差的是哪三件，以及给自己带来了什么样的后果，留下了什么样的教训。

（3）综合上述问题，分析自己最迫切要改进的人际交往方式是什么，自己有什么样的改进计划。

## 【心理自测】

### 人际关系综合诊断量表

指导语：

本量表共有 28 个问题，请对每个问题做"是"（打√）或"否"（打×）回答，然后参看后面的记分方法，对测验结果做出解释。

（1）关于自己的烦恼有苦难言。 （ ）

（2）和陌生人见面时感觉不自然。 （ ）

（3）过分羡慕和妒忌别人。 （ ）

（4）与异性交往太少。 （ ）

（5）对一直会谈感到困难。 （ ）

（6）在社交场合感到紧张。 （ ）

（7）时常伤害别人。 （ ）

（8）与异性来往感觉不自然。 （ ）

（9）与一大群朋友在一起，常感到孤寂或失落。 （ ）

（10）极易受窘。 （ ）

（11）与别人不能和睦相处。 （ ）

（12）不知道与异性相处如何才能轻松自如。 （ ）

（13）当不熟悉的人对自己倾诉他的生平遭遇以求同情时，自己常感到不自在。 （ ）

（14）担心别人对自己有什么坏印象。 （ ）

（15）总是尽力使别人欣赏自己。 （ ）

（16）暗自思慕异性。 （ ）

（17）时常避免表达自己的感受。 （ ）

（18）对自己的仪表（容貌）缺乏信心。 （ ）

（19）讨厌某人或被某人所讨厌。 （ ）

（20）瞧不起异性。 （ ）

（21）不能专注地倾听。 （ ）

（22）自己的烦恼无人可倾诉。 （ ）

（23）受别人排斥与冷漠对待。　　　　　　　　　　　　　　　（　　　）

（24）被异性瞧不起。　　　　　　　　　　　　　　　　　　　（　　　）

（25）不能广泛地听取各种意见。　　　　　　　　　　　　　　（　　　）

（26）自己常因受到伤害而暗自伤心。　　　　　　　　　　　　（　　　）

（27）常被别人谈论、愚弄。　　　　　　　　　　　　　　　　（　　　）

（28）与异性交往时不知如何才能更好地相处。　　　　　　　　（　　　）

测试结果说明：

打"√"的得1分，打"×"的得0分。

总分在0~8分，说明受测者善于交谈、性格开朗、主动关心别人，对周围朋友很好，愿意与他们在一起，彼此相处得不错。

总分在9~14分，说明受测者与朋友相处有一定的困扰，人缘一般，与朋友的关系时好时坏，经常处于起伏变动之中。

总分在15~28分，说明受测者在与朋友相处时存在严重困扰。

分数超过20分，则表明人际关系行为困扰程度很严重，而且在心理上出现较为明显的障碍：受测者可能不善于交谈，也可能是个性格孤僻的人、不开朗，或者有明显的自高自大、讨人嫌的行为。

上述28道题目可以分成4组，它们可以分别测查你在4个方面的困扰程度。

①Ⅰ组（1、5、9、13、17、21、25）的分数，显示出受测者在交谈方面的行为困扰程度。

得分在6分以上，说明受测者不善于交谈，只在极有需要的情况下才与别人交谈，总难于表达自己的感受，无论是愉快还是烦恼；受测者不是一个很好的倾听者，往往无法专心听别人说话或只对单独的话题感兴趣。

得分为3~5分，说明受测者的交谈能力一般，能够诉说自己的感受，但不能讲得条理清晰。如果受测者与对方不太熟悉，开始时往往表现得比较拘谨与沉默，不太愿意与对方交谈。但这种状况一般不会持续太久。经过一段时间的接触，受测者可能会主动与人搭话，这方面的困扰也就会随之减轻或消除。

得分为0~2分，说明受测者有较高的交谈能力和技巧，善于利用恰当的说话方式来交流思想感情，因而在与别人建立友情方面，往往更容易获得成功。

②Ⅱ组（2、6、10、14、18、22、26）的分数，显示出受测者在交际与交友方面的行为困扰程度。

得分在6分以上，说明受测者在社交活动与交友方面存在严重的行为困扰。例如，在正常集体活动与社交场合，比大多数同伴更加拘谨；在有陌生人或老师在场时，往往感到更加紧张；往往过多考虑自己的形象而使自己常处于被动和孤立的境地。

得分为3~5分，说明受测者在社交与交友方面存在一定的困扰。受测者不喜欢一个人待着，需要和朋友在一起，却不擅长创造相处条件并积极主动地寻找知心朋友。

得分为0~2分，说明受测者对人较为真诚和热情，不存在人际交往困扰。

③Ⅲ组（3、7、11、15、19、23、27）的分数，显示出受测者在待人接物方面的困扰

程度。

得分在 6 分以上，说明受测者缺乏待人接物的机智与技巧。在实际的人际交往中，受测者也许有意无意地伤害别人，或者过分羡慕别人，以致嫉妒别人。因此，可能受到别人的冷漠、排斥，甚至愚弄。

得分为 3~5 分，说明受测者是个多侧面的人，也许是一个较圆滑的人。对待不同的人受测者有不同的态度，而不同的人对受测者也有不同的评价。受测者讨厌某人或者被某人讨厌，但却非常喜欢一个人或者被另一个人喜欢。受测者的朋友关系某些方面是和谐的、良好的，某些方面确是紧张的、恶劣的。因此，受测者的情绪很不稳定，内心极不平衡，常常处于矛盾状态中。

得分为 0~2 分，说明受测者较尊重别人，敢于承担责任，对环境的适应性强。受测者常常以自己的真诚、宽容、责任心强等个性特点，获得众人的好感与赞同。

④ Ⅳ组（4、8、12、16、20、24、28）的分数，显示出受测者同异性朋友交往的困扰程度。

得分在 5 分以上，说明受测者在与异性交往的过程中存在较为严重的困扰。也许受测者对异性存有过分的思慕，或者对异性持有偏见。这两种态度都有片面之处。也许是不知如何把握好与异性同学交往的分寸而陷入困扰之中。

得分为 3~4 分，说明受测者与异性朋友交往的行为困扰程度一般。有时受测者可能觉得与异性朋友交往是一件愉快的事，有时又可能觉得这种交往似乎是一种负担，不知道如何掌握与异性交往最适宜的分寸。

得分为 0~2 分，说明受测者知道如何正确处理与异性朋友之间的关系。受测者对异性朋友持公正的态度，能大方自然地与他们交往，并且在与异性朋友交往中，得到了许多从同性朋友那里得不到的东西。受测者可能是一个比较受欢迎的人。无论是同性朋友还是异性朋友，多数人都比较喜欢和赞赏受测者。

## 【推荐资源】

**书籍：《FBI 教你破解身体语言》**

内容简介：《FBI 教你破解身体语言》的作者是乔·纳瓦罗。他在本书中会教给你以下的超强"阅人术"，如与陌生人初次见面，你如何在短短的几分钟内了解一个人；如何拉近与对方的距离；如何找到对方喜欢的话题；如何让对方开口说话等。

**电影：《牛仔裤的夏天》**

内容简介：《牛仔裤的夏天》根据 2001 年安·布拉谢尔畅销同名小说改编而成，2005年上映，讲述了四个闺中密友的故事。这四个小姑娘第一次没有在一起过夏天，将她们联系在一起的是一条有魔法的牛仔裤，尽管这四个女孩体形、个头和欣赏力各不相同，但这条神奇的牛仔裤却总能适合她们。她们为这条神奇的牛仔裤制订了 10 条穿着原则。

（1）不准洗。

（2）不许卷起裤腿。

（3）不许说也不许想自己穿上会不会显胖。

（4）不许让男孩脱掉你的裤子，当然，你可以在他的面前自己脱。

（5）穿上裤子不许挖鼻屎。

（6）重聚时必须在牛仔裤上证明自己的印记。

（7）整个夏天都要和姐妹们通信，不论你自己过得多么逍遥快活。

（8）依照约定按时把牛仔裤传递到下一个姐妹手中。

（9）不要把衬衫系在腰带里。

（10）记住：牛仔裤等于爱，爱裤子，爱自己。

在分开的日子里，会飞的牛仔裤给身处不同地方的她们带来了不同的奇遇，让她们都经历了一个难忘的夏天。这是一部讲述友情、生命态度和成长的影片。

# 第六章　情绪管理　健康休闲

## 【知识点导读】

我们在生活中遭遇的情绪有欣喜若狂、兴高采烈，有痛不欲生、悲恸欲绝，有舒适愉快、喜出望外，还有焦躁不安、心神不定等，这些情绪使得我们的生活有时阳光明媚，有时阴云密布，有时暗淡无光，有时色彩斑斓，这就形成了一个纷繁复杂的心理世界。情绪是一种极为复杂的心理现象，它是我们人类心理活动的晴雨表，表达着内心的一切。那么我们如何更好地管理自己的情绪呢？出现了不良情绪我们又怎样去面对和调整呢？学生通过学习本章，可以了解情绪的相关知识、大学生情绪的发展特点及影响，认识和调解不良情绪，学会培养良好情绪。

## 【教学内容】

（1）了解什么是情绪。
（2）了解大学生情绪发展的特点及影响。
（3）学会培养良好的情绪。
（4）正确认识不良情绪，面对不良情绪能及时调整。

## 【素质目标】

培养理性平和的良好心态，用辩证法指导自己形成合理的认知模式。树立正确的幸福观，鼓励学生自我实现。

## 第一节　心理活动的晴雨表
### ——情绪概述

## 【引导案例】

### 由球迷骚乱看情绪控制

2012年2月1日，在埃及塞得港举办的一场足球比赛结束后，两支球队的球迷发生了大规模冲突，造成了77人死亡，1000余人受伤。这场比赛在艾尔马斯里和埃及著名劲旅艾尔阿赫利之间进行，结果主场作战的马斯里队3∶1爆冷击败埃及豪门。然而比赛刚一结束，球场内便爆发了大规模的球迷骚乱，两支球队的球迷纷纷向场地上投掷石块、烟火和瓶子，造成部分球员受伤。国际足联（FIFA）主席布拉特称：这是足球历史上最黑暗的一天。2013年3月9日，埃及法院宣布了对2012年发生在塞得港足球惨案的终审结果，21名肇事球迷被判处死刑，塞得港球场的安保部主管萨马克和萨德均被判处15年的监禁，这场骚乱是埃及足坛有史以来爆发的最为恶劣的球迷暴力事件和最严重的球场伤亡悲剧，如图6-1所示。

如果你是这些球迷中的一员或其中有的人是你的朋友或亲戚，你是否会为他们突然爆发的极端行为感到震惊呢？你又是否会像他们一样去爆发呢？也许我们平常都是一名温文尔雅的人，为什么会在此种环境下变成一名愤怒的"足球流氓"？我们的各种情绪是怎样产生的，情绪又会给我们自身带来怎样的影响呢？

图6-1  塞得港球场球迷暴力事件

# 一、什么是情绪

## （一）情绪的定义

当我们提到情绪的时候，一般会想到喜怒哀乐这样的词语，也许你会认为，情绪就是或快乐或悲伤的一种感觉。然而，情绪并非仅限于此。那么，究竟什么是情绪呢？

情绪是一种躯体上和精神上的复杂的变化模式，通常的定义是：情绪是指人们在内心活动过程中所产生的心理体验，或者说，是人们在心理活动中，对客观事物是否符合自身需要的态度体验。外界事物符合主体的需要，就会引起积极的情绪体验；否则，便会引起消极的情绪体验，这种体验构成了情绪的心理内容。

视频：什么是情绪

## （二）情绪的要素

情绪的复杂性远非语言所能完整表达。对复杂的情绪及其现象，心理学通常归结为三个方面，即情绪的生理反应、内省的情绪体验、外在的情绪表现。

### 1. 情绪的生理唤醒

在不同的情绪下，人的身体各系统器官都会发生相应的生理变化，如人的心律、血压、呼吸和内分泌、消化等系统都会产生相应的变化。例如，在焦虑状态下，人会感到呼吸急促、心跳加速；在恐惧状态下，则会出现身体战栗、瞳孔放大；在愤怒状态下，会出现汗腺分泌加剧、面红耳赤等生理现象。这些变化都是受人的神经系统支配下的生理反应。

### 2. 情绪的主观体验

简单地说，就是人对情绪状态的自我感受。人的不同情绪生理状态必然反映在人的知觉上和人的意识中，从而形成人的不同的内心体验。例如，人在受到伤害时，会感到痛苦；在好友聚会时，会感到快乐；在面临危险境地时，会产生恐惧感；当自己的某些需要得到满足时，会感到幸福愉快。内省的情绪体验是人脑对客观环境和客观现实的重要反映之一。这种反映形式不同于认知活动，它不是对客观事物本身的反映，而是一种带有主观色彩的反映。

### 3. 情绪的外在表现

情绪不仅体现为生理反应和内心情绪体验，也会直接反映到人的外在行为表现中。表情就是人的情绪变化的外部表现。表情包括面部表情、身体姿态表情和语音语调表情。面部表情是面部肌肉活动所组成的模式，它能比较精细地表现出人的不同的情绪和情感，是鉴别人的情绪和情感的主要标志。例如，当发生了让自己高兴的事情的时候，人的脸上不由自主地会喜笑颜开；当遇到解决不了的困难时，会愁容满面。体态行为同样也反映着一个人的情绪状态，如坐立不安、手舞足蹈、垂头丧气等词语都是很形象的表述。语音语调同样也会反映情绪状态，例如，人在悲伤时会出现语调低沉、言语缓慢、断断续续；兴奋时会语调高昂、抑扬顿挫、清晰有力。面部表情、身段表情和言语表情经常相互配合，更加准确或复杂地表达不同的情绪。

表情既有先天的、不学而会的性质；又有后天模仿学习获得的性质。人类表达情绪的主要方式是一样的，笑表示快乐；哭表示悲伤，不是规定的行为规范，也没有约定的规矩，是人类不学而会的。但是，不同文化背景的影响也使人表达情绪的方式带有不同的色彩，西方国家和东方国家在表达欢迎的方式上就有明显的区别。所以表情又具有后天学习模仿，受社会制约的特性。

### （三）情绪与情感

在日常生活中，我们对情绪与情感这两个概念的使用非常随意，但在心理学上，情绪和情感是两个不同的概念。心理学界普遍认为两者既有区别也有联系。

（1）从所联系的心理层次来看，情绪的心理层次较低一些，是先天的与生理需要相联系的；情感则与人的社会性需要相联系，属于高级心理现象。

（2）从所具有的品性来看，情绪一般不稳定，具有较大波动性；情感则较稳定，持续时间长。

（3）情绪与情感相互联系和依存。情感是在情绪基础上产生的，进而发展成为情绪的深层核心，它通过情绪得以实现；情绪包含着情感，受情感的制约，是情感的外在表现。二者相互依存、制约和发展。

## 二、情绪的种类

情绪究竟有多少种类，你了解过吗？首先，从情绪形成与发展的角度，可以划分为基本情绪与社会情绪。其次，依据情绪强弱、持续时间长短等因素还可以将情绪状态划分为心境、激情、应激三种形态。

### （一）基本情绪和社会情绪

基本情绪主要是指与人的生理需要相联系的内心体验。人的基本情绪幼年时期就已经形成了，更带有先天遗传的因素。我国古代就有喜、怒、忧、思、悲、恐、惊的七情说，而美国心理学家普拉切克则提出了八种基本情绪：悲痛、恐惧、惊奇、接受、狂喜、狂怒、警惕、憎恨。甚至还有的心理学家提出了九种情绪类别。虽然类别很多，但我们一般认为有四种基本情绪，即快乐、愤怒、恐惧和悲哀。这四种基本情绪之上可以派生出众多的复杂情绪，如厌恶、羞耻、悔恨、嫉妒、喜欢、同情等。

#### 1. 快乐

快乐是指一个人盼望和追求的目的达到后所产生的情绪体验。由于需要得到满足，愿望得以实现，心理的急迫感和紧张感解除，快乐随之而生。快乐有强度的差异，从愉快、兴奋到狂喜，这种差异和所追求的目的对自身的意义以及实现的难易程度有关。

#### 2. 愤怒

愤怒是指所追求的目的受到阻碍，愿望无法实现时产生的情绪体验。愤怒时紧张感增加，有时不能自我控制，甚至出现攻击行为。愤怒也有程度上的区别，一般的愿望无法实现时，只会感到不快或生气，但当遇到不合理的阻碍或恶意的破坏时，愤怒会急剧爆发。这种情绪对人身心的伤害也很明显。

#### 3. 恐惧

恐惧是企图摆脱和逃避某种危险情境而又无力应付时产生的情绪体验。恐惧的产生不仅仅由于危险情境的存在，还与个人排除危险的能力和应对危险的手段有关。一个初次出海的人遇到惊涛骇浪或者遭遇鲨鱼袭击会感到恐惧无比，而一个经验丰富的水手对此可能已经司空见惯，泰然自若。婴儿身上的恐惧情绪表现较晚，可能是与他对恐惧情境的认知较晚有关。

#### 4. 悲哀

悲哀是指心爱的事物失去时，或理想和愿望破灭时产生的情绪体验。悲哀的程度取决于失去的事物对自己的重要性和价值。悲哀时带来的紧张的释放，会导致哭泣。当然，悲哀并不总是消极的，它有时能够转化为前进的动力。

社会情绪是指与人的社会性需要相联系的情绪，表现为一种较为复杂而又稳定的态度体验。例如，人的羞耻感、善恶感、责任感、荣誉感、内疚感、幸福感、美感等，是会随着人的成长后天逐步发展而形成的。社会性情绪是在基础情绪上形成和发展起来的，又通过基础情绪表现出来。大学阶段是大学生形成和丰富自己的社会性情绪的感受和体验时期。

### （二）心境、激情、应激

#### 1. 心境

心境是指一种深入持久、又比较微弱的情绪状态，具有渲染性和弥散性的特点。例如，当一个人心情舒畅时，什么事情对他而言都会觉得积极、乐观；而当一个人心情不佳时，很可能对很多事都会提不起兴趣。

### 2. 激情

激情是指一种短暂、强烈的、狂风暴雨式的情绪状态，如球迷看球时欣喜若狂的表现。激情具有强烈的冲动性和爆发性，发生的时间短，且会随着时过境迁而弱化或消失。激情的发生常常具有明显、突出的原因和指向性。激情也可以表现为积极的或是消极的：积极的激情能增强人的敢为性和魄力，激励人们克服困难；消极的激情则会使人丧失理智、情绪和行为失控。

### 3. 应激

应激又称为应激状态，是指由于出乎意料的紧张或危险情境所引发的情绪状态。在应激状态下，人的心律、血压、呼吸、肌肉紧张度和内分泌都会发生显著的变化，从而增加身体的应变能力。在应激状态下，人们往往能做出平时难以做到的事，使人尽快地转危为安。但是，人在紧急情况下的应激状态下，也往往会产生知觉狭窄、行动刻板、注意力受局限等不良影响；过于强烈的应激情绪，也有可能导致人的临时性休克甚至死亡；一个人如果长期或频繁处于应激状态中，会导致心理、生理上的许多病变。

【课堂活动】

#### 心情九宫格

请回忆一下近一周内经常出现的情绪，或者只出现了一次，但是令你印象深刻的情绪，把它们写在图 6 - 2 中的九宫格内。每种情绪占据一个格子，可以把相近的情绪写在相同的格子里。

（1）反思自己是如何想到这些词的，联系情绪的生理唤醒、主观体验和外部表现查找线索。从而进一步理解情绪的三种成分；

（2）分析哪些属于积极情绪，哪些属于消极情绪，消极情绪也有自身的价值，对待消极情绪，我们应该怎么做？

|  |  |  |
|---|---|---|
|  |  |  |
|  |  |  |
|  |  |  |

图 6 - 2　九宫格

## 三、情绪与情商

情商（Emotional Quotient，EQ）又称为情绪智力，是近年来心理学家们提出的与智商相对应的概念，是自我情绪控制能力的指数。它主要是指人在情绪、情感、意志、耐受挫折等方面的品质。之前大家普遍认为，一个人能否取得成就取决于他的智商，即智商越高，成功的可能性就越大。但现在心理学家们普遍认为，情商对一个人能否取得成功也有着重大的影响作用，有时甚至要超过智商的作用。那么，究竟什么是情商呢？

视频：情商

### （一）情商的由来

"情商"的概念是美国心理学家约翰·梅耶和彼得·萨洛维在 1990 年首次提出的，但当时并没有引起全球范围的关注。直到 1995 年，时任《纽约时报》的科学记者丹尼尔·戈尔曼出版了《情商：为什么情商比智商更重要》一书，传播了情绪智商的概念，并声称它至少像传统的智力一样重要，由此才引起全球性的研究与讨论。与智商（IQ）不同，情绪智商可经人指导而改善。一个人的成功，IQ 的作用只占 20%，其余 80% 是 EQ 的因素。丹尼尔·戈尔曼也因此被誉为"情商之父"。

### （二）情商的五要素

丹尼尔·戈尔曼接受了萨洛维的观点，认为情商包含五个主要方面。

（1）了解自我：监视情绪时时刻刻的变化，能够察觉某种情绪的出现，观察和审视自己的内心体验。它是情感智商的核心，只有认识自己，才能成为自己生活的主宰。

（2）自我管理：调控自己的情绪，使之适时适度地表现出来，即能调控自己。

（3）自我激励：能够依据活动的某种目标，调动、指挥情绪的能力，它能够使人走出生命中的低潮，重新出发。

（4）识别他人的情绪：能够通过细微的社会信号，敏感地感受到他人的需求与欲望，是认知他人的情绪，这是与他人正常交往，实现顺利沟通的基础。

（5）处理人际关系：调控自己与他人的情绪反应的技巧。

### 【扩展阅读】

#### 你知道情绪有哪些功能吗？

在人类生活中，情绪具有重要的功能，主要分为适应、调控、激励和健康功能。

1. 情绪的适应功能

情绪是生命体适应生存和发展的一种重要方式，如动物在遇到危险时会产生恐惧情绪，从而发出求救信号，这就是动物求生的一种手段。我们人类在婴儿出生时，还不具备独立的维持生存的能力，这时就主要依赖情绪来传递信息，与成人进行交流，得到成人的抚养和照顾。成人也正是通过婴儿的情绪反应，及时为婴儿提供各种生活条件。

在成年人的生活中，情绪直接反映着人们生存的状况，是人们心理活动的晴雨表，如愉快表示处境良好，痛苦表示处境困难，恐惧有逃避威胁、自我保护、物种延续的进化意义，愤怒则有保护领地和资源不被侵犯的进化意义。积极情绪提示环境中无危险威胁，尽可以放松，利于他人建立亲密、合作关系，创造、获取生存资源。除了生存意义，社会适应方面也通过情绪进行表达，如用微笑表示友好，用人情维护人际关系，还通过察言观色来了解对方的情绪状况，以便采取相应的措施等。也就是说，人们通过情绪了解自身或他人的境况，适应社会生活的需要，以求得更好的发展机会。

2. 情绪的调控功能

情绪对于人们的认知过程具有影响作用。良好的情绪情感会提高大脑活动的效率，提高认知操作的速度与质量。叶克斯－道森定律说明了情绪与认知操作效率的关系，不同情绪水平与不同难度的操作任务相关。

1980 年，心理学家叶克斯和道森通过动物实验发现，随着课题难度的增加，动机最佳水平有逐渐下降的趋势，表现为一种倒 U 形曲线，这种现象称为叶克斯－道森定律。后续对人类进行的研究则证明：个体智力活动的效率与其相应的焦虑水平之间存在着一定的函数关系，即随着焦虑水平的增加，个体积极性，主动性以及克服困难的意志力也会随之增强。焦虑水平对效率可以起到促进作用，当焦虑水平为中等时，能力发挥的效率最高；而当焦虑水平超过一定限度时，过强的焦虑又会对能力的发挥产生阻碍作用。

其实，大学生所面临的考试焦虑就是一个典型例子。心理学家把"测试焦虑"分为低、中、高三级水平：当人的情绪过于放松，丝毫也不紧张时，认知操作的成绩很差；当人的情绪比较紧张但又不过分紧张时，认知操作成绩最好；当情绪再进一步紧张，达到过度兴奋时，认知操作的成绩反而又降了下来。由此可见，情绪的调控功能是非常重要的。

3. 情绪的激励功能

情绪能够以一种与生理性动机或社会性动机相同的方式激发和引导行为。有时，我们会努力去做某件事，可能只是因为这件事能够给我们带来愉悦的体验。从情绪的动力性特征看，其又分为积极增力的情绪和消极减力的情绪。快乐、热爱、自信等积极增力的情绪会提高人们的活动能力，而恐惧、痛苦、自卑等消极减力的情绪则会明显降低人们活动的积极性。有些情绪则同时兼具增力与减力两种动力性质，如悲痛可使人意志消沉，但同时也可以使人化悲痛为力量。

情绪对于大学生的学业和人际关系有着举足轻重的影响。当自己的情绪积极乐观时，学习的效率会倍增，而当自己的情绪处于低迷、忧郁或是烦躁不安时，学习往往会变得一团糟。一个人再聪明，如果没有好的心态，他的能力也无法发挥，而拥有良好的心态，正是一个人最大限度地发挥自己能力的基础和前提。不同的情绪状态还会直接影响到我们的人际关系状况，积极健康的情绪往往有助于人际交往；相反，一个人如果被焦虑、抑郁、冷漠的情绪充斥或者他处在应激状态都会影响人们的社会行为，从而影响人际关系的和谐。

4. 情绪情感的健康功能

情绪对健康的影响作用是众所周知的。积极的情绪有助于身心健康，消极的情绪会引起人的各种疾病。我国古代医书《黄帝内经》中就有"怒伤肝，喜伤心，思伤脾，忧伤肺，恐伤肾"的记载。有许多心因性疾病与人的情绪失调有关，如溃疡、偏头痛、高血压、哮喘、月经失调等。而有些人患癌症也与心情长期压抑有关。

愉悦的情绪还能使人的整个机体的免疫系统和体内化学物质处于平衡状态，从而增强人们对疾病的抵抗力。例如，英国著名科学家法拉第，在年轻时由于工作紧张，神经失调，身体虚弱，久治无效。后来一位名医给他做了详细检查，没有开药方，只留下一句话："一个小丑进城，胜过一打医生。"法拉第事后仔细揣摩，觉得非常有道理，从此以后，他便经常放松自己，抽空去看滑稽戏、马戏和喜剧等，还在紧张的研究工作之后到野外和海边度假，调整生活节奏，以保持心境愉快，结果自此以后，身体状况一直非常好，为科学事业做出了很大贡献。据调查，几乎所有长寿老人平时心情都非常愉悦，且大都长期生活在一个家庭中，且关系亲密，感情融洽，在精神上没有过大压力。

# 第二节　情绪伴我行

## ——大学生情绪发展的特点及影响

## 【引导案例】

### 卡斯汀的一天

早上起来以后，卡斯汀洗刷时将自己的高档手表放在了洗手台上，妻子怕手表淋湿就随手放在了餐桌上。他的儿子吃饭时不小心把手表碰到地上摔坏了。卡斯汀气急了，踢了儿子的屁股一脚，并骂了妻子，妻子觉得委屈，二人争吵了一通。卡斯汀气得连早餐也没吃就直接去上班了，快走到了又想起忘了拿公文包，再返回家去拿。可是家里没人，钥匙还留在公文包里，进不去门，他只好再给妻子打电话。妻子着急回家的路上撞翻了水果摊，她不得不赔了一笔钱才摆脱。拿到公文包再回到公司时，卡斯汀已经迟到了 15 分钟，上司狠狠批了他一顿，他心情糟透了。早退的妻子扣除了当月的全勤奖，儿子当天参加棒球赛，原本有夺冠的潜力，却因心情受到影响，很快就被淘汰了。

在这个案例里，手表摔坏是一天中事件的 10％，后面一系列事情就是另外的 90％。当事人没有很好地掌控另外 90％ 才导致了这一天成为"闹心的一天"。假如在那 10％ 产生后，卡斯汀是另外的一种反应。例如，他抚慰儿子："不要紧，儿子，手表摔坏了没事，我拿去修修就好了。"这样儿子高兴，妻子也高兴，他也高兴，随后的一切事情就不会发生了。可见，你控制不了前面的 10％，但完全可以通过自己的心态与行为决定剩余的 90％。在生活中，看似互不相干的事情，却可能有着某种内在的联系，你的一个小小的举动不仅会影响自己，也会影响到周围的每一个人。

## 一、大学生的情绪特点

情绪是个体与环境、事物之间关系的反映，它具有独特的主观体验和外部表现形式，对人的活动有着非常重要的影响。大学时期是人变得心理成熟的重要时期，也是情绪丰富多变、相对不稳定的时期。随着社会地位、知识素养的提高以及所处特定年龄阶段的影响，大学生的情绪带有鲜明的特征，具体表现在以下几个方面。

视频：情绪的自我觉察

### （一）丰富性和复杂性

从生理发展阶段看，大学生正处于情绪最丰富的阶段，呈现出各种各样、强度不一的情绪；从自我意识的发展看，他们自我体验较多，有强烈的自我尊重的需求，容易导致自卑或自负；从人际交往上看，大学生的交友范围扩大，交往也更加细腻和复杂。对这个阶段产生重要影响的还有恋爱因素，作为一种特殊的情感，它往往伴随着深刻的情绪体验。令大学生产生情绪体验的对象也是多种多样，无论是欢喜还是恐惧，都受到社会、文化的影响，与很多抽象的事物有关。

### （二）波动性和两极性

大学生在大学时期经历着人生中许多重大的选择，而这些选择难免会造成情绪波动。大学生对情绪的控制能力还不够，他们相对敏感，情绪带有明显的波动性，一句善意的话，一首动听的歌，一个感人的故事，都可以触动他们的心弦，造成情绪的波动。同时，由于心理发展还未成熟，他们的情绪起伏较大，表现出明显的两极化特征，即情绪大起大落、跌宕起伏、摇摆不定。相关调查显示，70%的大学生情绪都经常两极波动，类似波动性曲线，高峰和低谷交错出现。

### （三）情绪的冲动性与爆发性

大学生虽然对自己的情绪能有所控制，但由于他们较为敏感和冲动，在许多情况下，情绪易被激发，犹如急风暴雨，来得突然又猛烈。他们往往对于不符合自己信念、观点和理想的事件或行为，会迅速出现否定情绪；反之则亦然。有的甚至会盲目的狂热追求某件事物，一旦遇到挫折又会马上灰心丧气。这种冲动伴随着爆发的特点，当出现某种外部强烈的刺激时，情绪会突然爆发，在冲动的驱使下甚至会失去理智，极易产生破坏性的行为并造成严重的后果。

### （四）阶段性和层次性

由于每个年级的发展任务和培养目标的不同，大学生的情绪特点也呈现出阶段性和层次性的特点。大学新生的任务是环境和学习的适应，因此，与自我意识相关的自卑、自负等情绪，或与环境适应相关的压力和挫败等情绪较为突出。二、三年级的大学生情绪相对稳定，轻松愉悦的心情居多，当然，有时会有人际交往、学习等造成的紧张或失落的情绪。毕业班学生面临答辩和就业等多个重大任务，压力较大，会产生更多的焦虑情绪。另外，由于环境因素、自身心理素质、能力和自我期待的差别，大学生也会表现出不同的情绪状态。

### （五）外显性与内隐性

大学生的情绪反应比较外露和直接，很多情绪是一眼就能看出的，如考了第一名或喜欢的球队获胜，马上就会喜形于色。但大学生由于自制力的增强、思维的独立性和自尊心的发展，某些时候他们也会适当抑制或隐藏自己的真实情感，表现出内隐、含蓄的特点。另外，随着心理逐渐成熟和社会化的完成，他们能够根据特有条件、规范或目标来表达自己的情绪，使外部表现和内部体验不一致，有时候明明是爱慕对方，但留给对方的印象反而是冷淡和傲慢。

## 二、情绪对大学生的影响

### （一）情绪对大学生健康的影响

有研究表明，情绪对人的身心健康具有直接影响。保持愉快的心情可以增强人体的免疫力，减少患病的机会。不仅如此，对大学生而言，良好的情绪可以增加自信，增强求知欲和创造力、帮助他们建立良好的人际关系，利于学生的全面发展。相反，消极的情绪危害身心健康，而且长期存在消极情绪会导致免疫力下降，内脏功能也会受损。例如，突然而强烈的紧张情绪会抑制大脑皮层高度心智活动，破坏大脑皮层的兴奋和抑制的平衡，使人的意识范围狭窄、判断力减弱，失去理智和自制力。相关调查显示，大学生中常见的消化性溃疡、紧张性头痛和偏头痛、心律失常，月经失调，神经性皮炎等病，都与消极情绪有关。

视频：情绪对大学生的影响

### （二）情绪对大学生学习的影响

情绪与大学生的工作效率、潜能开发有关。良好的情绪使大学生有兴趣参与学习活动，行动力更强，能更好地集中注意力，思路更开阔也更富有创造力。研究发现，思考和创造的最佳状态是精神愉悦和心情放松的时候，此时的智力活动更高效。另外，适度焦虑可以提升大学生的学习效率，更有利于其获得好成绩。

### （三）情绪对大学生人际关系的影响

乐观、自信、热情等良好的情绪特征是产生人际吸引的重要条件，有利于缩短心理距离、促进情感融洽。由于情绪具有感染性与传染性，因而情绪积极稳定、充满正能量的人在人群中更受欢迎，也更易获得良好的人际关系。而自卑、情绪压抑、脾气差的人，因为难以沟通，会导致与人关系的疏远。如果一个人喜怒无常，别人在与他相处时就会战战兢兢，感觉如履薄冰，那么其他人就会选择回避与他交往。所以，大学生在人际交往中应学会控制和调节自己的情绪，提高自身修养，这样才能拥有良好的人际关系。

### （四）情绪对大学生行为目标的影响

1979 年，心理学家埃普斯顿在《人类情绪的生态学研究》这篇文章中介绍了他对大学生的自我观念、情绪与行为变化之间关系的研究成果。结果表明，积极的情绪体验与积极的行为变化总是有一致的关系。当大学生体验到的是积极情绪，如感到高兴、亲切、安全、平静，他们的行为目标也往往是积极、生动的，对新经验的接受和开放、对周围人的尊重和理解和对价值和长远目标的献身精神等都有明显增强；当体验到的是痛苦、愤怒、紧张或受威胁等消极情绪时，一部分大学生的社会兴趣下降，反社会行为增加，对新经验持审慎、甚至闭锁的态度。因此，在大学生活中要尽可能多地积极引导消极情绪，使之为转化为长远目标和价值献身的精神。

## 第三节　快乐秘笈
—— 学会培养良好的情绪

【引导案例】

#### 尼琪的成长

某个周末，美国著名心理学家马丁·塞里格曼（1996 年就任美国心理学会主席）与 5 岁的女儿尼琪在自家花园里播种。尼琪手舞足蹈，兴奋地将种子抛向天空。塞里格曼虽然写了很多有关儿童心理的书，但由于自己工作繁忙，生活中与自己的孩子并不太亲密，播种对他来说仅仅是一种对于紧张工作的调剂，所以塞里格曼的心并不在此处，头脑里一直在想着工作，只想快一点干完另做他事。

看到尼琪淘气得不得了，塞里格曼于是叫她别再胡闹。这时，女儿却跑过来对他说："爸爸，我能与你谈谈吗？""当然。"塞里格曼回答道。"爸爸，你还记得我 5 岁生日吗？我从 3 岁到 5 岁一直都在抱怨，每天都要说这个不好那个不好，当我长到 5 岁的时候，我决定不再抱怨了，这是我从来没做过的最困难的决定。爸爸，如果我不抱怨了，你可以不再那样经常郁闷吗？"女儿的这番话，令塞里格曼产生了巨大的触动。他认识到，是尼琪自己矫正了自己的抱怨。培养孩子不只是盯着他们身上的短处，而是认识并塑造他们身上的品格及特质，即他们拥有最美好的东西，并将这些变成促进他们幸福生活的动力。这一天也改变了塞里格曼的生活，他过去的 50 年都在阴暗郁闷的气氛中生活，心中有许多消极情绪，而从那天开始，他决定让心灵充满阳光，让积极的情绪占据心灵的主导。

全球心理学研究机构提供的大量数据显示，人类的情绪会触动和改变他们生活中的许多方面。人类所拥有的对自身情绪的控制能力远超过自己的想象，所以，人们有能力促进自身的成长，从而达到最佳的机能水平，并按照自己选择的方向来掌握和驾驭自己的生活。

## 一、健康情绪的特征

健康的情绪，是指一个人的情绪的发展、反应水平和自我控制的能力与其年龄和社会对此的要求相适应，并为社会所接受。健康情绪的六个特征：平和、稳定、愉悦和接纳自己；有清醒的理智；有适度的欲望；对人类有深刻、诚挚的感情；富于哲理、善意和幽默感；有丰富、深刻的自我情感体验。

对于大学生来说，通常情况下保持愉悦的心境，情绪的产生出于现实的原因，情绪反应稳定，反应强度与引起情绪的刺激相符，遇到过于激烈的情绪可以适度的调节和转化，就是健康的情绪。

## 二、大学生良好情绪的培养

良好的情绪是一个人学习、工作顺利开展的前提，也影响着人们的人际关系。大学生群体在越来越激烈的社会竞争中如何保持良好的情绪状态，培养良好的、积极的心理品质，发挥自我潜能是十分重要的问题。

### （一）要保持积极乐观的生活态度

#### 1. 积极乐观的生活态度

积极乐观的生活态度是良好情绪和情感的基础，它使得大学生情绪稳定、愉快、热情向上、充满朝气。尤其在遭遇挫折和失败的时候，积极乐观的大学生能正视困难，心存希望，即使身陷绝境也不轻言放弃。

视频：如何培养健康情绪

要有这种积极乐观的态度，首先要树立积极的人生观和价值观，纵观历史不难发现，具有这种价值观的人大都胸怀宽广，志向远大，有着巨大的热情和忘我的献身精神，反之都是目光短浅，难以经受挫折的考验。其次，要确立远大的理想和目标，把自己的未来同社会的发展、民族的振兴、国家的富强紧紧联系起来。

#### 2. 要正确、辩证地看待生活

成长中不止有甜蜜，也难免经历酸楚和苦涩，而正是因为尝到各种滋味，生活才显得丰富而有意义。我们常说"人生不如意十有八九"，一帆风顺固然是每个人的愿望，但成功的路上却常常布满了荆棘。我们应该乐观面对生活，当幸福来临时不可忘乎所以；而当不幸降临时，也要坚强笑对人生。

#### 3. 要充分投入地体验生活

对生活充满热爱的人，更能深切地感受到生活的美好，享受到生活的乐趣。但如果你只去看生活的阴暗面，只会埋怨和发牢骚，不能深入地感受生活，那就是对生命的不尊重和浪费。大学生应以对自己负责的态度，激发兴趣，倾注热情，积极实践，感受生命，深入体验各种丰富的情绪。

### （二）要对未来有美好的憧憬

#### 1. 制订适度的目标

提高积极情绪的简单方法之一，就是构想自己最好的将来，并非常详细地将它形象化，这能够让自己每天的行动与自己的梦想契合。生活需要目标，既要有大目标，即理想，也要有小目标，也就是近期的工作和学习计划。从点滴的小事做起，循序渐进，才能成就伟大的事业。

#### 2. 做能发挥你的优势的事情

据调查，每天都有机会做自己最擅长事情的人，往往更具有优势，也更容易在工作与生活中取得成功。确定自己的优势，并据此重新制订你的工作与日常生活流程，重塑自己，由此产生的积极情绪的提升，既明显又持久。

### （三）在与人交往中培养良好情绪

#### 1. 多与他人相处

没有人能孤立地实现自己的全部潜能。人们通过与他人相处，获得更多的积极情绪。每个心理上正面阳光的人都与好友及家人有着温馨又可信赖的关系，对比而言，他们比心理负面阴霾的人每天与家人相处的时间更多也更融洽。

#### 2. 积极地帮助别人

自卑、孤僻的人常常感受不到快乐，因为他们不愿与人交往，自我封闭，也不可能去帮助别人，由于长期与人疏远，人就会感到孤独和不快乐。相反，如果积极主动去帮助和关爱别人，别人也会愿与你交往，在得到感激和肯定的同时，自身的价值也得到了体现，快乐也就因此产生。

#### 3. 学会宽容他人

宽以待人，心胸开阔能够体现出一个人的修养；心胸狭隘并不能解决问题，反而容易陷入自责、自怨、悔恨的情绪之中，导致心情不愉快，连累自己的身心受到损伤；有了宽容大度的胸怀，才会理智地克制和约束自己。

### （四）在实践中培养良好的情绪

#### 1. 学习和参加科技活动

在学习和参加科技活动中，通过教师的指引和启发，学生能够产生浓厚的兴趣和强烈的求知欲。而且学习和参加科技活动越深入，求知欲就越强烈，对科学和真理就越热爱。

#### 2. 审美活动

审美活动是一种发现美、欣赏美和创造美的活动。自然界的名山大川、朝霞夕晖，以及优秀的音乐、绘画、文学、戏剧等艺术作品，无不给人以美的感受，唤起人们对美好生活的热爱和追求。通过审美实践活动，大学生可以振奋精神、心情愉快、乐观积极，充分体验美、发现美、欣赏美、创造美。

#### 3. 社会实践

大学生的社会实践方式有多样，如进行参观、调查、走访等活动。大学生通过参观、调查厂矿（乡村），可以欣赏祖国的壮丽河山，感受中华灿烂文化，目睹祖国改革开放取得的巨大成就，激发爱国主义情感，增强民族自豪感和自尊感，对祖国前途充满信心。大学生还可以参加青年志愿者协会，从而培养责任感和义务感。

#### 4. 其他实践活动

通过体育比赛中培养大学生团结、协作、奋进拼搏的精神和集体荣誉感；在关心帮助生病同学的班级活动中培养大学生助人为乐的情感和集体友谊感等等。

除此之外，大学生还应该学会及时调整不良情绪。如合理宣泄情绪、学会自我放松、改善不合理的认知、寻求积极的支持等等，这些将在下节中详细讲述。

### 【课堂活动】

#### 情绪垃圾桶和能源加油站

1. 活动目的

（1）在现实生活中，很多人并不知道如何表达自己的喜怒哀乐，这使他们有时会伤害到他人的感情。本活动旨在帮助学生掌握表达情绪的适当方式和正确态度。

（2）在忙忙碌碌中，人们往往不能发现自己的情绪，不知道自己为何心情不佳，也不知道如何面对不佳的心情。本活动可以引导学生写出自己的情绪，并使之得到表达和宣泄。

（3）人们在生活中难免会有情绪低落的时候，每个人调节情绪的方式都不一样。本活动可以帮助学生了解自己在情绪不佳时经常使用哪些资源进行调节，借此找到对自己来说最熟悉、最积极和最有效的方式。

2. 活动内容

（1）给每个学生发一张白纸，让他们将困扰自己的情绪写在白纸上，用剪碎、揉烂、划破等各种方式将其损毁。

（2）学生将损毁的白纸放进教师事先准备好的垃圾桶里，象征那些负面的情绪也随之被丢弃。

（3）让学生讨论自己的负面情绪，教师可以鼓励学生与同学们分享自己的应对方式。

（4）让每位学生用同心圆的形式写下自己的"心理资源"，越靠近内圈，越是自己在遇到挫折时更先想到的人。

（5）分享自己最有效的资源和应对方式。

## 第四节　我的情绪我做主
### ——大学生不良情绪的表现及调适

### 【引导案例】

#### 情绪的力量

小云是某传媒大学学生，现在一家媒体做实习记者。她工作热情，富有朝气，但作为年轻人，在遇到问题时难免还是会有些冲动。

一次，小云去采访一位企业高管，对方一直非常忙碌，本来安排好的采访时间被对方一再推迟，一连三天，她连对方的面都没碰到。对此，小云情绪十分不满，在第三天离开这家公司时，她对工作人员说："有什么了不起的，自己是高管就了不起呀，就他忙吗？"说完便愤然离去。

回到住所，小云对自己的冲动感到很后悔。采访对象屡次爽约的确让人生气，但自己也不该意气用事，对工作人员那样发牢骚。很快，小云便接到该公司工作人员的电话，被告知公司高管工作太忙，没有时间接受采访，等有机会再说。小云郁闷、生气、后悔的情绪交织在了一起，可这有什么用呢？

从不服输的小云暗暗下定决心："我一定要完成此次采访任务！"隔了一天后，小云又一次去了那家公司，足足等了一天，就在下班时间该高管准备离开时，小云迎了上去，做了自我介绍，并为前一天自己的行为诚恳地向对方道了歉。看到小云诚挚的态度，该高管也为自己因为工作太忙而爽约的事做了解释，并接受了采访，整个采访的氛围十分融洽。

小云说，此次的采访经历让她学会了要冷静对待问题。如果受自己负面情绪影响而做出了冲动的决定，事后冷静下来就会感到后悔。如果从全方位、多视角来看问题，就不会做出错误的行为了。

由此我们不难发现，在现实生活和工作中，当我们产生不良情绪时，如果能控制和调节好自己的情绪，将自身的负面情绪转化为正能量，那么自己就会成为充满正能量的人，进而让自己取得更大的进步。

有研究表明：在人的各种情绪中，健康情绪占3/7，而不良情绪占4/7。不良情绪会给大学生的学习、生活、交往和健康等方面带来不同程度的消极影响。不良的情绪会使大学生的智力发展停滞或水平降低；亦会使大学生丧失进取心，造成行动迟钝和精神疲惫；进而破坏其良好的人际关系，使自己陷入"孤家寡人"的局面；严重时会引发大学生的心理疾病。因此，我们应该重视对不良情绪的认识和调节。

## 一、大学生常见的不良情绪

### （一）抑郁

抑郁是人人都要面对的，它的影响很大。抑郁是一种持续时间较长的低落、消沉的情绪体验，它常常与苦闷、不满、烦恼、困惑等情绪交织在一起。最明显的症状是情绪上的压抑，有淹没或窒息感，还时常伴随焦虑的情绪。抑郁伴随个体的思维方式的转变，如记忆力衰退、注意力难以集中等。抑郁情绪的人看待世界更加消极，对未来感到悲观，对什么都不感兴趣，很难唤起美好的记忆。抑郁还伴随乏力、睡眠问题等身体症状，饮食也会受到影响。

视频：认识常见的不良情绪——焦虑

抑郁状态多发生在性格内向、孤僻、敏感多疑、依赖性强、不爱交

际，或者生活遭遇挫折、长期努力得不到回报的大学生身上。那些不喜欢所学专业，或有人际关系处理不当、失恋等问题的大学生也会产生抑郁情绪，另外，抑郁情绪和抑郁症是两种不同的概念，要注意区分。

### （二）焦虑

焦虑是个体主观上预料将会有某种不良后果而产生的不安感，是紧张、害怕、担忧混合的情绪体验。人们在面临威胁或预料到某种不良后果时，都有可能产生这种体验。

焦虑是大学生常见的情绪，当他们在成长过程中遭遇挫折或面临重要但又没有把握的未来事件时，便会产生这种情绪。焦虑对大学生的影响是复杂的，既可以成为大学生成才的内驱力，也可能起到阻碍作用。中等焦虑能使学生维持适度的紧张状态，有利于学习效率的提升；过度焦虑则会对学生带来不良的影响。有的学生在正式的比赛场合或考试中不能正常发挥，多是重度焦虑所致，它会造成内心极度紧张不安，心神不定，思维混乱，注意力不能集中，甚至记忆力下降，同时还容易产生头痛、失眠、食欲不振、胃肠不适等不良生理反应。焦虑的大学生在内心深处总是有一种无法解脱、不愿正视的心理问题，焦虑只是矛盾、冲突的外显，借此作为防御机制以避免那些更深层次的困扰。

### （三）愤怒

愤怒是由于客观事物与人的主观愿望相违背，或因愿望无法实现时，人们内心产生的一种激烈的情绪反应。心理学研究表明，当愤怒发生时，可能导致人体心跳加快、心律失常、高血压等躯体性疾病，同时还会使人的自制力减弱甚至丧失，思维受阻、行为冲动，甚至干出一些蠢事或造成不可挽回的损失。处于精力充沛、血气方刚的青年时期的大学生，在情绪、情感发展上往往容易产生好激动、易动怒的特点。例如，有的大学生因一句刺耳的话或一件不顺心的小事而暴跳如雷；有的因人际协调受阻而怒不可遏、恶语伤人。这种情绪对大学生来说是极其有害的，因而有人说："愤怒是以愚蠢开始，以后悔结束。"

### （四）嫉妒

嫉妒是自尊心的一种异常表现，是指因他人在某些方面胜过自己引起的不快甚至是痛苦的情绪体验。嫉妒在大学生中普遍存在。嫉妒是人性的一种弱点，它常常会发生在两个年龄、文化、社会地位与条件相当，有竞争关系的人之间，竞争中的失败者会对竞争对象产生嫉妒心理。在大学生中最常见的嫉妒心理是攀比心理，别人有的东西自己没有就会产生心理不平衡和一种相对剥夺感。有些大学生不能正确评价自己，喜欢跟人作比较，当看到别人超过自己时，内心会产生痛苦、愤怒、不平等感觉；当别人身陷不幸或处于困境时则幸灾乐祸，甚至落井下石，在人后恶语中伤、诽谤。

嫉妒会扭曲人的心灵，妨碍人与人之间正常的交往。由于大家都对嫉妒心强的人避之不及，因此会给他造成不良的人际关系氛围，带来孤独、寂寞等情绪。嫉妒还会造成个人内心的痛苦。克服嫉妒，首先，要放开视野，开阔心胸，懂得"天外有天"的客观事实。其次，要学会转移注意力，用积极进取来换取真正的成功。再次，要学习并欣赏别人的长处，化嫉妒为动力。最后，要建立正确的自我意识，提高自我意识水平，正确地评价自己和别人。

### （五）冷漠

冷漠是指人对外界刺激缺乏相应的情感反应。具体表现为：凡事漠不关心、冷淡、退让。如有的大学生对身边的人和事漠不关心，对自己的前途命运、国家大事等漠然置之，把自己游离于社会群体之外，似乎自己已看破红尘，其实是一种消极、逃避反应。从表面上看虽表现为平静、冷漠，但内心却往往有强烈的痛苦、孤寂和压抑感。如果大学生长时间地处于这种情绪状态下，巨大的心理能量无法释放，当超过了一定限度时，就会以排山倒海的形式爆发出来，致使心理平衡遭到破坏，从而影响身心健康。

冷漠比攻击更可怕，它会带来责任感的下降、生活意义的缺失与自我价值的放弃，是百害而无一利的消极情绪体验。冷漠的形成多与人生重大生活事件或重要丧失有关，也与个体的生活经历有关。克服冷漠最根本的是改变认知，发现生活的意义和自我的价值，改变以往的消极看法；从行为上，积极投身于各种有意义的活动中，融入集体中，进行积极的自我暗示与自我提升；正确认识自我与他人、个体与社会，并不断矫正自己的非理性观念。

## 二、大学生不良情绪的心理调适

以下五个方面是内外结合的五种调适方式，可单独运用，也可综合运用，对不同情况应灵活运用，切忌形而上，心理现象永远是复杂的，绝不会有单一的、立即见效的灵丹妙药。

### （一）科学地认识和对待自己的不良情绪

#### 1. 认识自己的情绪

美国心理学家约翰·迈耶根据人们注意和处理自己情绪的风格不同，把人的情绪分为三种类型：①自我觉知型。能清晰察觉自己情绪的变化，拥有积极的人生观，善于调节各种不良情绪。②沉溺型。总是被困于自己的情绪，无力自拔，成为情绪的奴隶；情绪易变，反复无常，而又不自知；任凭自我沉溺于不良情绪，而又无法摆脱，常常处于情绪的失控中。③认可型。能了解并认可自己情绪的特点，而不打算去改变，该类型又可分为两种：A乐天型，总是高高兴兴，不愿意、也认为没必要去改变；B悲观型，虽然能明确意识到自己处于不良情绪状态，却不想去改变（如抑郁症患者），束手待毙于自己的绝望痛苦中。大学生应首先了解自己的情绪类型，体会自身情绪的变化，从而有效地调控自己的情绪。

#### 2. 善待自己的不良情绪

情绪是一种本能的能量，具有积蓄效应，积累到一定程度就需释放出来，否则会严重地影响身心健康，也就是说，要以积极主动的态度去对待和处理情绪问题。对大学生来说，不应采取逃避、压抑、否认、沉默的消极方式去对待自己的不良情绪，而是应该积极寻找解决问题、走出困境的办法，使不良情绪得到合理的疏泄。

## （二）学会不良情绪的行为调节法

一般来说，情绪活动有五种疏泄方式：一是压抑，医学心理学研究表明：忍气吞声，强压怒火，容易导致高血压、胃溃疡、心脏病、癌症等疾病。二是投向自我，不良情绪不便发作时，就打自己耳光、摔东西、甚至去上吊、自杀。三是将不良情绪转化为无意识冲突，这往往会成为神经症的根源。四是报复性发泄，伤害他人破坏它物。五是正常的疏泄，是指不掩饰自己的不良情绪，在不违背社会伦理的条件下直接释放出来，这正是大学生应该学会的不良情绪的行为调适法。具体讲，主要包括以下五种方法：

### 1. 宣泄法

宣泄法是指引导大学生把自己心中的不良情绪倾吐出来。可以通过剧烈运动、写日记、听音乐来释放心中的恶劣情绪；也可以向朋友、亲人、网友或心理医生倾诉，以获得他们的心理援助；还可以在适当的场所大声喊叫或痛哭一场来化解心中的郁闷。现代医学研究证实："男儿有泪也要弹"，在不良情绪状态下产生的眼泪含有一定的毒素，必须要哭出来，否则，会影响大学生的身心健康。

### 2. 转移法

条件反射理论表明：人的各种情绪是可以交互抑制的，健康情绪的产生可以减弱或消除原有的不良情绪。因此，大学生应该主动通过看喜剧电影或小品、听笑话或相声、下棋、听音乐、参加运动等积极行为，转移对自己不良情绪的注意力，从各种不良情绪中走出来。

### 3. 自我暗示法

自我暗示法是指大学生可以通过语言暗示等，来调整和放松紧张的心情，使不良情绪得到缓解或消除，如想与他人争吵，动手打人时，暗示自己："要冷静，千万别动手"或"别做蠢事，愤怒是以愚蠢开始，以后悔告终"；考试紧张时，告诉自己："沉住气，别紧张，相信自己，会考好的"；当遇到不幸与挫折时，不应该沮丧，而要庆幸地想："事情原本可能会更糟呢。"

### 4. 升华法

升华法是指把因挫折而产生的不良情绪引向崇高的境界，把自己的心理能量转移到对成功追求中，如失恋时不要自暴自弃，而是全身心地投入到学习、工作中去，并取得一定的成就。

### 5. 环境陶冶法

环境陶冶法是指情绪低落时，不要把自己封闭起来，要到大自然中去散散步，最好到森林或树林中去（因为那里有丰富的负氧离子，有利于人的健康），体验一下自己与天地融为一体的感受，从而愉悦身心，陶冶情操，达到消除不良情绪的目的。

## （三）养成科学的生活方式

临床心理学表明：不良的生活方式是使人产生不良情绪和造成心理障碍的重要原因，科学的生活方式是大学生维护情绪健康的重要环节。

### 1. 合理饮食

《食物与情绪》一书的作者索姆认为，大脑活动的所有能量都来自于所吃的食物，情绪的变化是与我们吃的食物有关。要保持心情愉快，大学生应该养成良好的饮食习惯：定时就餐，早餐尤其不能省；每天至少喝 6 ~ 8 杯水，缺水易使人疲劳；多吃富含碳水化合物的食物，如各种水果、稻米、杂粮、蔬菜等，能使人心境平和，感觉舒畅；最后，限制酒精、咖啡和糖的摄入，它们都会使人过于激动。

### 2. 保证睡眠

医学研究证明：睡眠对人的情绪影响极大，与睡眠不足者相比，睡眠充足者心情舒畅，看待事物的方式也更乐观。对大学生来说，睡眠时间应该保证每晚 8 个小时左右。

### 3. 经常运动

"一张一弛，文武之道"。运动能增强人的适应与抵抗力，能缓冲紧张情绪，驱除不良的心境。大学生应经常参加有氧运动——跑步、体操、骑车、游戏和其他有一定强度的运动，运动之后再洗个热水澡则效果更好。

## （四）塑造良好行为，健全大学生性格。

性格是个体对现实稳定的态度以及与之相应的习惯化了的行为方式，它体现了人的总的精神面貌，情绪是性格的重要构成要素。良好性格有助于个体产生和维护健康的情绪，相反，不良性格是形成不良情绪的根源。因此，要加强大学生良好习惯的培养和完善，以消除他们各种不良情绪。亚里士多德曾说过："播种一种行为，收获一种习惯；播种一种习惯，收获一种性格；播种一种性格，收获一种命运。"良好行为的塑造是培养大学生良好性格的起点和关键，通过规范大学生的日常行为、言行举止，使他们在学习、工作与生活中形成良好的习惯和性格，来调节自己的各种不良情绪。

## （五）建立健全社会支持系统。

社会支持系统是指学校、家庭和社会为维护和增进心理健康而建立的保障系统。从宏观上，学校应该为大学生提供良好的学习与生活环境，以学生为本，增强服务意识，学校各项规章制度能够为大学生的成人与成才提供切实的保障，尤其是要通过开设必修课、选修课或讲座等形式加强大学生的心理健康教育，建立心理咨询机构和大学生心理辅导网络；在家庭中，家长应注意与孩子的沟通，理解与关爱、约束与支持、和谐温暖的家庭氛围是大学生精神与心理的憩园。社会也应该净化社会氛围，健全各项制度和体制，为大学生的就业与发展创造条件。对大学生来说，每位大学生都应该建立自己的社会支持系统，如亲人、朋友，或是专业的社会工作者、心理医生，以获得必要的心理援助，使自己走出不良情绪的阴影，成为一名身心健康、锐意进取的大学生。

## 三、情绪的理性认知法

理性情绪疗法又称合理情绪疗法，20 世纪 50 年代由艾利斯在美国创立，是认知疗法的一种。该理论认为，人们的情绪是由人的信念所引起的，而不合理的信念往往使人们陷入情绪障碍之中。

### （一）理性与非理性的标准

理性是指帮助人们达到其基本目标及目的的那些品质。它的标准是：实际的，合乎逻辑的，与现实经验一致的。相应的，非理性的标准就是：阻止人们去获取他们的基本目标和目的，不合逻辑，与现实经验不一致的。只有理性地认知情绪，才能有效地认知情绪。

视频：不良情绪的调试——情绪ABC理论

### （二）不合理信念

在很大程度上，我们对环境中事件的知觉和评价决定了我们的事件的情绪和行为反应。人们在生活中所引起的讨厌的事件或"压力源"被贴上"痛苦"或"压力"的标签，并非由这些事件或"压力源"引起，而主要是由人们的某些不合理信念造成的。事情本是无所谓好，但当人赋予它自己的偏好、欲望和评价时，便有可能产生各种无谓的烦恼和困扰。这也解释了为什么面对同样的事情不同的人会有不同的反应，或者换种想法就换种心情的道理。

一般地，我们将不合理信念的具体特征概括为三类：第一，通常与必须、应该这类词联系；第二，以偏概全的不合理的思维方式，如一无是处；第三，对事物的可能后果非常害怕、灾难性的预期，如糟糕至极。伯恩斯等人罗列了一些常见的不合理信念，大家可以比照自身，看看会有哪些发现和认识。

（1）要么全都好、要么全都不好的思想。

（2）过分地以偏概全，把一件坏事当作总是失败的模式。

（3）心思过虑，只关注和思索某一处负面的细节。

（4）否定许多正面的经历，坚持说那些不算什么。

（5）急于下结论，没有事实仍然作出负面解释。

（6）猜测别人的想法，认为别人对自己不怀好意。

（7）预期事情变糟，感到自己的预言确是已成的事实。

（8）无限夸大一些事，忽视另一些事。

（9）永远假定自己的负面情绪是因为真有其事。

（10）常用应该或不应该、一定要如何才来促进自己。

（11）不关注自身错误原因，而是为自己加负面标签。

（12）不合理地视自己为一个负面事件的原因。

### （三）理性认知情绪的方式

如果大学生能够对生活中的灾难、挫折和不幸采用理性分析、灵活处理，但并不把他们理性的需要和愿望总结为僵化的"必须""应该"或"一定"时，他们就会得出现实的结论。这些结论一般采取以下方式：

（1）表现出忍耐。例如，我当然希望……但如果不行，我也可以接受，不是非要那样不可。

（2）百分比的思维模式。这种思维模式使人能够容忍黑白之间的灰色地带，判断是非对错时以百分比进行分割，而不是"一刀切"、一概而论。

（3）明白人无完人，对事不对人。因为能够容忍人的错误与缺点，知道没有什么人或事会是百分之百的完美，所以能够允许自己或别人的过错甚至失败。即便发生了特别不如意的事情，也不会影响对某人客观的评价。

（4）对恶劣情况的非极端评价。例如，这不是我所希望的，这样很不好，但不可怕，没有糟糕透顶。

【扩展阅读】

### 给你情绪健康的 9 条建议

是时候给出最后的建议了，与其等压力或疾病自己找上门时再去应付，不如设定目标来健康地组织你的生活。下面的 9 步可以带来更多的快乐，可以作为一种指导，鼓励你更加积极地生活，并为你自己和他人创建一种更加积极的心理环境。

（1）永远不要说关于你的不好的事情。寻找那些你采取行动就可以改变的不快乐的根源。只给你自己和他人建设性的批评意见及应该采取什么措施得到你想要的东西？

（2）将你的反应、想法和感受同你的朋友、同事、家庭成员以及他人进行交流，从而估计出自己行为的适宜性以及你的反应同适宜的社会规范的关系。

（3）结交志趣相投的朋友，你可以同他们分享感受、快乐和忧虑。致力于发展、保持和拓展你的社会支持网络。

（4）发展一种平衡时间的观点，从而可以灵活地对待你的工作、环境的要求和自身需求。有工作在手时请面向未来；有快乐在握时请珍惜现在；和老朋友相聚请珍惜过去。

（5）对自己充满信心。清楚地了解你独特的、与众不同的品质，哪些你可以提供给他人的品质。例如，一个害羞的人可以专注地倾听一个善谈者。对方能了解你的个人优势从而可以有效进行应对。

（6）学会换位思考当你感觉情绪就要失去控制时，请用离开使你不快的环境，或者换位思考一下，或者设想未来当问题得以解决时的情境，或者找人倾诉。请允许你自己感受和表达自己的情绪。

（7）失败和失望有时是伪装下的祝福。它们可以告诉你目标可能并不适合你，或者避免你遭受将来更大的失败。吃一堑，长一智。遭受挫折后说一句"我犯了个错误"，再继续前进。你所经历的每一次事故、不幸和挫折实际上都是一个潜在的美妙机会，只是它们未以真面目示人。

（8）求助外界力量的帮助。如果你发现你无法使自己或他人走出抑郁，那就向学校或社区的健康部门受过训练的专业人员寻求建议。在某些情况下，有些看上去的心理问题实际上是生理问题，有些则正好相反。在你需要它们之前先了解一下你的学生心理健康服务内容，而在运用它们时也不必有任何疑虑。

（9）培养健康的爱好。花些时间去放松、去反省、去重拾兴趣、去放风筝、去享受你的爱好、去进行一些你可以独处的活动，以及那些你可以做到并能享受其间的活动。

【想一想】

读读下列的文字，谈谈给了你怎样的启示：

### 握住属于你的快乐钥匙

一个成熟的人会握住自己快乐钥匙，他不期待别人使他快乐，反而能将快乐与幸福带给他人。每人心中都有一把"快乐的钥匙"，但我们却在不知不觉中把它交给别人掌管。一位女士抱怨道："我活得很不快乐，因为先生常出差不在家。"她把快乐的钥匙放在先生手里。一位妈妈说："我的孩子不听话，令我很生气！"她把钥匙交在孩子手中。男人可能说："上司不赏识我，所以我情绪低落。"这把快乐钥匙又被塞进老板手里。婆婆说："我的媳妇不孝顺，我真命苦！"年轻人从文具店走出来说："那位老板服务态度恶劣，把我气炸了！"这些人都做了相同的决定，就是让别人来控制他的心情。当我们允许别人掌控我们的情绪时，我们便觉得自己是受害者。对现状无能为力，抱怨与愤怒或为我们唯一的选择。我们开始怪罪他人，并且传达一个讯息："我这样痛苦，都是你造成的，你要为我的痛苦负责！"此时我们就把这一重大的责任托给周围的人，即要求他们使我们快乐。我们似乎承认自己无法掌控自己，只能可怜的任人摆布。这样的人使别人不喜欢接近，甚至望而生畏。一个成熟的人会自己握住快乐的钥匙，他不期待别人使他快乐，反而能将快乐与幸福带给别人。他情绪稳定，能够为自己负责，和他在一起是种享受，而不是压力。圣经告诉我们要"常常喜乐，不住的祷告，凡事谢恩。"你的钥匙在哪里？在别人手中吗？快去把它拿回来吧！

【本章小结】

（1）情绪是指人们在内心活动过程中所产生的心理体验，是人们在心理活动中，对客观事物是否符合自身需要的态度体验。

（2）情绪的构成包括生理唤醒、主观体验和外部表现三部分。

（3）从情绪形成与发展的角度，可将情绪分为基本情绪与社会情绪；依据情绪强弱、持续时间长短等因素还可以将情绪状态划分为心境、激情、应激三种形态。

（4）情商包含五个主要方面：了解自我、自我管理、自我激励、识别他人的情绪、处理人际关系。

（5）情绪具有重要的功能，主要分为适应功能、调控功能、激励功能和健康功能。

（6）大学生的情绪具有丰富性和复杂性、波动性和两极性、冲动型和爆发性、外显性和内隐性等特点。

（7）大学生健康情绪有以下五个标准：情生有因、情绪强度适度、情绪反应稳定、心境愉悦、情绪能自我调整。

（9）良好的情绪可以通过积极乐观的生活态度、对未来的憧憬、与人交往和实践活动来培养。

（10）大学生常见的不良情绪有：抑郁、焦虑、愤怒、嫉妒和冷漠。

（11）不良情绪的调适方法有宣泄法、转移法、自我暗示法、升华法、环境陶冶法。

（12）合理情绪疗法认为，人们的情绪是由人的思维、人的信念所引起的，而不合理的信念往往使人们陷入情绪障碍之中。只有理性地认知情绪，才能有效地认知情绪。

## 【思考题】

（1）我们应该怎样科学管理自己的情绪？

（2）以往遇到情绪问题时你会怎样处理？现在有什么新的想法？

## 【心理自测】

### 情绪健康自我检查量表

该测验共有30道题，每道题都有3种答案可以选择，请你从中选出与自己的实际情况最相近的答案。

（1）你看到最近一次自己的照片有何想法？

A. 感到不称心　　　　　B. 觉得很好　　　　　C. 觉得还可以

（2）你是否想到若干年后有什么使自己极为不安的事？

A. 经常想到　　　　　B. 从来没有想到过　　　C. 偶尔想到过

（3）你被朋友、同学起过绰号、挖苦过吗？

A. 常有　　　　　　　B. 从来没有　　　　　C. 偶尔有过

（4）你上床以后，是否经常再起来一次，看看门窗是否关好，以及其他诸如此类的事情？

A. 经常如此.　　　　　B. 从不如此　　　　　C. 偶尔如此

（5）你对与你关系最密切的人是否满意？

A. 不满意　　　　　　B. 非常满意　　　　　C. 基本满意

（6）在半夜的时候，你经常觉得有什么值得害怕的事吗？

A. 经常有　　　　　　B. 从来没有　　　　　C. 偶尔有

（7）你是否因梦见可怕的事而惊醒过？

A. 经常有　　　　　　B. 从来没有　　　　　C. 极少有

（8）你是否曾经有过多次做同一个梦的情况？

A. 有过　　　　　　　B. 没有　　　　　　　C. 记不清

（9）是否有一种食物，你吃后会呕吐？

A. 有　　　　　　　　B. 没有　　　　　　　C. 不清楚

（10）除了看见的世界外，你心里有没有另外一种世界？

A. 有　　　　　　　　B. 没有　　　　　　　C. 不清楚

（11）你心里是否时常觉得你不是现在的父母所生的？

A. 时常有　　　　　　B. 没有　　　　　　　C. 偶尔觉得

（12）是否曾经有一个人爱你或尊重你？

A. 是的　　　　　　　B. 不曾　　　　　　　C. 说不清

(13) 你是否经常觉得你的家人对你不好，但是你又确知他们的确对你好呢？

A. 是的            B. 不是            C. 偶尔

(14) 你是否觉得没有人了解你？

A. 是的            B. 不是            C. 说不清

(15) 早晨起来时，你最常有的感觉是什么？

A. 忧郁            B. 快乐            C. 说不清

(16) 每到秋天，你经常的感觉是什么？

A. 秋雨霏霏或枯叶满地    B. 秋高气爽或艳阳天    C. 不清楚

(17) 你在高处时，是否觉得站不稳？

A. 是的            B. 不是            C. 偶尔有

(18) 你觉得自己很强健吗？

A. 不            B. 是的            C. 不清楚

(19) 你一回家就立刻把房门关上吗？

A. 是的            B. 不是            C. 不清楚

(20) 当你坐在房间里把门关上后，觉得心里不安吗？

A. 是的            B. 不是            C. 偶尔

(21) 当你需要对一件事做决定时，是否觉得很难？

A. 是的            B. 不是            C. 偶尔

(22) 你常用抛硬币、玩纸牌、抽签之类的游戏来测凶吉吗？

A. 是的            B. 不是            C. 偶尔有

(23) 你常常因为碰到东西而跌倒吗？

A. 常常            B. 没有            C. 偶尔

(24) 你是否每晚要一个多小时才能入睡，或醒得很早？

A. 经常            B. 从不            C. 偶尔

(25) 你是否看到、听到或感觉到过别人觉察不到的东西？

A. 经常            B. 从不            C. 偶尔

(26) 你是否认为自己有超越常人的能力？

A. 是的.            B. 没有            C. 在某些方面

(27) 你曾经觉得有人跟着你走，因而心里不安吗？

A. 是的            B. 没有            C. 不清楚

(28) 你是否觉得有人在注意你的言行？

A. 是的            B. 没有            C. 不清楚

(29) 当你一个人走夜路时，你是否觉得前面潜藏着危险？

A. 是的            B. 没有            C. 不清楚

(30) 你对别人自杀的行为有什么想法？

A. 可以理解            B. 不可思议            C. 不清楚

记分方法：

选 A 得 2 分，选 B 得 1 分，选 C 得 0 分。将你的得分统计出来，看看总分是多少。对照下面的评价表，便可知道你的情绪的稳定性程度和健康水平。通常得分越低，稳定性越好，情绪越健康；而得分越高，稳定性越差，情绪越不健康。

测试结果：

0～20 分：情绪稳定，自信心强；有一定的社会活动能力，能理解别人的心情；个性爽朗，受人欢迎。

21～40 分：情绪基本稳定，但较为深沉、冷静；自信心受到压抑，处事淡漠消极；遇事瞻前顾后，容易错失良机。

41 分以上：情绪极不稳定，日常烦恼太多，心情常处于紧张和矛盾之中。若在 50 分以上，则是一种危险情绪信号，需要寻求专业心理咨询师的帮助。

## 【推荐资源】

### 书籍：《积极情绪的力量》

推荐理由：我们每个人都如一枝玉簪花，积极情绪为我们洒下阳光和雨露，消极情绪带来狂风和暴雨。没有了积极情绪，我们会很快枯萎凋零，而没有适当的消极情绪，我们也会不堪一击。获取和调整情绪是我们与生俱来的天赋，我们可以通过自己的努力，实现欣欣向荣的美好未来。要想获得完满的人生，你必须借助积极情绪的力量。积极情绪会扩展我们的思维和视野，建构帮助我们成功的各项资源。积极情绪为我们带来健康，让我们更加坚韧，并抑制无端的消极情绪。最重要的是，我们都可以通过努力来提高自身的积极情绪。

### 书籍：《让你快乐起来的心理自助法》

推荐理由：你有一些与生俱来的让你陷入严重焦虑、抑郁、愤怒、自我憎恨和自我怜悯的倾向性，你是如何毫无必要但又荒谬无知地让这些倾向性一直伴你左右的。你能够改变导致你烦恼的思想、情感和行为，让烦恼远离你，也让你不再那么轻易就自我攻击吗？你可以长期而有效地坚持使用理性情感行为疗法，一直到你能够运用自如，习惯成自然吗？这样，当生活中的消极因素出现时，或者说你让它们出现时，你就能从这些消极因素中跳出来、远离烦恼。

### 电影：《美丽人生》

推荐理由：意大利一对犹太父子被送进纳粹集中营，父亲不忍年仅 5 岁的儿子饱受惊恐，利用自己丰富的想象力编造了一个美丽的谎言，说他们正身处一个游戏当中，必须接受集中营中种种规矩以换得分数赢取最后大奖。影片笑中有泪，将一个大时代里小人物的故事，转化为一部扣人心弦的悲喜剧。该影片荣获奥斯卡最佳外语片奖和其他多个国际大奖。

# 第七章　学习恋爱　健康交往

## 【知识点导读】

爱情是人类永恒的主题。古今中外有数不清的文人墨客对爱情进行过各种各样的描述和歌颂，但是不管如何去描述，似乎都不能完全说清楚爱情到底是什么。通过学习本章，大学生可以了解自身性心理和生理的发展，认识恋爱心理的特点，了解大学生在恋爱心理和性心理方面存在的问题，从而形成对恋爱心理和性心理的正确认识。

## 【教学内容】

（1）了解大学生恋爱心理的特点及常见问题。
（2）认识性心理的发展规律及大学生性心理的特点。
（3）掌握大学生性心理问题类型及其调适方法。
（4）培养健康恋爱观和择偶观。

## 【素质目标】

引导大学生形成健康的爱情观念，体会大家与小家的辩证关系，认同高尚道德。

## 第一节　认识爱情
### ——大学生恋爱心理概述

## 【引导案例】

### 是爱还是伤害

李贺和王静是同所大学的同班同学，刚开始，在班上为数不多的几个男生中，王静看李贺比较顺眼，因此关注他也就相对多一点。后来知道李贺喜欢班上另一个女生，王静对此虽然不是很开心，但也并没有很大的感觉，只是从心里打消了喜欢李贺的念头。可是后来李贺和那名女生并没有成功，而王静心里也并没任何想法。到了大二，李贺和王静接触渐渐多了起来，又加上两边朋友的一些撮和，两人互有好感的事实就这么被公开了出来。本来两个人可能都没想过谈恋爱这个问题，现在就这样半推半就地被拉到了一起谈恋爱。

视频1：爱情是什么

本来两人相处也很好，似乎并没有什么问题。班上另一个男生陈亮也向王静表明了心意，陈亮是王静在认识李贺之前出现的，因为各方面条件的限制，王静从没想过和陈亮会有可能。从那以后，王静一直处于矛盾纠结之中。她不知道自己到底更喜欢谁，两个男生她谁也放不下。王静把情况告诉了李贺，她第一次感觉到李贺是这么爱她，他哭了，哭的那么伤心……陈亮肯定也同样痛苦。王静不知所措了，最后她深思熟虑后选择了陈亮。对李贺而言，这样的打击使他受不了，他一直苦苦哀求王静能回到他身边，可是王静这次真的想跟着自己的心走，她感觉自己懂了什么是爱而什么是喜欢，可李贺却说是王静让他懂得了什么是爱，他怎么也不肯放手。那段时间，两个人都没有心思学习，李贺说要等王静静回心转意，后来又觉得无望，放弃了这份等待。后来李贺因为冲动、不成熟做出了一些过激的事，他开始恨王静，说了好多诋毁王静的话，说自己看错了人。

爱情是人际吸引最强烈的形式，是心理发展到一定程度的个体对异性个体产生的有浪漫色彩的高级情感。心理和生理趋于成熟的大学生们渴望爱情，校园爱情是他们大学生活中的重要一课。

# 一、关于爱情

爱情是人类特有的一种高尚的精神生活，是男女之间基于一定的社会关系和共同的生活理想，在各自内心形成的对对方最真挚的倾慕，并渴望对方成为自己终身伴侣的最强烈的感情，是两颗心灵相互向往、吸引、达到精神升华的产物。

视频：爱情的心理特征与爱情三元理论

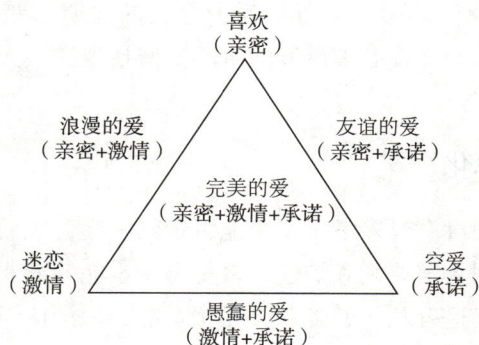

亲密是指在爱情关系中能够引起的温暖体验；激情是爱情中的性欲成分，是情绪上的着迷；承诺指维持关系的决定期许或担保。这三种成分相互交织，构成了喜欢式爱情、迷恋式爱情、空洞式爱情、浪漫式爱情、伴侣式爱情、愚蠢式爱情、完美式爱情等七种类型，如图7-1所示。

图7-1 斯滕伯格的爱情三角理论

## （一）激情

激情是一种"强烈地渴望跟对方结合的状态"。通俗地说，就是见了对方，会有一种怦然心动的感觉，和对方相处，有一种兴奋的体验。性的需要，是引起激情的主导形式。激情有积极和消极两方面。积极的激情能激励人们克服困难，攻克难关；消极的激情对正常的活动具有抑制作用或引起冲动行为。只有拥有正确的思想认识、高尚的道德品质和坚强的意志，人们才能控制自己消极的激情。

### （二）亲密

亲密具有热情、理解、交流、支持及分享的特点，具体包含以下 10 个基本要素：①渴望促进所爱的人的幸福。主动照顾所爱的人并努力促进他/她的幸福。②跟所爱的人在一起时感到幸福。③在一起做事情时的美好记忆能成为艰难时刻的慰藉和力量，共同分享的美好时光会回溯到互爱关系中并令其更加美好。④看重和尊重对方，在艰难时刻能够依靠对方，在危急时刻希望能同舟共济。⑤互相理解。⑥乐意分享自我和自己的占有物。⑦能从所爱的人那里得到感情上的鼓舞和支持，特别是在身处逆境时。⑧能够给予爱的人以感情上的支持。⑨能够跟爱人进行深层次和坦诚的沟通，分享内心深处的感情。⑩珍重所爱的人，充分感到对方在共同生活中的重要性。

### （三）承诺

承诺有短期承诺和长期承诺。短期方面就是要做出选择：爱还是不爱。长期方面则是作出维护这一爱情关系的承诺，包括对爱情的责任心和忠诚度，是一种至死不渝、患难与共的承诺。

亲密、激情、承诺共同构成了爱情三要素，缺少任何一个都不能称之为爱情。建立一段稳定、持续的爱情，需要恋爱双方用心去培育、呵护。

## 二、大学生恋爱心理特点

大学生的年龄一般为 18 ~ 23 岁，正处于对异性的向往期向恋爱择偶期的过渡阶段，是从不成熟的恋爱心理向成熟的恋爱心理过渡的阶段。概括地说，大学生在恋爱的态度、行为和方式上具有以下心理特点。

### （一）恋爱动机简单化

更多的大学生在恋爱中没有过多考虑将来能否走到一起，他们看重恋爱的过程，轻视恋爱的结果。他们恋爱，是因为需要爱和被爱，多是出于本能的喜欢和吸引。

大学生注重恋爱过程，这有利于恋爱双方互相了解、加深认识，也有利于恋人之间感情的培养和增加心理相容度。恋爱简单化反映出大学生恋爱没有太强的功利色彩，目的单纯，看重爱的真谛。另外，大学生们只注重恋爱过程，强调爱的"现在进行时"不考虑爱的"将来完成时"，则是缺乏爱情责任意识的表现。还有一部分大学生出于从众或虚荣心理，把恋爱当作一种充实课余生活，排解寂寞，摆脱空虚的手段。

## （二）恋爱的不成熟与不稳定性

有的大学生一进入大学就开始寻觅异性，开始谈恋爱，由于社会阅历浅、思想单纯，对于自己的人生目标和定位不是很清晰，因此对待恋爱问题简单、幼稚、不成熟。在选择恋爱对象时重外表，轻内在；在恋爱方式上，重形式，轻内容；在恋爱行为中，重过程，轻结果。重享乐，轻责任。这种恋爱问题上的不成熟性，经济上的尚未独立。恋爱过程中感情和思想易变，妥善处理恋爱挫折的能力缺乏，容易造成恋爱的周期性中断，导致恋爱的成功率较低。

## （三）恋爱观念开放，不受传统束缚

当代大学生的恋爱观念日益开放，不愿接受传统恋爱观念的束缚，恋爱方式开始公开化。有的大学生在公共场所旁若无人地做出过分亲密的动作。很多大学生不能正确处理感情和性的关系，不能够成熟理智地对待自己的情感问题，只愿享受爱情的甜蜜，忽略爱情背后的责任，从而引起一系列的问题。

## （四）自控力与抗挫折能力差

绝大多数大学生能够正确看待学业与爱情的关系，希望学业和爱情双丰收、具有理智的爱情观。但很多事实表明，很多大学生缺乏理智处理感情事件的经验和心态，一旦陷入热恋中，往往不善于控制自己的情感，缺乏理智的驾驭能力，对恋爱对象过分依赖，稍有波折就痛苦万分。一旦恋爱受挫。经常会情绪失控，陷入痛苦无法自拔，对学习造成严重影响。由于缺乏相处经验，很多大学生不能互相迁就对方，不能够从容理智地处理爱情过程中遇到的各种问题。可见，摆正学业与爱情的关系，正确处理感情中遇到的问题，是恋爱中的大学生迫切需要学习和面对的问题。

【扩展阅读】

### 恋爱中的化学作用

对于恋爱中的男女来讲，爱情就是朝夕相处之后自然而然产生的东西或是一见钟情时的倾心，只关乎情感，无关乎其他学科。而实际上，人的大脑所产生的关于爱情的一切情感，都与化学有着密切的关系。你的男朋友对你忽冷忽热，你的女朋友对你不太依赖，你的哥们不是刚换女友就是在换女友的路上……这些看似与爱情观才有关系的问题，其实与一些化学物质关系更大一些。那恋爱中的化学作用你知道吗？恋爱中的化学作用又有哪些呢？

1. 苯基乙胺——爱情的基础

爱情的基础是什么？是日久生情的时间累积，还是一见钟情的首次印象？对于化学家们来说，爱情的基础就是苯基乙胺。只要一个人的头脑之中产生足够多的苯基乙胺，爱情自然而然地就出现了。而且，当人遇到危险的时候，苯基乙胺的分泌水平也会随之提高，这也成了英雄救美的戏码能够源远流长的重要依据，因为在危急时刻之下，高水平的苯基乙胺会让你更加容易产生对另一个人的爱意。

2. 多巴胺——爱情的调味剂

多巴胺可以说是爱情重要的调味剂，它的产生能够给人带来欢愉感，也会带来一些出乎意料的行为，也就是"爱情的冲动"。当一个人分泌了足够多的苯基乙胺，对另一个人产生了爱情之后，再度让他看这个人的图片，他的体内会分泌出更多量的多巴胺。

### 3. 去甲肾上腺素——爱情的迷药

爱上了一个人是什么感觉？心跳加速？手足无措？如果出现这样的情况，那就是体内的去甲肾上腺素在作怪。高浓度的去甲肾上腺素的作用类似于酒精与麻醉剂，能够让人陷入爱情的漩涡，让人沉迷于恋爱的感觉而不能自拔。但是不幸的是，去甲肾上腺素并不会永久地存在人的体内，它的存在只有一段时间的高峰期，有人是半年，也有人是五年。当去甲肾上腺素回归平均水平时，人们对待爱情的态度也将恢复平静。

### 4. 内啡肽——爱情的稳定剂

对于即将走进婚姻的爱人们来说，两人间的关系不会只有激情，而是拥有更加长远的情感关系。这时，人们就需要更多的内啡肽——这种类似于镇静剂吗啡的物质。内啡肽不仅能够降低夫妻们在婚姻中的焦虑感，增加温馨、宁静、亲密的感觉，更重要的是它还能够让人上瘾。这也是为什么一些夫妻能够在很长的时间内都保持幸福婚姻状态的原因。而对于身体天生缺少内啡肽的人来说，一段稳定而又长久的爱情就显得十分奢侈，这时候他们就会通过不断的"恋爱—分手—再恋爱—再分手"的循环来寻得新的激情和满足。

【课堂活动】

#### 爱情观调查表

1. 调查目的

爱情观大调查帮助成员澄清对爱情的认识，了解影响爱情的因素。

2. 具体做法

（1）每人完成一幅"理想中的爱情"绘画，分小组讨论、分享。

（2）完成《大学生恋爱观问卷》，讨论、分享第5、7题。

#### 大学生恋爱观问卷

Q1. 你的性别？

A. 男　　　　　　　　　B. 女

Q2. 你对大学生恋爱的态度？

A. 赞成　　　　　　　　B. 反对　　　　　　　C. 无所谓

Q3. 你现在的恋爱状况是什么样的？

A. 正在恋爱中

B. 曾经有过恋爱的经历

C. 目前单身，如果有了合适的也可以考虑

D. 不准备在大学阶段谈恋爱

E. 其他（写出具体原因）

Q4. 如果你目前处于单身状态，请回答你单身的原因是什么（多选）？

A. 性格内向、不善表达

B. 人际圈子小，认识的人有限

C. 外形不出众

D. 个人对恋爱对象要求比较高

E. 主观上不想谈恋爱

F. 家庭条件或经济原因限制

G. 其他（具体原因）

Q5. 你认为大学期间恋爱的目的是什么（多选）？

A. 寻找真爱

B. 选择终身伴侣的前奏，是以共同生活为目的的

C. 为了大学期间学习和生活上的互助

D. 为了排解空虚和寂寞，没有过多考虑将来

E. 满足生理需求

F. 随大流

G. 为了面子

Q6. 在你的恋爱观中，你选择男（女）朋友时，长相因素所占的比例为多少？

A. 80%                          B. 50%

C. 30%                          D. 10%

Q7. 你选择恋人最看重对方的哪些方面（可多选）？

A. 人格、品行

B. 性格、爱好

C. 身材、相貌

D. 家庭背景和经济条件

E. 世界观、价值观、人生观

F. 才智、头脑

G. 未来发展潜力

H. 其他你认为的重要因素

Q8. 如果你遇到喜欢的人，会主动追求吗？

A. 会大胆主动追求

B. 会有所暗示

C. 觉得不好意思，静观而已

D. 不知道自己会怎么做，还没遇到过

Q9. 大学阶段谈恋爱能接受的尺度是什么？

A. 牵手，拥抱              B. 接吻              C. 同居

Q10. 你认为恋人间在开销方面应该怎样分配？

A. 男方花费较女方多

B. 女方花费较男方多

C. 较富裕方花费较多

D. AA 制最公平

Q11. 每个月平均在谈恋爱上的消费支大概是多少（单身的话，预算是多少）？

A. 100 元以下　　　　B. 100～500 元　　　　C. 500～1000 元　　　　D. 1000 元以上

Q12. 恋爱期间开销的主要方面有哪些？

A. 吃饭　　　　　　　　B. 娱乐　　　　　　　C. 送礼物

D. 亲密关系消费　　　　E. 旅游　　　　　　　F. 交通费

G. 通信费

Q13. 女（男）朋友在你心目中的地位怎么样？

A. 坚实的后盾，温馨的港湾

B. 额外的助力

C. 有就行，没考虑太多

Q14. 你所期待的理想爱情是什么样的？

A. 偶像剧里的浪漫爱情

B. 经典文学作品里的刻骨铭心的爱情

C. 像父母一辈那样传统的爱情

D. 柏拉图式的精神恋爱

E. 其他（请写出你理想中的爱情）

Q15. 你如何看待大学生恋爱对自身的影响？

A. 恋爱令自己学习、生活更有动力

B. 分散精力，浪费时间，成绩下降

C. 只是"两人"的世界，脱离集体

D. 影响正常的异性交往

E. 因人而异

Q16. 如果恋爱和学业发生冲突，你会如何处理？

A. 以学业为重

B. 学业诚可贵，爱情价更高

C. 尽量使两方面都能顾及

D. 不好说

Q17. 你认为你恋爱后和其他异性朋友的关系是什么？

A. 一切如故

B. 没有以前好

C. 保持距离

D. 由恋人决定

Q18. 你觉得大学期间恋爱面临的最大问题是什么？

A. 年轻不懂爱情，容易选择错误

B. 毕业之后难在一起

C. 承受很大的经济压力

D. 其他（写出你认为重要的问题）

Q19. 你最看重恋人的哪些品质？（多选）

A. 坦诚信赖　　　　B. 责任心　　　　C. 尊重

D. 真诚　　　　　　E. 慷慨　　　　　F. 忍耐宽容

G. 浪漫幽默　　　　H. 开朗乐观

I. 其他（写出你认为重要的其他因素）

Q20. 你认为恋爱与婚姻的关系是什么？

A. 恋爱应以结婚为目的

B. 恋爱不一定要结婚，过程最重要

C. 恋爱是恋爱，结婚是结婚

D. 没有考虑过，为时太早

E. 其他（写出你认为的关系）

Q21. 如果你失恋了，会有什么变化？

A. 积累经验

B. 旧的不去新的不来

C. 大受打击，情绪低落

D. 得以解脱，用心学习

E. 没有影响

# 第二节　爱与哀愁

## ——大学生常见的恋爱困扰及调适

### 【引导案例】

#### 朋友和恋人

周晓东跟张甜甜是一对恋人。周晓东还有一个关系很好的女同学琳琳，周晓东很开心有琳琳这样一个女性朋友，两个人可以无话不谈。但是张甜甜对他们的关系感到非常不满，认为他们过于亲密，而且说男女之间不存在什么纯洁的友谊，周晓东原本也没想这些，但是，他逐渐有了一些疑惑，因为他和这个女同学所分享的内心世界的东西比恋人还要多，他和琳琳之间的感情是不是已超出了友谊的范围，是不是已发展成为爱情了呢？

视频：常见的恋爱困扰

大学生谈恋爱已经成为一种普遍的现象，由于大学生心理不成熟，社会经验少，因此在恋爱过程中经常出现这样那样的问题，这对大学生的感情、生活、学业造成较多不利的影响。因此，帮助大学生走出恋爱的心理困境，对大学生的自我剖析、自我成长有重要意义。

## 一、寂寞与爱情

由于种种原因，大学生离开父母、家人、朋友来到新的环境、对新环境不适应时，常会陷入孤独寂寞之中，有的大学生会不自觉地希望寻求异性知己，试图以"爱情"来抚慰自己，排解寂寞，寻求寄托，也就是"寂寞期的恋爱"。美国社会心理学家弗洛姆曾说过："人的孤独使人很容易沉溺于爱情，这丝毫没有什么神秘之处，相反它倒是极易获得也极易失去的东西。"

爱一个人就是关心对方，对他/她的生命负有责任感，而且对他/她全部人性的力量的成长和发展负有责任感。恋爱动机应是出于恋爱本身，而不是为了弥补内心的寂寞、空虚、孤独。在开始一场恋爱之前，我们应该分清究竟这场恋爱是为了排解寂寞还是发自内心真正的喜欢。在你还没做好准备去爱一个人的时候，宁愿寂寞，也不要因为私欲而去伤害一个真心爱你的人。

## 二、虚荣与爱情

虚荣心是一种情感反映，它反映着人内心的一种需要。美国心理学家马斯洛的需要层次理论提出，需要是人的心理活动的基本动因，人的需要有各种不同的层次和广泛的内容，包括受他人尊重的需要。虚荣心理是个体试图以追求名誉、荣耀等表面的光彩，来满足自尊需要的心理。谈一场恋爱，有一个让人羡慕的男朋友或女朋友，便满足了这种需要。

有的同学谈恋爱，更多看重的是对方物质上的给予，喜欢攀比，并以此作为自己炫耀的资本。没有爱情支撑的关系，是难以长久维系的。爱情不是一种虚荣，要时刻拿出来在众人面前炫耀；爱情不是一件美丽的衣裳，要穿在外面给众人欣赏；爱情不是一项任务，要在规定的时间完成。爱情是一个人的事情，你幸福或者不幸福，只有你自己知道。

## 三、好感与爱情

好感与爱情是大学生异性交往中，经常遇到又难以区分的两种感情。个体在性发育成熟时，便开始被异性吸引，产生好感，开始有寻求异性交往的需要。现实中，大学生容易将这种男女之间相互对异性的吸引、好感等同于爱情。好感尽管是爱情产生的必要前提，但并不说异性之间凡有好感便可产生爱情。异性之间的好感是广泛的、无排他性的；而爱情则是专一的、有排他性的、具有性爱的因素。好感常常表现为人们一时出现的情绪感受；而爱情则是在长时间的了解中形成的。

好感是很容易就产生的，也可以同时对很多个人产生；而真正的爱情，真正的喜欢只会对一个人产生。真正爱上一个人之后，会有以下这些感觉：

（1）成天想见到他/她。爱上一个人之后，就会在心底时时刻刻都惦记着他，总是想要跟对方见面。

（2）莫名想要关心他/她。爱上一个人之后，总是希望他/她可以过得更好一点，总是会担心他/她自己照顾不好自己，所以总是莫名其妙地想要关心他/她。

（3）想看到他/她开心的样子。对一个人有好感，可能只是想要跟他/她待在一起，希望他/她可以给自己带来快乐。但是真正爱上一个人，就是想要跟他/她待在一起，希望自己能够给他/她带来快乐，看着他/她开心的样子，自己心里也会很开心。

（4）希望他/她幸福。真正的爱情就是无私的，就算自己不能拥有他/她，只要看着他/她幸福的样子，自己也会觉得非常满足。

如果你只是偶尔地想要找一个人，只是在自己无聊的时候才会想起对方，在心里对他/她的感觉，也是单纯地想要占有，就说明你对这个人只是好感而已，根本就不是真正的爱情。对待有这样感觉的人，千万不要轻易说爱，因为你很可能会带给他/她伤害。

## 四、友谊与爱情

下面的问题可能是大学生们非常关心也很困惑的：异性间存在不存在纯粹的友谊？异性间的友谊与爱情的关系是怎样的？有同学想问，那个男生为什么总是帮我们打水、买饭？为什么在校园活动中那个女生总是对我特别的关心？在异性相处中，一个动作，一个眼神往往都会被赋予很特别的意义。

本节的引导案例中，该男生的困惑是可以理解的，想必也是许多分不清友谊与爱情的同学的共同困惑。在回答这个问题之前，先来了解一下人际关系发展的基本过程如图7-2所示。在人际关系的发展过程中，按交往双方彼此吸引的过程，从互不相识，到建立友谊，最后发展到亲密关系，可以分为五个阶段。第四阶段就是一般异性间的友谊，到了第五阶段的亲密关系，彼此间的自我暴露越来越多，分享的情感东西会越来越深，如果是同性，就变成知心朋友；如果是异性，又增加了性的需求、奉献与满足的心理，就变成了爱情。

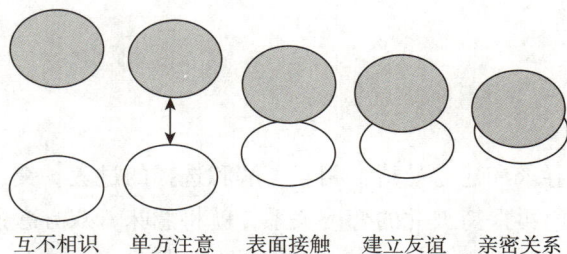

互不相识　单方注意　表面接触　建立友谊　亲密关系

图7-2

本节引导案例中的男生周晓东，与女同学琳琳的交往逐步发展到了第五阶段，也就是彼此分享的东西很多，因此产生困惑是很自然的事。当然，是不是爱情，还要看他们的情感中是否有性的需要等。从人际关系发展的基本过程中我们看到，爱情的基础是友谊，爱情往往从友谊而来。爱情和友谊之间又没有明确的界限，所以有时很难辨别异性间的关系是友谊还是爱情。

## 五、单相思与爱情错觉

单相思是指一方倾心于另一方，却没有得到对方回报的单方面的"爱情"。

爱情错觉则是指双方接触往来关系中，一方错误地认为对方对自己"有意思"，或者把双方正常的交往和友谊误认为是爱情的来临。爱情错觉是单相思的另一种形式，它常会使当事人自作多情，想入非非。

单相思与爱情错觉都是恋爱心理的一种认知和情感上的失误。单相思使某些大学生陷入痛苦的境地，处于烦恼、空虚，甚至绝望之中。处理不好对以后的恋爱、婚姻生活都有消极的影响，陷入单相思的大学生要及时止步，另做选择。要想克服单相思和爱情错觉，重要的是正确理解爱情的深刻含义，用理智驾驭情感，尊重对方的选择。

## 六、多角恋的纠葛

多角恋是一个人同时和两个或两个以上的人建立恋爱关系，是一种不正常也是一种错误的恋爱现象。现实中产生多角恋的形式主要有三种：第一种是双方已经确定了恋爱关系后，出现了第三者，原来双方中的一方在没有和对方断绝恋爱关系的情况下，又主动同第三者建立恋爱关系，看谁最适合；第二种是双方确定恋爱关系后，出现了"第三者"插足，第三者知进不知退，而原来双方中的一方又对第三者采取不明确的态度，致使产生三角关系；第三种是把个人的追求看得高于一切，认为自己愿意跟谁谈恋爱就跟谁谈。

我们要树立正确的恋爱观。恋爱是一件非常严肃的事，但少数大学生不以为然，受西方文化的影响，他们往往对恋爱持一种轻率、随便的态度。但在生活中，爱情不是游戏，否则必将给当事人带来痛苦和伤害。当事人要迅速做出选择，确定进一步交往的对象，采取措施变成"对"的恋爱关系。

## 七、失恋

恋爱是恋爱双方为寻求和建立爱情，相互了解和选择的过程。交往中，一旦双方或者某一方出于某种原因，不愿再保持彼此的恋爱关系，就将意味着双方恋爱的终止。恋爱的一方失去另一方的爱情，这就是失恋。对任何人来讲，失恋都是一种痛苦的情感体验，会或深或浅地造成心理创伤。失恋会使人处于强烈的自卑、忧郁、焦虑、悲愤甚至绝望的消极情绪体验中，有些个体甚至会失去生活的信心或勇气。心理创伤严重的话会造成心理障碍，从此怀疑和不信任任何人，把自己的感情之门永远封闭起来，变得郁郁寡欢；有些个体会看破红尘、自暴自弃，从此消沉；更有甚者双方反目为仇、图谋报复、损人害己。

其实，失恋是一种正常现象。恋爱双方爱情发展顺利可能走向婚姻，发展不顺利就可能走向分手。面对失恋，大学生可以通过以下方式来调节。

### （一）倾诉

失恋者的精神层面遭受到打击、被愤怒、不甘心、遗憾、悔恨，失望、孤独等不良情绪困扰，最好主动找朋友倾诉，或通过写日记把自己的苦闷记录下来，通过这种方式来释放自己的苦恼，寻求心理安慰和精神寄托。

### （二）移情

失恋者学会及时止损，把情感转移到失恋对象以外的人、事或物上。失恋者学着向外去发展朋友关系，去做一直想做但没有做的事，去做自己喜欢的事，把注意力收回来放在自己身上，或投身到大自然的博大胸怀中去。

### （三）疏通

疏通是指借助理智的思考来获得解脱，用具备理性的"我"提醒和战胜感性的"我"，爱情是以互爱为前提的，强求不来，学会尊重自己的感受，同时也学会尊重对方的选择。重拾信心，鼓足勇气，不陷入自我否定和自我怀疑，张开双臂去迎接新的生活。

### （四）升华

失恋者积极面对失恋的态度，会使"自我"得到更新和升华，重新把注意力收回到自己身上，全身心地投入工作、学习、生活中去。许多失恋者因此创造出了辉煌的成就，如贝多芬、歌德、罗兰、牛顿等。

### 【扩展阅读】

阅读一

二维码：怎样区分友谊与爱情

阅读二

#### 失恋后可以怎么做

失恋后你需要怎么做，才能让自己走出这段困难时期呢？

1. 允许自己悲伤

如此亲密的一段关系，突然失去，你的大脑需要时间去适应这段没有多巴胺分泌的日子，所以出现悲伤反应是正常的。千万不要骗自己说"我很好"。如果确实不想他人知道，请一定留出时间与空间，让自己消化这种悲伤的情绪，不要试图控制和压抑这种悲伤的情绪。

2. 不要过多纠缠

如果分手已成既定事实，请试着接受，不要盲目否认或对复合抱有太大的期望（至少不是现在），如果对方告诉你，他/她需要空间，请你不要擅自打扰和纠缠，给彼此一个冷静思考的机会。过多的纠缠、回忆都会让自己沉缅于悲伤、消极的情绪中。请暂时脱离那个让你痛苦的人，以及过去的痕迹和情景。

3. 和朋友家人在一起

失恋后，你需要朋友与家人的情感支持。如果愿意，你可以向他们倾诉，让他们陪伴你度过这段难熬的时期。

4. 理智分析问题

痛苦一阵子后，你应该静下来理智分析一下感情破裂的问题根源。这并不是要去评判是非对错，而是分析这段恋情给你带来的启示——你需要改进什么，怎样的恋情更适合你，如何不让下一段恋情重蹈覆辙。

5. 不要着急投入下一段恋情

如果你还没有真正走出分手的困境，请你打消用新恋情来抚平伤痛的念头。你可以利用这段时间看书、运动、旅游，在保证安全的前提下，为自己的情绪找到出口。

6. 不要用酒精麻痹自己

借酒浇愁可能让你陷入恶性循环，当你醉酒或情绪激动时，可能做出让你更加后悔莫及的行为，因为你的愤怒在酒精的催化下就有可能变成暴力行为。

7. 不要觉得都是你的错

爱情的世界里并没有是非对错，不要觉得分手都是你的错，不要因为失恋而自我怀疑。多对这段逝去的恋情进行自我反省，不仅要找到自己的弱点，还要找到自己的优势与闪光点。

8. 向专业心理咨询师求助

如果以上方法你还是无法帮助你走出失恋的痛苦，请你一定要主动预约专业的心理咨询师寻求帮助。如果你分手后，情绪持续低落超过两个月以上，有强烈的报复心理，甚至出现幻觉，有自杀的想法，请及时预约，进行心理评估和治疗。

# 第三节　不得不说的事

## ——性与爱情

【引导案例】

### 小李的困惑

李佳最近很伤感，因为她的男友离她而去。而让李佳最伤心的是男友分手时说从来没爱过她。李佳感到非常的不能理解，因为她认为他们和其他恋人一样，在一起时会拥抱、接吻，有很亲密的身体接触。因此李佳感到很困惑：她觉得自己是在谈恋爱，因为她觉得只有相爱，才会有身体的接触和亲密的行为。如果没有爱情，那些行为就不可能产生，但是其男朋友竟然认为这不算爱……

拥抱、接吻是一种边缘性的性行为，是恋人间表达爱的一种行为方式。爱情以性生理发育为基础，爱情渴望有身体的亲密接触，但是有爱不一定有性，有性不一定代表就是爱，有了形式上的爱情，并不表明一定有爱和彼此爱得多深。

视频：性心理的
发展规律及特点

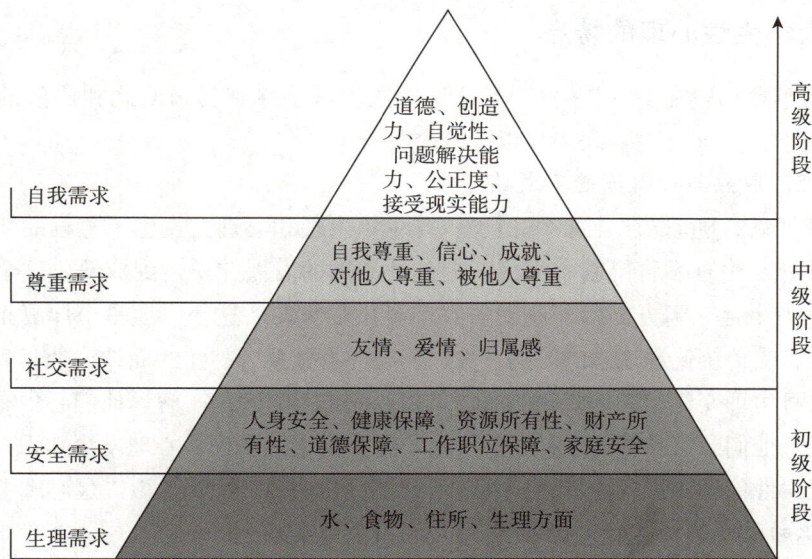

性与爱情的关系是大学生们难以回避而又敏感的一个问题。性是爱情的生理基础，同时性的满足又是爱情的一种渴望。作为一种生理、心理、社会现象的性，伴随着每个个体，深刻地影响着一个人的健康、幸福和人格完善。马斯洛的需要层次理论，如图 7-3 所示告诉我们，生理需求是人类对于爱情的最根本、最初级的需求，而当上升到社交需求层次的时候，男女相互吸引行为基本就可以定性为真正的爱情了。性与爱情密不可分，是我们谈论爱情的时候不得不说的话题，也是每一个大学生自身成长发展过程中都必须面对的重要课题。

图 7-3

## 一、性心理的发展规律和大学生性心理的特点

### （一）性心理的发展规律

青春期性意识的发展一般可分为四个时期。

#### 1. 异性隔膜期

青少年在第二性征出现后的 1~2 年，开始朦胧地意识到两性差别，有出现不安和胆怯

的心理，害怕异性注意自己的变化，男女之间彼此隔膜，就算是青梅竹马，也较少来往。有的孩子在家里还不由自主地隔膜异性。同时，也产生了对性的好奇心和求知欲。

### 2. 异性吸引期

对异性产生爱慕的年龄，男孩一般是 13～14 岁，女孩一般是 12～13 岁。此时，男孩乐于在女孩面前体现自己的实力与能力，以取得女孩的赞叹与喜欢；女孩则显得温柔、文静，开始注意服饰上的修饰和自我打扮，女孩们在一起常会发出尖而细的嗲声、拖长声，互相推攘，以赢得男孩的关注和喜欢。

### 3. 异性向往期

15 岁之后的青少年开始加快向成人过渡，在对异性产生喜欢的基础上形成一个或几个异性的"理想模型"。在大多的男女青少年来往中，由对群体异性的垂青转向对个别异性的留恋，有一些还形成了一对一的"专情"关系，萌生恋情。

### 4. 择偶尝试期

进入大学的青少年，对异性的向往和爱慕有了排他性，进入恋爱择偶尝试期。男女双方开始用各种方法接近异性，以引发特定异性的关注与喜欢。

## （二）大学生性心理的特点

大学生的年龄一般在 18～23 岁，正处于性意识从萌芽到日渐明确和成熟的阶段，他们的性心理活动丰富多样，主要表现出以下几个特点。

### 1. 性生理的成熟与性心理的不成熟

进入青春期后，随着第二性征的出现，青少年生理和心理上发生了急剧的变化。在这一阶段，性的成熟与生理发育已基本完成，但是性心理的发展并未达到成熟。这个阶段的大学生好像一台马力十足，但方向盘与制动器并不灵敏的汽车。这一时期是个体真正发现自我的时期。在我国，受传统伦理观念的影响，性的问题一直被蒙着神秘的面纱，处于青春期的大学生渴求了解自身生理变化和心理变化的一切奥秘，渴求对异性的了解，他们心中有很多的疑惑等待找到答案。他们会借助各种途径和手段去了解青春期性生理、心理发育知识，与异性交往的礼仪与方式，性伦理知识，性传播疾病防治知识，性法律知识等，以满足心理上的需求。

### 2. 性意识的强烈性与表现的隐蔽性

进入青春期，大学生性机能的发育成熟导致性意识的发展，两性开始出现关注和情感上的吸引，有彼此接近的倾向和需求。随着性机能的成熟，性欲望和性冲动会表现得强烈一些，这是身体发育中的正常生理和心理现象。尽管性的生物性需求渴望得到最直接的满足，但人生活在社会中，性既有自然属性，又有社会属性。社会道德和法律的要求、学校纪律的约束，使得大学生无法以社会认可的合法婚姻形式获得性的满足。性的生物性需求与性的社会性要求的矛盾，使得与性成熟相并联的性爱行为往往表现得更隐蔽。

### 3. 性心理的压抑性和动荡性

性机能的成熟使大学生生物性的需求更加迫切、强烈，常伴有性梦、性幻想等行为。大学生尚未形成健全的性心理结构及正确的、稳定的道德观和恋爱观。自控和自制的能力有限，对各种性现象、性行为的认知评价体系不完善，再加上性的社会性、道德性的约束，使大学生性心理的发展处于多种矛盾的相互作用之中，让他们的性心理易受外界各种影响而显得动荡不安。有的大学生对性冲动持有抵制、否定的态度，采取压抑或放荡的方式。压抑的性冲动不仅有碍性心理的健康发展，严重的还会导致性倒错。相反，还有的大学生对性持无所谓或放纵的态度。这部分大学生的性意识受到了错误强化，而沉湎于谈情说爱之中，甚至导致性过失、性犯罪等行为。

## 二、大学生性心理问题及其调适

### （一）性焦虑

性焦虑主要是指对自己形体、性角色以及性功能的焦虑。如果认为自己第二性征为重点的体象不如己意，而且很难改变它时，就会出现烦恼和焦虑。例如，男生对自己的生殖器发育情况，女生对乳房发育的大小都十分敏感，并常为此心事重重。

大学生还为是否与性角色相吻合而忧虑。比如，一些女生觉得自己不够细心、不够温柔，一些男生常感到自己缺乏男子汉气概，还有的担心自己的性功能是否正常，特别是看到某些书刊上谈到性功能障碍时，疑神疑鬼。

上述的焦虑一般可通过性教育和性咨询得到解决。

### （二）性冲动

性冲动是大学生生理、心理的正常反应，它是在性激素作用下和外界刺激下产生的，并非不道德、不纯洁或可耻的，但有些大学生难以接受自己的性欲、性冲动，对此会感到羞愧、自责、苦恼、厌恶和恐惧。一方面是性的自然冲动，另一方面是对性冲动的否定，不少大学生常为这样一种矛盾而不安、困惑。若正常的性冲动得不到缓解、长期的禁欲，就可能会产生性紧张，出现烦躁冲动、记忆力下降、忧郁、无所事事、失眠等神经衰弱的症状。

因此，缓解性紧张，减少性冲动是大学生很迫切的要求。接受这是一种正常现象，消除因此而来的自卑感，同时通过转移注意力等方式适当控制，可以较好地调节性冲动带来的不适感。

### （三）性梦

性梦是指在睡眠中出现的带有各种性内容色彩的现象，青春期的男女都会有这种体验。弗洛伊德认为"梦是一种受压抑的愿望经过变形的满足"。一个人有了性的冲动和欲望，如果现实不允许其实现这种欲望，就要加以克制。这种欲望和冲动虽然在意识层面被压抑了下去，但可能在潜意识中显露出来，在梦境里得到实现。性梦可以缓和累积的张力，有利于性器官功能的完善和成熟。性梦是正常的生理、心理现象，是一种不由行为人自控的潜意识的性行为。因此，认为做性梦是卑鄙下流的，会感到羞耻、自卑甚至不安是完全没有必要的。

尽管性梦是正常的心理生理现象，但若性梦频繁出现，则要寻找原因，常有劳累过度、性自慰过频过强烈、内裤穿得过紧、心理上的兴奋、情绪上的激发（睡前饮酒）等。

### （四）性幻想

性幻想，也称性爱的白日梦，是指在白天清醒状态下想象与异性发生性行为。其心理活动的基础是性，主要通过联想异性的形象，特别是异性的性特征、性表现外露的部分、一些性情景，以及在已有的性经验基础上勾画出符合自己性审美的性爱对象而产生的。这是青春期一种常见的性心理反应。性梦的产生是无意识的，性幻想的产生则不是完全无意识的。青春期的性幻想是性冲动的一种发泄方式，适当的性幻想有利于释放压抑的性行为。如果性幻想过于频繁且沉溺其中，就会影响正常的学习和休息，甚至把幻想当成现实，成为病态。我们应加以调节和克服。

### （五）性自慰

性自慰又称为手淫，是指通过自我抚弄（用手或其他器具、物体）或其他方式刺激性器官，来缓解性欲望、疏解性冲动从而获得快感，产生性兴奋或性高潮的一种行为方式。手淫在大学生中已是一种较为普遍的现象。

产生心理压力的主要原因在于对手淫的错误认识。这种错误认识给手淫者带来了巨大的心理压力，使他们在每次手淫前后总是伴随高度的精神紧张、焦虑、羞愧、恐惧和耻辱甚至罪恶感。一旦明白性自慰是正常的、无害的，并且不是个别行为后，心理负担卸下来了，性自慰的欲望和行为反而会减少并且容易调节了。但过度的手淫会影响大学生的精神状态，让大学生难以把精力集中在学业上。因此，大学生应当采取转移注意力、多参加文体活动等方法予以纠正；还可丰富自己的兴趣爱好，把精力投放在更多、更有价值的事情上，增强意志品质。

### （六）性倒错

性倒错即人们平时所说的性变态。性变态是指有性行为异常的性心理障碍，其共同特征是常人不易引起性兴奋的某些物体或情境，对其有强烈的性兴奋作用，采用与常人不同的异常性行为方法满足性欲，有变换自身性别的强烈欲望，以及其他与性有关的常人不能理解的性行为和性欲、性心理异常。

性倒错的表现形式多种多样，包括恋物癖、异装恋、虐待狂、露阴癖、窥淫癖、易性癖等。性倒错产生的原因目前尚不明确。

### 【扩展阅读】

#### 如何正确对待性冲动

第一，建立科学的性观念。大学生应接受性冲动的合理性和自然性，学习性生理、性心理的有关知识，知晓青春期性意识发展规律，树立健康与科学的性意识观念，消除对性意识观念的罪恶感、自卑感和种种自我否定的评价，增强自信心，确立自尊、自爱的独立意识。

第二，培养良好的意志品质。大学生应当努力培养自己良好的意志品质，以克制本能欲望的冲动，增强延迟欲望的自制力，这将有利于自己长久的幸福和今后事业成功的发展。

第三，采取合理的性代偿。通过学习活动、工作实践或文体活动等多种途径使生理能量得到转移、释放、代偿、升华。升华是一种积极的、富有建设性的、能为社会所接受的方式来转移或取代性欲，比如用音乐、绘画、娱乐、体育活动等使性能量得以转移，使性情感得以平衡。一些学者认为，强烈的性冲动可以转移为高水准的情绪活动和理智活动，将其用于工作或创作中，结出意想不到的硕果。弗洛伊德甚至认为性冲动的升华创造了文学、艺术和社会文明。

第四，大方地与异性交往。异性交往有利于减缓性压抑，有助于培养大学生健康的情感，调节深层的本能，使之趋于高尚。大学生在与异性的交往中，要注意摆脱低级趣味，不要仅限于身体的吸引，尤其不要与庸俗的异性接触，避开这些人在物质、精神、肉体等方面的诱惑。

## 三、大学生性健康的维护

### （一）性健康的标准

大学生们已经到了身体发育成熟的年龄，性的需要是非常自然的事，然而，生理上的成熟并不代表心理上的成熟。那么，什么才是真正的性健康呢？

#### 1. 罗杰斯的标准

罗杰斯认为一个在性方面有教养的人，应当符合以下六个标准，这些标准适用于广义的成年人。

（1）具有健康的性知识。

（2）不会由于恐惧和无知而造成对性的不当态度。

（3）性行为符合人道主义。

（4）能做到性方面的"自我实现"。

（5）能负责地做出性方面的决定。

（6）能较好地获得性方面的信息交流。

#### 2. 大学生性健康的标准

综合各个性健康理论及我国大学生的现实情况，我国大学生的性健康标准为：拥有正常的性需要和性欲望，科学的性知识，良好的性道德，正当的性行为。

正常的性需要和性欲望是心理健康的物质基础，科学的性认识是性心理健康的自我调节机制，性道德观念是衡量性观念、性选择、性交往和性行为的是非标准，良好的性道德是恋爱过程中的一种无形的约束力量。正当的性行为是符合校纪、道德、法律规则的行为。只有把以上几方面做到协调、通顺，才算具备了健康的性心理。

一个人的性行为的价值观所起的作用胜过单纯的性知识。所以，大学生必须了解与性行为有关的道德意蕴，学会用尊重、责任心和自控等基本的道德标准来约束自己的性行为。

### （二）维护大学生性健康的途径

#### 1. 掌握科学的性知识

大学生应该对"性"有一个科学的认识。性科学是一门综合性的学问。它包括性生理学、性心理学、性社会学、性伦理学、性美学等。性生理学从生理解剖上揭示了两性在生理构造上的区别、性器官的功能和性本能的产生，揭示了性的产生发展和成熟的规律。性生理学可以使人们去掉性禁忌，减少性神秘感，降低性压抑。性心理学包括性欲及性爱心理、性别角色心理、恋爱婚姻心理及性变态心理等，可以帮助个体了解性心理的发展，学会承担性别角色，正确调控性心理。性社会学揭示了性行为的社会属性，强调人要对其生物性进行控制，使其符合社会规范的需要，促进个人身心健康发展和社会的安定繁荣。性美学可以使个体了解如何使个人的性行为符合审美的需要。

大学生们需要学习和掌握相关性科学知识，防止性无知，摒除把性仅看作是生物本能的片面认知。面对社会文化中的性信息，要逐步提升自我鉴别能力，自觉抵制不良性文化的影响。

### 2. 培养健康的人格

性不仅决定生物本能，一个人对待性的态度，也反映出一个人的人格成熟度。个体自身的自尊和对他人的尊重，都会在两性关系中充分体现出来。

（1）自爱自信，认同自己的性别角色。性别角色意识是一个人社会化成熟与否的重要体现，是心理健康的重要标志。男女性别在生理与心理上各有其特点和性别魅力。大学生应当在生物生理、社会心理、文化经济、社会参与方面，拥有合乎科学、道德、时代要求的全面角色认同。

大学生应当接纳、欣赏自己的性别角色，发展出适应时代要求的个性特点。例如，温柔与关爱，坚毅与刚强等。这是现代人必备的个性品质，已经不再专属于男性特点或女性特点。性别角色的认同和胜任是个体成功适应社会和发展个人的重要心理基础。

（2）对性行为负有社会责任感。如果性行为只停留在手淫、性梦等方式的自我宣泄上，是不会影响他人的。如果性行为涉及另一个人，那便涉及许多社会责任。每一个成熟的大学生都应当了解个人性行为给他人、自我和社会带来的后果，尊重自我、尊重他人，对自我的行为负起责任。大学生们要增强自己的性道德和性法律意识，规范自己的性行为。

（3）培养良好的意志品质。自我控制性心理能力的大小，是由大学生个人意志品质的强弱决定的，意志力可以抑制和调整自我冲动。鲁迅先生曾经说过："不能只为了爱——盲目的爱，而将别人的人生意义全盘忽略了。"培养自己良好的意志品质，有助于自己长远的幸福和个人成功的发展。

### 3. 积极进行自我调节

个体需要尊重他人的存在价值，以希望他人如何对待自己的方式去对待他人，自尊与自重的发展是建立在良好的人格标准基础上的，即责任心、诚实、善良，并对自己的控制能力有信心。性欲是可以控制的，是正常的、健康的。

### 4. 文明适度地进行异性交往

个体进行文明适度的异性交往，可以缓解性压抑，满足青年期性心理的需要。异性交往有益于扩大信息、完善自我，有助于个人的恋爱婚姻和发展成才。大学生要学会把握分寸，注意场合，规范行为，处理好"友情"与"恋爱"的关系。

### 5. 学会自我保护

大学生要学会自我保护。大学生要维护自己自尊、自爱、自重的形象，做到行为得体、举止大方、作风正派、衣着打扮不轻浮。女生尽量晚上不要单独外出，更不要单独在男性家中或住所长时间停留。面对异性的非分要求，要勇敢说"不"。要以明确、严厉的态度制止和反抗性骚扰，必要时向他人呼救或向公安部门寻求帮助。

大学生客观对待性骚扰事件，不过分恐惧和自责，因为你是无辜的，是受害者。遇到心理困扰，可以向父母、老师、知心朋友宣泄释放自己的情绪。

### 6. 向心理咨询中心求助

当以上做法都无法缓解、释放心中的困扰时，要学会去专业的心理咨询机构进行心理咨询。在咨询室里，性不再是一个难于启齿的问题，大学生们可以毫无保留的宣泄心中的苦闷。

现在越来越多的大学校园中建立了心理咨询中心。据不完全统计，在大学生前来咨询的问题中，与异性的交往问题占据了一半以上的比例，其中有不少都涉及性的困惑。

## 第四节　学习恋爱
### ——培养健康的恋爱观和择偶观

【引导案例】

#### 恋爱中的"小公主"

小杨已经大三了，身边很多女孩陆陆续续都有了男朋友，她也想在毕业之前找个男朋友，因为没有满意的人选，所以一直单身。最近她的朋友们开始热心帮她介绍男朋友，但是她的要求却让她的朋友们一个个打了退堂鼓。小杨是独生子女，家庭经济富裕，父母很宠爱她。每次有人给她介绍男朋友，她都要对介绍的男孩进行一番"考验"：谈恋爱期间要主动请她吃饭、给她送礼物，时不时地制造惊喜，还要像照顾孩子一样地照顾她的衣食住行。她向往的爱情就是"被人宠着"，她自己沉醉在这种浪漫爱情之下，却从未想过应该为对方做些什么。刚开始的时候，还有些男孩子跟她接触，但都没有维持太久。此后，就再没有人帮她介绍男朋友了。她不明白，女生想找一个能够"给自己带来幸福"的人，有错吗？

视频：健康恋爱心理和择偶观的养成

## 一、培养健康的恋爱观

### （一）理解爱情的真谛

恋爱不等于真爱，但每个恋爱的人都渴望获得真爱。真爱不是来自两个人口头上的海誓山盟，而是来自生活中的点点滴滴。爱情是双方用心经营的，不能只想享受，不想付出。

### 1. 爱是关心和给予

弗洛姆说："爱是对所爱对象的生命和成长的积极关心。哪里缺少这种积极关心，哪里就没有爱。"爱是想对方之所想，给对方之所需，是无私的给予和关心。爱应该是不做作、真诚主动地给予对方爱，在不问收获、埋头耕耘的过程中，自然而然地获得爱。

### 2. 爱是尊重和信任

尊重是一个人对另一人的成长和发展保持顺应其自身规律和意愿的态度。尊重意味着没有控制和剥削，也就是让对方按照自身的目标去发展和成长，而不是为了服务于自己。尊重包括对对方的职业、爱好、选择、隐私，以及跟自己不同的观点和生活习惯都保持接纳。信任是一种尊重，也是一种自信，不去盘问对方的每个生活细节，不去跟踪调查。爱一个人，就要先信任他/她，给他/她一个自由的时间和空间，不要凭感觉随意猜疑他/她。

### 3. 爱是宽容和理解

罗杰斯说："爱是深深的理解和接受。"宽容中包含着理解、同情和原谅，是最大限度地接纳对方，既要接纳对方的优点，也要接纳对方的缺点，但要注意限度和原则。

### 4. 爱是责任

幼儿的爱遵循我爱，因为我被爱；成人的爱则是遵循我被爱，因为我爱。不成熟的爱遵循我爱你，因为我需要你，成熟的爱遵循我需要你，因为我爱你。真正的爱情都包含着一份神圣的责任，这种责任不是义务而是内心的自觉，即为所爱的人承担风霜雨雪，而不仅仅是感官上的愉悦和寂寞时的陪伴。

### 5. 爱是理性

马克思说："真正的爱情是恋人对他的偶像采取含蓄、谦恭甚至羞涩的态度，而不是表现在随意流露出的热情和过早的亲昵。"一时的狂热迷恋是一种危险的情感，那只是一种生理上要求与异性接近的渴望。

### 6. 爱是独立

独立不是疏远，而是与人相处时有自己的思考和行动，不轻易受他人左右，知道自己真正需要什么。独立是一种成熟的品质，是心理断乳的标志。爱需要保持独特个性和独立人格，不让自己消融在对方的影子里。

## （二）培养爱的能力

培养爱的能力包括给出爱的能力和接受爱的能力。一个人心中有了爱，在理智分析之后，要敢于表达、善于表达，这是一种爱的能力。一个人面对他人给出的爱，能及时准确地做出判断，委婉拒绝还是观察后再决定，这也是爱的一种能力。

### 1. 拒绝爱的能力

自己不愿或不值得接受的爱要勇敢地拒绝。同时要注意：一是要在并不希望得到的爱情到来时，果断勇敢地说"不"，因为爱情的事来不得半点勉强和将就。优柔寡断或屈服于对方的穷追不舍，发展下去对双方都是不利的。二是要掌握恰当的拒绝方式，珍重每一份真挚的感情是对他人的尊重，也是对一个人道德情操的检验。

拒绝爱要表现出对他人的尊重，感谢对方对自己的爱；要态度明确，表达清楚，说清和对方只能是什么关系；要行动、语言一致，不可以语言上拒绝了对方，行动上还与对方有较亲密的接触，如单独吃饭、看电影等，让对方误解还有机会，纠缠在与自己的情感中。

### 2. 发展爱情的保鲜能力

爱情保鲜期的长短在于双方的爱究竟有多深，是否有发展爱情的保鲜能力。爱情长久的保持需要两个人真正地关心对方；需要智慧、耐力、持之以恒；需要双方交流，懂得欣赏对方，保持自己的个性、追求和发展，让爱情有一个不竭的源泉。

### 【扩展阅读】

#### "3A"计划

心理学博士张怡筠曾在"半边天"节目中介绍了一种"3×3"爱情保鲜计划，就是每天有3次、每次花3分钟时间做些事，这些事称为"3A"计划。

（1）attention（A）——全神贯注，就是专心地倾听对方说话；走进对方的内心世界，以对方的快乐为自己的快乐。

（2）affection（A）——浓情蜜意。

（3）appreciation（A）——欣赏、感激。

### 3. 摆正爱情的位置

爱情在人生中有着重要的地位，没有爱情的人生是不完美的，但爱情不是人生的根本宗旨，更不是人生的全部，只为爱情而活的人生是苍白的。裴多菲的诗句"生命诚可贵，爱情价更高；若为自由故，二者皆可抛"，正表明了这一点。大学生应该把奋斗和自我发展放在首位。当你把爱情视为生命中的唯一时，爱情就成为一株温室中的花朵，娇弱美丽却经不起任何的打击；当爱情成为唯一的存在价值时，你就会失去了人格的独立魅力。

大学生要摆正爱情在大学生活中的位置，时刻清楚面临的人生任务和奋斗目标。我们要明白良好的学习状态与未来的事业息息相关，这也是给爱情的美满打下基础。

大学生要正确处理爱情与学业的关系，改变"爱情至上"的想法，树立远大抱负，用理想的感召力来焕发学习热情，把兴奋中心转移到学习上，把时间和精力投放到学习上，促进爱情和学业的相互发展。

### 4. 遵守恋爱道德

（1）恋爱言谈要讲究语言美。态度要自然、诚恳、坦率，不装腔作势，矫揉造作；不出言不逊，污言秽语，举止粗鲁；相互了解是必要的，但不能无休止地盘问对方，损害对方的自尊心，伤害彼此的感情。

（2）恋爱行为要大方。初次恋爱，开始时会感到羞涩与紧张，随着交往的增加会逐渐自然与大方。这时要注意行为举止的，不要因一时冲动，过早地做出亲昵动作，会影响感情的正常发展。

（3）亲昵动作要避免粗俗化。高雅的亲昵动作体现爱情的愉悦感和心理效应，而粗俗的亲昵动作往往会有情感分离的消极心理效果，有损于爱情的纯洁、尊严和大学生的形象，还对他人造成一种不良的心理刺激。

（4）在恋爱过程中要平等相待、互相尊重。切莫以己之长度人之短，炫耀抬高自己，戏弄贬低对方；也不宜想方设法考验对方，这会挫伤对方的自尊心，影响双方的感情发展。

（5）学会控制感情，理智行事。对恋爱中的性冲动，一要注意调节和克制，二要注意转移和升华，与恋人对象一起参加学习与文娱活动，使爱情沿着健康的道路发展。

## 二、培养健康的择偶观

正确的择偶观的基础是互相爱慕，志同道合；择偶的标准是全面衡量，品德为重；择偶的态度是严肃认真，履行义务。

心灵美比外表美更重要，"人不是因为美丽才可爱，而是因为可爱才美丽。"

真正的爱情是忠诚的、持久的，在表达亲昵的同时，也具有强烈的排他性。青年男女一旦走入婚姻的殿堂，双方就要互相体贴，互相谅解，同舟共济，互相帮助，这是社会所提倡的，也是有利于自己发展的。

健康的择偶观应当符合以下几点：

（1）不以貌取人：内在美是重要条件，容貌美是会变化的，唯貌择偶根基不牢。

（2）不以财取人：有钱财未必会幸福，钱财要靠自己去赚取。

（3）不以职业取人：职业不是爱情的必要条件，美满的爱情不取决于职业的好坏。

（4）志同道合才幸福：支持事业，品格端正，情趣相投。

【想一想】

你选择人生伴侣的标准或者条件是什么？请按重要程度排序。

## 【本章小结】

（1）美国心理学家斯腾伯格提出了爱情三元理论，爱情由三个基本成分组成：亲密、激情和承诺。三者合一，才能称之为完美的爱情。

（2）大学生的年龄一般为 18～23 岁，正处于对异性的向往期向恋爱择偶期的过渡阶段，是由不成熟的恋爱心理向成熟的恋爱心理过渡的阶段。

（3）大学生常见的恋爱困扰包括：因排解寂寞而恋爱，因追求虚荣而恋爱，难以区分好感与爱情、友谊与爱情，单相思，爱情错觉，多角恋纠葛及失恋导致的消极情感体验，等等。

（4）青春期性意识的发展一般可分为异性隔膜期、异性吸引期、异性向往期和择偶尝试期四个阶段，大学生正处于性意识从萌芽到日渐明确和成熟的阶段。

（5）大学生的性心理问题包括：性焦虑、性冲动困扰、性梦、性幻想、性自慰、性倒错等。

（6）大学生性心理健康的标准是：拥有正常的性需要和性欲望，科学的性知识，良好的性道德，正当的性行为。

（7）维护性心理健康的途径包括：掌握科学的性知识、培养健康的人格、积极进行自我调节、文明适度地与异性交往、学会自我保护、向心理咨询中心求助等。

（8）健康的恋爱观认为，爱是关心、给予、尊重、宽容、理解、信任、理性、责任和独立。

（9）培养爱的能力包括培养给出爱的能力和接受爱的能力。

（10）摆正爱情在人生和大学生活中的位置，明确人生现阶段面临的任务和奋斗的目标，处理好爱情与学业的关系。

（11）正确的择偶观的基础应该是互相爱慕，志同道合；择偶的标准应是全面衡量，品德为重；择偶的态度应是严肃认真，履行义务。

**【思考题】**

（1）你认为爱这种能力对人生发展有什么意义？

（2）有位男生说道："同宿舍的人中就我没有女朋友，一到周末，宿舍就只有我一个人，他们都说我太呆板、迂腐，缺乏魅力。于是，我便找了一个女朋友，不管她人品、外貌如何，周末可以陪我逛街，看电影就可以了。"你是否同意他的说法？如果你也碰到类似情况，你会如何处理？

（3）假设你有一个17岁的女儿。有一天，女儿回家告诉你："我已经和一个男孩相爱3个月，昨天一冲动和他发生了性关系，现在我很害怕，很慌乱，我会不会怀孕？如果怀孕了怎么办？现在，我甚至怀疑自己是不是真的爱他，我该怎么办？

作为家长，你应该怎样回应你孩子的这番话？请说说理由。

作为家长，你会给处于恋爱激情中的十七八岁的男女生什么忠告？

我的金玉良言：_____

_____

**【心理自测】**

**友谊与爱情量表**

指导语：

你分辨得出来友谊与爱情吗？不管你是否恋爱，试着勾选下列符合自己目前恋爱状况或对爱情憧憬的项目。（不分性别，可多选）

（1）他/她情绪低落的时候，我觉得很重要的职责就是使他/她快乐起来。

（2）在所有的事件上我都可以信赖他/她。

（3）我觉得要忽略他/她的过失是一件很容易的事。

（4）我愿意为他/她做所有的事情。

（5）对他/她有一点占有欲。

（6）若不能跟他/她在一起，我觉得非常不幸。

（7）我孤寂时，首先想到的就是要去找他/她。

（8）他/她幸福与否是我很关心的事。

（9）我愿意宽恕他/她所做的任何事。

（10）我觉得他/她得到幸福是我的责任。

（11）当和他/她在一起时，我发现我什么事都不做，只是用眼睛看着他/她。

（12）若我也能让他/她百分之百地信赖，我觉得十分快乐。

（13）没有他/她，我觉得难以生活下去。

（14）当和他/她在一起时，我发觉好像两人都想做相同的事情。

（15）我认为他/她非常好。

（16）我愿意推荐他/她去做为人所尊敬的事。

（17）以我看来，他/她特别成熟。

（18）我对他/她有高度的信心。

（19）我觉得任何人跟他/她相处都有很好的印象。

（20）我觉得他/她跟我很相似。

（21）我愿意在班上或团体中，做任何事都投他/她一票。

（22）我觉得他/她是许多人中容易让人尊敬的一个。

（23）我认为他/她是最聪明的。

（24）我觉得他/她在我所有认识的人中是非常讨人喜欢的。

（25）他/她是我很想模仿的那种人。

（26）我觉得他/她非常容易赢得别人的好感。

## 【结果分析】

勾选项目若集中在 1～13 项，表示你对他/她的感情以爱情成分居多；勾选项目若多集中在 14～26 项，表示你对他/她的感情以喜欢成分居多。

## 【推荐资源】

**书籍：《爱的艺术》**

内容简介：《爱的艺术》是心理学家弗洛姆的作品，自 1956 年出版至今已被翻译成 32 种文字，在全世界畅销不衰，是当代爱的艺术理论专著中著名的作品。

弗洛姆在这本书中认为，爱情不是只需要投入身心的感情，这与人的人格成熟程度有关。如果不努力发展自己的人格，健全自己的人格，那么每种爱的试图都会失败。只有拥有爱他人的能力，真正勇敢地、真诚地、谦恭地、有纪律地爱他人，人们才能在自己的爱情中得到满足。

弗洛姆还提出，爱是一门艺术，要认真去学习爱这门艺术，掌握爱的知识并为之付出努力。这里的爱不是指狭隘的男女爱情，也并非能通过增进技巧获得。爱是人格整体健全的展现，要发展爱的能力，就先需要努力发展自己的人格。

**电影：《怦然心动》**

内容简介：电影主要讲述了 20 世纪 60 年代的一个初恋故事。出生于中产家庭的布莱斯举家搬到小镇上，邻家女孩朱莉前来帮忙。她对布莱斯一见钟情，心愿是获得他的吻。两人是同班同学，朱莉一直想方设法接近布莱斯，但是布莱斯却躲避她。朱莉喜欢爬在高高的梧桐树上看风景，但因为施工，树就要被砍掉，她誓死捍卫，希望和布莱斯并肩作战，但布莱斯退缩了，布莱斯的父亲对于家庭经济状况欠佳的朱莉所表现出的不屑的态度，使得布莱斯开始极力躲避朱莉。直到布莱斯的外公出现，并不断启发他，才使得他真正抛开一切偏见而去了解并接受朱莉。他向她道歉，两个人冰释前嫌，两颗懵懂而又纯真的心最终走在了一起。

影片讲述的不仅仅是青春少男少女的爱情故事，还有外在和内在的故事。有些人外表华丽耀眼，有些人平庸无奇……但是人生经历中你总会遇到这样一些人，他/她们从内而外散发着彩虹般的光芒。而你对于所爱的人，更在意的又是什么呢？

# 第八章　压力管理　挫折应对

## 【知识点导读】

"人有悲欢离合，月有阴晴圆缺，此事古难全。"尽管人们希望一帆风顺、万事如意，但压力和挫折总是不可避免的。成功固然可贵，失败也并非毫无意义。对大学生而言，压力和挫折既是打击，也是成长，正确地认识与对待压力和挫折，是成功人生的必经之路。

## 【教学内容】

（1）了解压力和挫折的含义，正确理解压力和挫折；
（2）了解大学生压力及挫折的主要来源，理解压力与挫折对人生的意义；
（3）学会正确管理压力与应对挫折。

## 【素质目标】

学会辩证地看待挫折与失败，懂得信念与坚持对成功的意义，学会在逆境中坚持追寻梦想。

## 第一节　压力概述
### ——压力及影响压力大小的因素

## 【引导案例】

### 两手空空上大学的嫚嫚

嫚嫚家在偏远地区的县城，这个八月刚刚拿到了心仪大学的录取通知书。嫚嫚家中有一个弟弟，但弟弟学习不好，只能去上私立高中，上私立高中花费较高，重男轻女的父母不支持嫚嫚继续读大学，要求她去打工帮助弟弟上学。拿到录取通知书的嫚嫚感到非常遗憾和不甘心，报到那天抱着看看大学样子的心态来到学校，在报到点徘徊许久……与其他新生有父母相陪，手提肩抗大包小包相比，形单影只，手里什么也没有的嫚嫚引起辅导员的注意，在了解情况后，学校看出嫚嫚对上大学的渴望，决定资助她一套入学生活用品把她留了下来。但是，父母的抱怨、学费和生活费是嫚嫚要面对而且必须要解决的问题。

该案例中，嫚嫚的心理困境主要是由各种压力源造成的。家在县城，经济条件不好，又是长女，觉得自己应该听从父母的安排，但是她又特别渴望上大学，进入大学之后也有很多困难要面对和克服。

生活中，我们经常会遇到压力。我们身体具有一种自平衡系统，这种天生的自我保护系统往往可以帮助我们识别压力、应对压力。要与压力一起工作，最首要的还是要了解压力是什么。

## 一、压力的概念

压力这个概念首先由加拿大心理学家谢尔耶提出。他认为**压力是产生于个体无能力、无资源应对"外在需求"时的一种非特定的生理反应。**

压力包括三方面的含义：

第一，它是一种心理感受，是对于紧张或唤醒的一种内部心理状态。

第二，它的起因既来自外部环境刺激（如天灾、同学议论、竞争、贫困等），也来自个体身体或心理成长过程中的内在刺激（如经常患病、渴望被人理解等）。

第三，它被个体感知到，通过个体的认知评价，对个体产生一定的心理影响。

## 二、压力的生理和心理反应

人在压力状态下，会出现一定的生理反应和心理反应，这些身体和心理信号提示我们要关注自己的压力水平。

压力的生理反应，主要表现在免疫系统、内分泌系统和自主神经系统等方面，例如，激素分泌增加、呼吸急促、血压增高、心率加快、消化道蠕动和消化液分泌减少、出汗等。谢尔耶在 20 世纪 50 年代以白鼠为研究对象对压力进行实验研究，指出压力状态下人的身体反应分为三个阶段，见表 8－1。

表 8－1　压力状态下的身体反应阶段

| 阶段 | 反应 | 特征 |
|---|---|---|
| 一 | 警觉 | 又叫唤醒期或准备期。发现事件并引起警觉，同时准备应付。交感神经支配肾上腺分泌肾上腺素和副肾上腺素，这些激素促进人体的新陈代谢，释放储存的能量，于是主要器官的活动处于兴奋状态，包括：呼吸、心跳加快；汗腺分泌加速；血压、体温上升；骨骼肌紧张，等等 |
| 二 | 抗拒 | 又叫战斗期或反抗期。继警觉之后，人体全身心投入战斗，或消除压力，或适应压力，或退却。这一阶段人体会出现生理、心理和行为特征：生理生化指标表明恢复正常，外在行为平复。实则处于意识控制之下的抑制状态；个体内部的生理和心理资源以及能量，被大量耗费，个体变得极为敏感和脆弱，即便是微小的刺激，也能引发个体强烈的情绪反应。比如，爱人的唠叨，孩子的纠缠都会让一个下班的精疲力竭的丈夫或者妻子勃然大怒，找对方"出气" |
| 三 | 衰竭 | 又叫枯竭期或倦怠期。由于抗击压力的能量已经消耗殆尽，此时个体在短时间内难以继续承受压力。如果一个压力反应周期之后，外在的压力消失了，经过一定时间的调理休息，个体很快就能恢复正常的体征。如果压力源持续存在，个体仍不能适应，那么一个能量已经消耗殆尽的人，就必然会发生危险，此时，疾病、死亡都是极有可能的。长期处于叠加性压力和破坏性压力状态下的人容易出现身心疾病，就是这个道理 |

压力的心理反应从知、情、行（意）三方面表现出来，见表 8 - 2。

表 8 - 2　压力的心理反应

| 不同反应 | 具体表现 |
| --- | --- |
| 认知反应 | 可能降低或提高注意力、工作能力和逻辑思考能力 |
| 情绪反应 | 焦虑、不安、恐惧、易怒、有攻击性、无助、工作成就感降低 |
| 行为反应 | 生产力降低或升高、行为慌乱、易发生意外事件 |

压力的生理反应和心理反应有着明显的性别差异。美国一项研究结果显示，面对压力，男性多以生理疾病的形式表现，譬如心肌病和溃疡，而女性却多表现在情绪上，譬如焦虑、沮丧等，而且压力情况下男性和女性的大脑反应不同：男性左脑血液充足，启动"攻击/逃跑"机制，他们想要独处；女性启动情绪机制，更想找人聊一聊。

视频：什么是压力？

【扩展阅读】

## 心理压力的 10 种无声信号

现代生活充满压力，要想活得轻松，就必须解压。要想有效减压，就必须了解压力的蛛丝马迹。美国《预防》杂志最新载文，刊出美国拉什大学医学中心行为科学部主任斯泰万·E. 霍博佛尔博士总结出的压力"10 种无声信号"：

（1）周末头痛。华盛顿大学头痛研究中心主任托德·施韦特博士表示，从高压力状态下突然放松会诱发偏头痛。周末保持平时的睡眠和饮食模式，有助于最小化头疼诱因。

（2）痛经。哈佛大学研究发现，压力太大的女性发生痛经的危险是一般女性的两倍。健身有助于缓解痛经和压力。

（3）口腔疼痛。美国牙科协会消费顾问马修·米斯纳博士表示，口腔上颚部疼痛可能是夜间磨牙所致，而压力会加重磨牙症状，可试戴保护牙套。

（4）怪梦。压力过大会导致睡眠中多次惊醒，干扰"好梦"后还可能出现不愉快的怪梦。睡前避免咖啡因及酒精，以保证充足的优质睡眠。

（5）牙龈出血。巴西研究发现，压力大的人罹患牙周病的危险更大。经常锻炼和充足的睡眠有助于解压，也有助保护牙齿。

（6）突然出现痤疮。维克森林大学皮肤病学教授吉尔·尤斯帕维齐表示，压力会增加患痤疮炎症的概率。可用水杨酸清洗创面，并抹上不致粉刺的保湿霜。如果几周治疗仍无效，则应看医生。

（7）偏爱甜食。宾夕法尼亚大学研究发现，与雌激素相比，压力更可能是女性偏爱巧克力等甜食的诱因。

（8）皮肤瘙痒。日本一项涉及 2000 多人的研究发现，身体长期瘙痒者比正常人发生压力过大的概率高两倍，焦虑紧张也会加剧皮炎、湿疹和牛皮癣症状。

（9）过敏加重。美国俄亥俄州立大学医学院的试验发现，过敏患者焦虑后，症状更多更严重。

（10）肚子痛。除了头痛、背痛和失眠之外，焦虑和压力也会导致肚子痛。一项涉及1953名男女参试者的研究发现，压力水平最高的人比放松的人发生肚子痛的概率高3倍。

## 三、影响压力大小的因素

### （一）压力源

压力源是引起压力的具体人和事。

大学生压力源很广泛，大致包括人为的压力源和非人为的压力源两种：人为的压力源又称为社会逆境，如经济压力、社会竞争、就业压力、人际压力等。非人为的压力源又称为自然逆境，如地震、海啸、台风、泥石流等自然因素，不以人的意志为转移；下面的表格是世界著名的"压力事件程度排名"，每个压力事件后面都注明了相应的分数，见表8-3。请勾出你在近一年内经历的压力事件，并且计算出最后压力总分。

表8-3  生活事件压力表

| | | | |
|---|---|---|---|
| 配偶死亡 | 100分 | 儿子或者女儿离开家 | 29分 |
| 离婚 | 73分 | 与亲家发生矛盾 | 29分 |
| 分居 | 65分 | 丧失了个人成就 | 29分 |
| 判刑 | 63分 | 配偶停止工作 | 28分 |
| 亲密家庭成员的死亡 | 53分 | 开始上学或者结束学业 | 26分 |
| 受伤或者生病 | 53分 | 生活条件改变 | 26分 |
| 结婚 | 50分 | 个人习惯改变 | 25分 |
| 失业 | 47分 | 与老板发生矛盾 | 24分 |
| 婚姻和解 | 45分 | 工作时间和条件改变 | 23分 |
| 退休 | 45分 | 居住地点改变 | 20分 |
| 家庭成员的健康变化 | 44分 | 学校改变 | 20分 |
| 性障碍 | 40分 | 娱乐方式改变 | 20分 |
| 新增加家庭成员 | 39分 | 社会活动改变 | 18分 |
| 商业调整 | 39分 | 一年纯收入的抵押或贷款 | 17分 |
| 经济状况发生变化 | 39分 | 睡眠习惯变化 | 16分 |
| 好友死亡 | 38分 | 家庭成员团聚的次数发生变化 | 15分 |
| 换工作 | 37分 | 饮食习惯改变 | 15分 |
| 与配偶的争吵越来越多 | 36分 | 假期 | 13分 |
| 超过两年纯收入的抵押 | 35分 | 春节 | 12分 |
| 丧失抵押品或贷款的赎取权 | 31分 | 轻微违法 | 11分 |
| 工作职责改变 | 30分 | —— | —— |

算出你的压力总分是多少了吗？如果你的分数在：

150～190 分，那么你在一年内的压力处于低水平，你需要在生活中适当的进行刺激和改变

200～299 分，压力处于适当水平。

超过 300 分，你的压力过大，急需减压。

### （二）各人承受力

个人感觉到的压力的大小是由压力源事件的客观性和自我感觉的主观性两种因素共同决定的。在这两个重要因素中，起主导作用的是人们的主观态度。用公式表达就是：

$$压力值 = 压力源 / 承受力$$

生活事件大小不同带来的压力感受会有不同。同样一个事件，不同的承受力，感受到的压力大小也是不一样的，这决定了压力事件最终的影响力。

### （三）人格特征与思维方式

同样的压力事件，不同人格特点的人感受到的压力水平也是不一样的。

有甲、乙、丙三个人，周末同时遇到一件事：早上大家正在熟睡时，一个不自觉的学生在洗漱间放声高歌，全楼道都能听到。

甲火冒三丈，冲出去大喊大叫，与他争吵了一番，但无济于事。

乙这时候也不高兴，也会出去与那人理论，但当发现无法沟通时，乙就拎起书包自习去或出去打球去。

丙也心怀不满，很焦虑，在被窝里嘟嘟囔囔，但是不愿意说或不敢说，只能压抑自己。

解析：

甲的做法是压力的寻求者。

他的思维方式是这样的："是他让我火冒三丈"，外归因，实际上让他火冒三丈的人是他本人，是他让别人操控了他的情绪，他生气了，血压升高，心血管收缩，甚至还掉了眼泪。我们说事件本身构不成对他的伤害，但他的反应和思维模式却伤害了他。

心理学中把这种人格类型叫 A 型人格，也叫 A 型行为模式，是指争强好胜、个性急躁、求成心切易患冠心病的人格类型。A 型人格的概念本来并不带有好或坏的判断。它之所以成为心理学研究的问题，主要是由于 A 型人格与易患心脏病的关系。

乙则是压力的处理者。

乙有着健康的人格，能以平和的心态对待事件，因此感觉到的压力是最小的，体内的快乐荷尔蒙与压力荷尔蒙较为平衡。这样的人很会化解压力，转换不良情绪，经常保持良好的心理状态。

丙的做法是压力的承受者。

他心怀不满、又不愿意或不敢说出来，忍气吞声地把愤怒指向自身，属于 C 型人格，即癌症倾向性格。C 型人格的人的心理和行为特征是：很难公开表达自己的情绪，谨言慎行，常常自责，极怕失败；患病不肯求医，对人有戒心，没有很密切的人际关系；认命，生

活无意义、无价值、无乐趣；和家人有很深的隔膜，不把心思向人倾诉，情绪不安时找不到倾诉的对象。也可以这样说，要是对某些错误作出惩罚时，C 型人格者往往是惩罚自己，而不是惩罚别人。时间久了可能导致癌症、抑郁症。

## 四、理想压力水平

压力通常被认为对人体有害，可引起种种疾病，如神经衰弱、溃疡病等，但适度的压力其实可以激发人的潜能，让人高效率地完成任务。当然如果压力超过了承受限度，也会带来严重的后果，如图 8 - 1 所示。

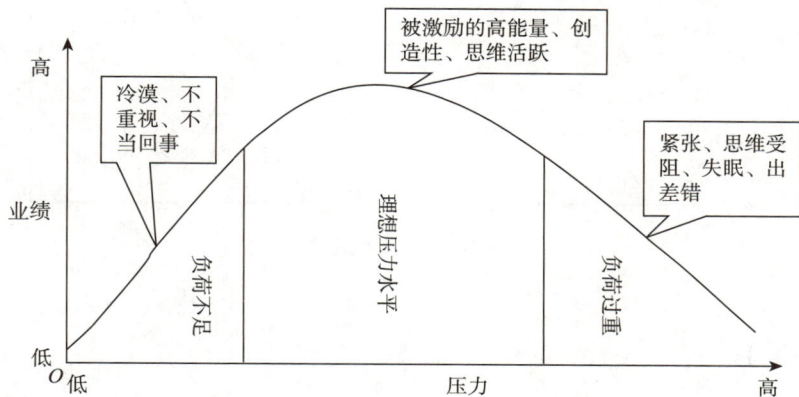

图 8 - 1 压力水平与绩效的关系

可见，出现压力并不可怕，适度的压力会让我们更有动力、更重视任务，所以我们要学会正确运用压力，只需把压力调整到适当的水平上，做到顺其自然。

视频：影响压力大小的因素

### 【课堂活动】

（1）在中间最大的圆圈里，画一种动物、植物或其他事物来代表自己，如实在想不出也可以直接写上自己的名字，如图 8 - 2 所示。

（2）在旁边大小圆圈内写下最近生活中的各种压力（大圆代表大压力；小圆代表小压力）。写完分析哪些压力是离自己很远的，哪些压力是自己想象的（不真实），删掉它们。由此筛选出自己最主要、最迫切的压力事件，并在圆圈旁写出评分（"0"代表几乎感觉不到，"10"代表压力很大难以承受）。

（3）小组交流分享：

话题一：我最主要、最迫切的压力事件是什么？

话题二：我自己尝试过的解决方法是什么？评分降低了多少？

话题三：小组总结出 2~3 个有效解决压力的方法。

（4）小组推荐代表，在团队里交流分享。重点分享"有效解决压力的方法"。

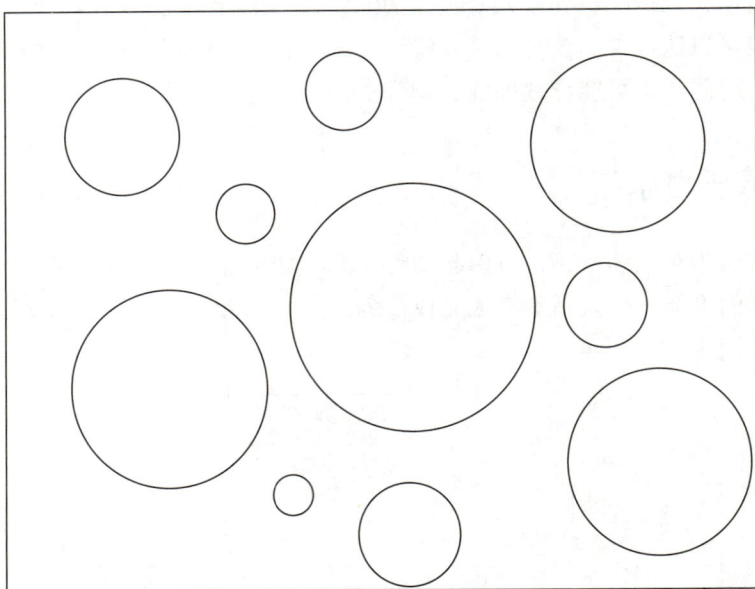

图 8 - 2　课堂活动

【扩展阅读】

## 你是 A 型人格吗?

A 型人格者特征调查, 请在符合你日常行为习惯的句子前面打勾。

(1) 在日常谈话中, 不论是否有必要, 你都有加重语气强调关键词的习惯。

(2) 你经常抢先替别人说完他们要说的话。

(3) 吃饭、走路总是飞快。

(4) 你习惯于快速阅览材料, 并且偏爱看简写本或结局。

(5) 交通堵塞或车辆移动缓慢时, 你很容易生气。

(6) 对于多数按正常频率发生的事件, 你感到等得不耐烦。

(7) 你对环境中的美景或细节不敏感。

(8) 你经常尽力同时做或者考虑做两件以上的事情。

(9) 你会因为度假、休闲或几天不工作而产生一种说不清的内疚。

(10) 你经常用量化指标来评价自己, 如考试得了几个 A, 挣了多少钱, 赢了几次。

(11) 你有一些神经质或紧张的动作习惯, 如磨牙、握拳头或用手指敲桌子。

(12) 你试图在很少的时间内做很多事情, 并在此过程中对意外发生的事情不能容忍。

(13) 你经常在跟别人谈一件事时考虑另一件事。

(14) 你经常承担超出自己能力的责任。

如果你回答"是"的题目超过半数, 你就是 A 型人格。

## 第二节　压力管理
——大学生压力管理能力的培养

【引导案例】

### 两手空空上大学的嫚嫚

上一个案例中我们提到的嫚嫚，最终如愿来到了大学学习。三年时间，看起来很柔弱的嫚嫚凭借着自己的刻苦努力、毅力和不服输的劲头，边工边读没用父母一分钱，顺利地完成了学业，刚入校时头都不敢抬起来的嫚嫚渐渐自信起来，得到同学、老师的一致称赞和好评，毕业的时候不但用自己的奖学金还上了助学贷款，还获得了省级优秀学生干部的荣誉，光荣加入了党组织，拿到了驾照，考入了本科学校继续学习。本科毕业后，嫚嫚又参加了选调生的考试并顺利通过考试。

通过这个案例可以看出：人在追求社会目标和实现个人抱负的过程中，由于主客观条件的种种限制，不可避免地会遇到各种心理压力，引起各种大大小小的心理冲突。然而，对待压力的态度、方法不同，会产生不同的结果。一个人如果能够正确地对待压力，找到合理的心理适应方式，就可以转危为安，始终保持稳定而平衡的心理状态。

那么我们可以怎样管理压力呢？

## 一、正视压力

剑桥大学的心理学家罗伯尔有一种说法："压力如同一把刀，它可以为我们所用，也可以把我们割伤，那要看你握住的是刀柄还是刀刃。"压力是我们每个人必须应付的难题，一个懂得如何缓解压力的人，会巧妙地转化利用压力汲取人生幸福，不会让自己被压力压垮、让自己深陷在痛苦与不幸中。

理性面对压力的步骤如图 8-3 所示。

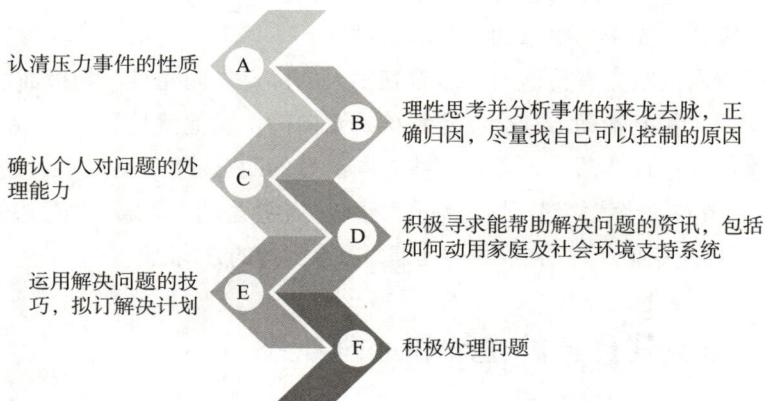

A　认清压力事件的性质
B　理性思考并分析事件的来龙去脉，正确归因，尽量找自己可以控制的原因
C　确认个人对问题的处理能力
D　积极寻求能帮助解决问题的资讯，包括如何动用家庭及社会环境支持系统
E　运用解决问题的技巧，拟订解决计划
F　积极处理问题

图 8-3　理性面对压力的步骤

## 二、积极的应对方式

应对方式是指个体在压力情境下，试图减轻压力给自身情绪的影响而采取的策略或行为。通俗地说，应对方式就是我们如何处理外界压力。

应对方式可分为行为和心理两个层面：

（1）行为层面，是指应对的具体动作。比如，面对压力，我们会与人倾诉还是独自流泪；面对质疑，我们是急于解释还是选择沉默。

（2）心理层面，是指应对时所产生的情绪。比如，我们遭遇背叛时会愤怒还是害怕；遇到失败时，是伤心还是振奋。

面对压力，具体到个体其应对方式的使用往往是多种多样的。每个人的应对行为类型具有一定的倾向性，这种倾向性构成了6种应对方式，从积极到消极的排序为：解决问题 – 合理化 – 求助 – 自责 – 幻想 – 退避。6种应对方式在个体身上有着不同形式的组合。解决问题 – 求助的应对方式是成熟型，表现出成熟稳定的人格特征和行为方式；退避 – 自责的应对其情绪和行为缺乏稳定性，表现出一种退避的人格特点，是不成熟型；合理化 – 幻想的应对方式反映出这类人集成熟与不成熟的应对方式于一体，在应对行为上表现出两面性的人格特点和一种矛盾的心态，属于混合型。

## 三、构建社会支持系统

社会支持系统，是指一个人在自己的社会关系网络中所能获得的、来自他人的物质和精神上的帮助和支援。简单来说，社会支持系统就是能与我们分享快乐、分担痛苦的人。一个完备的社会支持系统包括亲人、朋友、同事、邻居、老师、同学、上下级、合作伙伴以及由陌生人组成的各种社会服务机构。良好的社会支持系统对一个人的心理健康有非常积极的意义。

那么，我们应该如何构建和改善自己的社会支持系统呢？

（1）要有重视、建立和完善社会支持系统的意识。

（2）付出，欲取必先予，要增加交往的主动性。

（3）用资源取向的眼光看待他人，多看到别人的优点、闪光点、积极面。

（4）互相支持，相互帮助。社会支持系统是双向的，利他就是利己。

（5）积极参加一些社会活动，寻找一些志同道合的朋友。

（6）寻求专业支持。当我们遇到烦恼，不太想透露给熟悉的人，或者是身边的人暂时不能给予较好的支持时，寻找专业咨询师的帮助也是建立社会支持的方式之一。

## 四、觉知和调整自己的生理和心理状态

生理状态是压力最直接的指标。要想有效管理压力，首先要能觉察身体信号。在应激状

态下，人会本能地驱动机体的防御机制，这是自然发生的。我们要建立一个应对压力——尤其是那些慢性、弥散性压力的预警机制。我们可以通过以下几个方面调整。

（1）有意识地觉知自身的紧张、焦虑等情绪状态。当我们处于应激状态时，记录自己的不适反应，然后锁定这些反应指标，以后只要产生这些不适反应时，就对自己发出警告。

（2）学会控制自己的不良生理指标。随着我们压力知觉性的提高，我们还需要提高生理指标控制能力，比如血压、呼吸、心跳等。这实际上就是生物反馈的过程，当然，提供反馈的并不是机器而是我们自己的觉知能力。

（3）放松训练

放松训练是通过一定的练习程序，学习有意识地控制和调节自己的身心活动，以达到降低机体唤醒水平，调整因紧张而紊乱的身心功能，从而使机体内环境保持平衡与稳定的过程。

比较流行的放松训练如：

呼吸放松或冥想：网上有很多这些练习的指导语，同学们可以搜一下，剪辑一段自己喜欢地保存下来，需要的时候就练习一下，体会一下身心放松的感觉。

还有一些其他放松方法，如听音乐、运动、养宠物等。

# 五、进行有效的时间管理

时间管理有助于提高自身抗压能力，有效地管理自己的时间，意味着能够有效地抗压，保持良好的专注力，运用有效的时间管理技能，使忙碌的日常管理变得更轻松，从而完成大量的工作，同时也能够根据自己的情况分配时间，以便有效安排休息。

因此，时间管理是一项重要的工作。只有懂得如何充分利用时间，才能有效地发挥自己的能力，提高工作效率，改善生活质量，提高自身抗压能力。时间管理的方法有很多，比如 ABC 时间管理法、四象限管理法等。

ABC 时间管理法由美国管理学家莱金提出的，它以事务的重要程度为依据，将待办的事项按照由重到轻的顺序划分为 A，B，C 三个等级。

A 是最重要且必须完成的目标。

B 是较重要很想完成的目标。

C 是不太重要可以暂时搁置的目标。

然后按照事项的重要等级依据完成任务。首先保证及时完成 A 类事件；计划和委托 B 类事件；暂时不用实施的可归为 C 类事件。

具体步骤如表 8 - 4 所示：

表 8 - 4 ABC 时间管理法操作步骤

| 序号 | 步骤 | 具体内容 |
|---|---|---|
| 1 | 列出目标 | 每日工作前列出"日工作清单" |

续表

| 序号 | 步骤 | 具体内容 |
|---|---|---|
| 2 | 目标分类 | 将"日工作清单"分类成 ABC 三类 |
| 3 | 排列顺序 | 根据工作的重要性、紧急程度确定 ABC 三类事件的顺序 |
| 4 | 分配时间 | 按 ABC 级别顺序定出工作日程表及时间分配情况 |
| 5 | 实施 | 集中精力完成 A 类工作，效果满意，再转向 B 类工作。对于 C 类工作，在时间精力充沛的情况下，可独立完成，但应减少 C 类工作，尽可能委派他人执行，以节省时间 |
| 6 | 记录 | 记下每一事件需要的时间 |
| 7 | 总结 | 工作结束时评价时间分配情况，不断提高自己有效利用时间的技能 |

视频：压力管理

【扩展阅读】

## 15 分钟卸下压力的 7 种方法

我们每个人都有不知所措的时候，有时甚至感到很压抑。或许我们工作和家庭不能做到兼顾，或许我们爱的人让我们咬牙切齿，或许我们的家人生病了。当我们无法控制事情时我们会感到不知所措、会生气、压抑，我们该怎么办呢？如果我们在日常生活方式中植入一些预防性压力管理措施，就可以轻松应对面临的压力处境。

以下是一些可以使你生活和谐、平静的简单方法。

1. 勤锻炼

减压和降低焦虑的好方法之一就是运动。你可以加入健身俱乐部或在卧室或车库内锻炼，甚至只散一会儿步。运动时分泌出来的内酚酞可以让人感觉到更快乐。你也可以和家人一起锻炼。这样的好处是运动后心情会变得平静。

2. 常微笑

微笑和大笑都是立刻放松情绪的最佳途径之一。与朋友开玩笑，看一部优秀的电影或者户外明媚的阳光都能让我们微笑。

3. 听音乐

尝试做一些精神舒缓的事情使压力保持在正常水平。倾听音乐是放松减压的好方式，各个年龄阶段、各种收入水平的人群都喜欢音乐。安静的音乐对缓解压力非常有效。听音乐能使你感到放松、平和。尝试听几种不同的曲风，你就会知道，一些作品好像专门为你而作。一旦你找到了它，任何时候你需要安静放松，你都可以听听它们。

### 4. 爱阅读

阅读也是减压的好方法。选读一本轻快、幽默、浪漫或其他系列的书会让人感觉良好。如果你对宗教、心理方面的书籍感兴趣的话，当然也可以读读这类书籍。给人以积极健康的态度看待世界的书能让人自我感觉良好和放松。

### 5. 尝试冥想法

想象一幅诗情画意祥和的田园诗般画卷，由一望无垠的大草原或广袤的沙漠为背景，触发你所有的感官去体会。你能嗅到空气中弥漫的淡淡的茉莉花香，你能听到鸟儿欢唱，感觉到清风拂面吗，你不能区分哪一个是想象图景哪一个是现实。下次焦躁不安时，冥想吧，它会给你带来安静。想象水流洗涤污垢，它能化解你的负面情绪。

### 6. 懂得感恩

当你感到压力时，试着去细数幸福，把它们记在感恩日记本中，总有一些东西值得你感恩，有时仅像起床一样简单的事情都值得。当你怀有一颗感恩的心，你也会感到生活更美好。当你用负面的眼光看周围的世界，就更容易变得愤世嫉俗。乐观地思考，有助于化解怒气，让你感触更多美好的事情。

### 7. 深呼吸

当你陷入伴随压力而来的强烈情绪中，甚至快被压垮时，停下来，深呼吸。在你深呼吸时，更多的氧气输送进大脑，此时思维清晰，肌肉放松。

【倡议行动】用其中一种方法，用上 15 分钟，看看你的压力卸掉了吗？

## 第三节　挫折概述
—— 挫折及其产生的原因

【引导案例】

#### 自力更生的乐乐

乐乐家在县城，父亲很能干，是学校老师，课余时间还经营着一间小商店，母亲身体不太好，没有经济收入，但能在家打理些家务，乐乐有一个小她一岁的妹妹和一个上初中的弟弟，一家人也挺和睦。高中时乐乐学习很刻苦，希望能上一个好的大学。但因高考发挥不利，只能与妹妹一起来到了高职院校，并且同一个班。高中时一直追求她的男生上大学后不久就有了新的女朋友，让她感到很难过。本想好好学习，争取升本继续读大学，大二寒假的时候，才 40 多岁，一向身体很好的父亲却突发疾病离世，母亲受此打击一病不起，上初中的弟弟还需要人关照，乘虚而入的伯父掌控着父亲留下的本就不多的存款不肯拿出来，姐弟三人的学费、生活费也就没有了着落。乐乐和她妹妹面临辍学的困境。

人只要存在着，就会产生各种需要，就会因需要得不到满足或目标无法实现而产生挫折。在人的成长过程中，必然地会产生挫折，这是普遍存在的，也是我们生活的一个组成部分，我们时刻都可能遇到挫折。因此，挫折是人一生的伴侣，认识挫折、适应挫折、学会理性地面对挫折和积极地化解挫折，是我们每个人终生的课题。

# 一、什么是挫折

所谓挫折就是指人们在某种动机的推动下，在实现目标的活动过程中，遇到了无法克服或自以为无法克服的障碍和干扰，使其动机不能实现、需要不能满足时，所产生的紧张状态和情绪反应。挫折有三层含义，见表8-5。

表8-5　挫折的含义

| 挫折情境 | 阻碍个体行为的情境，如考试失利、同学矛盾、受讽刺打击、失恋等 |
| --- | --- |
| 挫折认知 | 个体对挫折情境的认知、态度和评价，如有的人认为失败乃成功之母；有的人却认为这次失败了就说明自己是一个失败的人，以后也不会成功 |
| 挫折反应 | 个体在挫折情境下所产生的烦恼、困惑、焦虑、愤怒等负面情绪交织而成的心理感受，即挫折感 |

其中，挫折认知是关键。一般来说，挫折情境越严重，挫折反应就应该越强烈；反之，挫折反应就微弱。但是，只有挫折情境被个体所感知到时，才会在心理上产生挫折反应。如果出现了挫折情境，而个体并没有意识到，或者虽然意识到了但并不认为很严重，那么，也不会产生挫折反应，或者只产生轻微的挫折反应。因此，挫折反应的性质、强度主要取决于个体对挫折情境的认知，如图8-4所示。

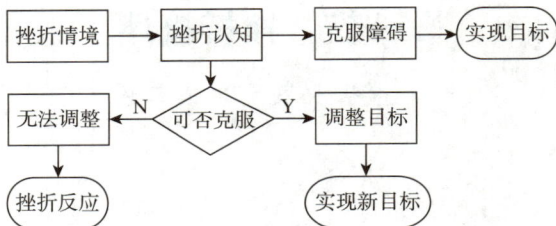

图8-4　挫折的反应机制

# 二、大学生产生挫折的原因

造成挫折的原因是复杂和多方面的，挫折的形成与自然环境、社会环境、自身条件以及个人的动机冲突等多种因素有关。

## （一）外界因素

指个人自身因素以外的自然环境和社会因素限制与阻碍了需要的满足和目标的实现而产生的挫折。

自然环境因素是指个人没法预料和控制的天灾人祸、意外事件等，如天灾人祸、疾病、死亡等。其后果可能很严重，对人的影响会很大，如交通事故致残、亲人去世等；也可能不太严重，对人只产生短暂的影响，如有些学生刚入学时不习惯集体住宿、对当地气候的不适应等。

社会因素是指个人在社会生活中受到的各种人为因素的限制与阻碍，包括道德、宗教、风俗习惯、政治、经济、法律等方面。科学技术快速发展，生活节奏不断加快，生存竞争日趋加剧，人们的压力大大增加，挫折感也不断增强。如学业的压力、人际关系的冲突等。

### （二）个人因素

个人因素是指由于个人在生理、心理以及知识、能力等方面限制与阻碍了需要的满足和目标的实现而产生的挫折。如身高、体形、容貌、健康状况、知识结构、经济条件、自我期望等都可能是挫折源。大学生的自身条件、能力与自我期望值之间的矛盾是造成挫折的重要因素。大学生往往过高估计自己的能力，过于自信，对自我发展的预期和要求不符合客观实际，盲目从主观愿望出发确定不切实际的目标。一旦这些目标无法实现，又不能清醒地认识到这一点时就会产生强烈的挫折感。

### （三）动机冲突

现实生活中，人们的需要是多种多样的，经常会因为多种需要而产生多个动机，并指向多个目标。当这些并存的动机相互排斥，或者由于种种条件的限制不可能全部实现而必须有所取舍时，就形成了动机冲突。动机冲突导致部分需要和目标不能满足与实现，就造成了挫折。动机冲突是在每个人的生活中都会出现的，也是大学生的重要挫折源，其表现形式主要有双趋冲突、双避冲突、趋避冲突和多重趋避冲突。

#### 1. 双趋冲突

双趋冲突是指当人们面临两种同样强烈的愿望而只能选择其中一种时所产生的冲突即人们常说的"鱼与熊掌不可兼得"。例如，一个人在求职时接到两家具有同等吸引力的招聘单位的邀请。选择哪个都意味着放弃另一个，使得其陷入犹豫不决的心理冲突中。

#### 2. 双避冲突

双避冲突是指当两个目标同时对一个人具有威胁而他迫于情势必须选择一个而避免另一个时所产生的心理冲突。"两害相权取其轻"就是此类型的真实写照。

#### 3. 趋避冲突

趋避冲突是指人们既想达到某个目标又不想付出代价而产生的心理冲突。例如，一个人既想谈恋爱又怕受到伤害，喜欢吃零食又担心发胖等，一方面因为好而趋之，另一方面又因为恶而避之，这就是趋避冲突。

#### 4. 多重趋避冲突

也称双趋避冲突，指同时有两个或两个以上的目标，但每个目标各有长短，使人左右为难，不知如何抉择的心态。例如，有些学生喜欢社团和学生管理方面的工作，但时间不够，影响上课和学习，于是既想保留班级和学生会的职务、社团的活动，又想好好学习专业知识，为找工作做准备。此时，考虑到各种利弊得失往往会产生多重趋避冲突。

个体所感受到的现实挫折是在他采取一定的手段，为满足一定的需要、实现预期目标的实际行动中产生的。如果没有满足需要和达到目标的手段与行动，即使目标再高远，动机再强烈，也不会产生挫折感或只能产生想象中的挫折感。

## 三、挫折的类型

大学生活虽然美好，但挫折也常常不期而至。当代大学生遭遇的挫折主要来自如下几个方面。

### 1. 人际关系挫折

人际交往是大学生发展中的一项重要社会需要。大学生正是需要亲情、友情、爱情的时期，渴望获得良好的人际关系，以维系个人发展与社会需要之间的纽带。但是，由于性格或者成长经验方面的影响，在人际交往中，往往难以达到理想的效果。

### 2. 学习挫折

对学生来说，这是所有挫折中最常遇到的。往往表现为某学科的成绩不够理想，学习挫折会直接影响大学生的主观幸福感。

### 3. 恋爱挫折

对大学生而言，爱情是非常正常的需求，但是受各种主客观因素的限制，很多大学生往往难以得到爱神的青睐。不可否认，近年来大学生的恋爱现象越来越追求感性和物质化倾向，加上大学生恋爱动机的偏差、交流沟通技能的欠缺，维持恋爱需要的物质条件不具备等原因，部分大学生也会遭遇恋爱挫折。

### 4. 经济挫折

一些大学生家庭经济状况不好，但学生不甘于过艰苦朴素的生活，又无法满足他们的各种需求，从而导致心理不平衡，进而会产生自卑感和挫折感。

视频：什么是挫折

### 5. 择业挫折

逐年加大的就业压力，带给大学生的压力不言而喻。对即将毕业的大学生来说，择业是一种现实的挫折。大学生对薪酬福利、岗位、地点的期望一般高于社会能够提供的待遇，且差距很大。所以，在就业过程中，大学生一般会感到焦虑、失望。

【扩展阅读】

#### 伯恩斯新情绪疗法中的十种认知扭曲

（1）非此即彼思维：你用非黑即白的思维模式看待整个世界。只要你的表现有一点不完美，你就宣告彻底失败。

（2）以偏概全：在你看来，只要发生一件负面事件，就表示失败会接连而来，无休无止。

（3）心理过滤：你单单挑出一件负面细节反复回味，最后你眼中的整个现实世界都变得黑暗无光。这就像即使只有一滴墨水也能染黑了一整杯水。

（4）否定正面思考：你拒绝正面的体验，坚持以这样或者那样的理由暗示自己"它们不算"。虽然这种消极信念有悖于现实体验，但你却以这种方式固执地坚持。

（5）妄下结论：你喜欢用消极的理解方式下结论，即使没有确切的事实有力地证明也如此。

①读心术。如果发现他人的行为不尽如人意，你就认为是针对你的，对此你也懒得去查证。

②先知错误。你觉得事情只会越来越糟，对这一预言你深信不疑。在你看来，它就是铁板钉钉的事实。

（6）放大和缩小。对于你的错误或他人的成就等方面，你往往会夸大它们的重要性。但对于你的优点或他人的缺点等方面，你又会不理智地将它们缩小，把它们看得微不足道。我也将这种模式称为"双目镜把戏"。

（7）情绪化推理：你认为，只要有负面情绪，就足以证明事实确实非常糟糕，因为你这样想："我感觉得出来，所以肯定就是真的。"

（8）"应该"句式：你习惯于用"我应该做这个"和"我不应该做那个"来鞭策自己，好像你需要被皮鞭抽一顿之后才能好好干活一样。"必须"和"应当"这类句式也会产生同样的抵触结果。这种句式带来的情结后果就是内疚。当你把"应该"句式强加于他人时，你会产生愤怒、沮丧甚至仇恨的情绪。

（9）乱贴标签：这是一种极端的以偏概全的形式。此时，你不再描述自己的错误，而是给自己贴上消极的标签："我是个废物。"如果有人惹恼了你，你又会给他贴上消极的标签："他真是个讨厌鬼。"乱贴标签指的是用高度情绪化、充满感情色彩的语言来描述事物。

（10）罪责归己：即使些外界消极事件你根本不需要负责，但你却认为自己是罪魁祸首。

【课堂活动】

想一想最近遭遇到的挫折，按要求完成下表。以后遇到事情时也这样做，见表8-6。

表8-6　课堂活动

| 挫折情境 | 挫折认知 | 挫折感受 | 改变后的挫折认知 | 改变后的挫折感受 | 应对方式 |
|---|---|---|---|---|---|
| 期末挂科 | 真倒霉 | 沮丧 | 没有好好复习 | 平静接受 | 以后复习合理分配并专注完成当天计划时间 |
|  |  |  |  |  |  |
|  |  |  |  |  |  |
|  |  |  |  |  |  |

## 第四节　挫折应对

——大学生挫折应对能力的提高

### 【案例引导】

#### 乐乐的自强人生

上文案例中的乐乐在遭受失去至亲和各种困难的重重打击后，悲痛、纠结了一个寒假。经过再三思考，乐乐毅然来到了学校，带着母亲与妹妹一起在学校附近租房居住。乐乐借助国家的资助政策，在辅导员的帮助和她自身努力下顺利毕业，但她没有再选择读本科，而是选择了与妹妹一起创业，经过三年的摸爬滚打终于有了起色，靠勤劳和双手撑起了她们的四口之家。

从乐乐的经历中，我们可以看到她不畏挫折、不畏艰难、自强不息的生命态度。在面对挫折、风险之时，我们该何去何从呢？

草地上有一个蛹，一个小男孩发现了把它带回了家。几天后，蛹上出现了一道小裂缝，里面出现一只小蝴蝶，但蝴蝶挣扎了很长时间也飞不出来。男孩看着蛹中的蝴蝶那么痛苦非常着急，特别不忍心。于是，他拿起剪刀把蛹壳给剪开了，想帮助蝴蝶飞出来。但是，这只蝴蝶出壳后翅膀干瘪，怎么也飞不起来，不久后就死了。这个小故事说明我们要得到欢乐就必须能够承受痛苦和挫折的考验。这是一个人成长的必经过程。

## 一、合理运用积极心理防御机制，减轻心理压力

当我们处在挫折与冲突的情境中时，会不自觉地运用一些方法来减轻内心的不安，想要恢复情绪的平衡与稳定，这些方法统称为心理防御机制，它是指个体在潜意识中为减弱、回避或克服现实冲突带来的挫折、焦虑、紧张等采取的一种保护自己的方式。

心理防御机制在现实生活中是一种相当普遍的心理现象。当人面对挫折时，心理平衡往往遭到破坏。在多数情况下，人会感到困扰、不适应，体验到痛苦的折磨。出于人的自我保护本能，会自发地唤起心理防御机制，以达到缓冲心理挫折、减轻焦虑情绪的作用，并且可为人寻找战胜挫折的办法提供时机。心理防御有建设性防御、替代性防御、掩饰性防御、逃避性防御、攻击性防御五大类。具体表现见表8-7。

表8-7　常见心理防御机制

| 防御机制 | 解释 | 举例 |
|---|---|---|
| 压抑 | 个体将一些自我所不能接受或具有威胁性、痛苦的经验及冲动，不知不觉中从个体的意识中排除抑制到潜意识里去。是一种"动机性的遗忘"。这种遗忘与因时间长而自然忘却的不一样 | "要是没这回事就好了"，做梦、不小心说漏嘴、偶然的失态行为都与压抑有关 |

续表

| 防御机制 | 解释 | 举例 |
|---|---|---|
| 幻想 | 当人无法处理现实生活中的困难，或是无法忍受一些情绪的困扰时，将自己暂时离开现实，在想象的世界中达到内心的平静和在现实生活中无法得到的满足 | 面对困难时把自己想象成无所不能的超人，任意遨游在天空中 |
| 否认 | 借助歪曲个体在创伤情境下的想法、情感及感觉来逃避心理上的痛苦，或不承认不愉快的事情，当作它根本没有发生过，来获取心理上暂时的安慰 | 学生甲在公交车上与人吵架，第二天有同学问他的时候，学生甲却说不是他 |
| 投射 | 把自己的不当、失误转嫁到他人身上，或把自己不能接受的欲望说成是他人的原固 | 一位男生因为老师说话的声音像他的父亲，由于该男生的父亲脾气暴躁，男生自幼害怕他的父亲，因而第一节课的时候这个男生就莫名其妙地害怕这位老师 |
| 反向 | 当个体的欲望和动机，不为自己的意识或社会所接受时，因担心自己会做出不好的事，便将其压抑到潜意识，并再以相反的行为表现在外显行为上 | 一位女生，因为爸妈的偏向，她根本不喜欢弟弟，但是怕爸妈因此更不喜欢她，就对弟弟各种照顾、呵护、放纵 |
| 转移 | 将不满意的情绪发泄到危险较小或威胁不到他的对象身上 | 受了同学的欺负后，把怒气发泄到小动物身上，虐待它们 |
| 退行 | 个体在遭遇到挫折时，表现出他那个年龄不应有的幼稚行为反应。是一种反成熟的倒退现象 | 在学校一遇到不顺心的事就哭、就给妈妈打电话，就要回家找妈妈的同学的行为 |
| 升华 | 把不易直接表现出来的行为或欲望转化为建设性的活动，将低层次的需要和行为上升到高层次的需要和行为 | 德国作家歌德把失恋的痛苦转化为写小说的动力，因而成就了名著《少年维特之烦恼》。 |
| 补偿 | 通过新的满足来弥补原有欲望达不到的痛苦 | 学习成绩不好，但爱好广泛，或人缘很好被同学喜欢的也能使自己得到满足 |
| 认同 | 个体向比自己地位或成就高的人联结，以消除个体在现实生活中因无法获得成功或满足时所带来的焦虑。借由分享他人的成功，为个人带来不易得到的满足或增强个人的自信 | "东施效颦""狐假虎威" |
| 幽默 | 以有趣可笑，意味深长并且社会许可的方式表达被压抑的思想 | 有同学饭量大，吃得很多，当有同学说他能吃的时候他来了一句"饭桶总比马桶好吧"。 |
| 合理化 | 当个体的动机未能实现或行为不能符合社会规范时，尽量搜集一些合乎自己内心需要的理由，给自己的作为一个合理的解释，以掩饰自己的过失，从而减免焦虑的痛苦和维护自尊免受伤害， | 酸葡萄心理、甜柠檬心理和推诿（找借口）等。 |

　　挫折防御机制是一种自发的心理调节机能，它具有两面性：一方面挫折防御机制可以起到使人适应挫折、减轻精神痛苦、促进发展的作用；另一方面挫折防御机制又会使人逃避现

实，降低对生活的适应能力，从而导致更大挫折，甚至产生心理疾病。

合理运用挫折防御机制可以有效地缓解情绪上的痛苦，为人们最终战胜挫折提供条件，特别是积极的挫折防御机制的运用，可以促使人们面对现实，积极进取，战胜挫折，获得进一步的发展。在上述各种挫折防御机制中，升华是最具有积极性和建设性的挫折防御机制，补偿、认同、幻想、幽默等挫折防御机制在很大程度上也具有积极意义。合理化、反向等具有掩饰性，压抑、否定、退行等具有逃避性，转移、投射等具有攻击性，在某种程度上都不利于提高人们对挫折的适应能力。因此，挫折防御机制虽然能够帮助人们提高和保持个人自尊，躲避或减轻焦虑情绪，缓解心理压力，但如果挫折防御机制使用过度，或使用不当，不仅减轻不了紧张和焦虑的程度，反而可能破坏心理活动的平衡，妨碍个人的社会适应，甚至还可能造成心理异常和行为偏差。

视频：挫折的防御机制

## 二、培养大学生的挫折承受力

挫折承受力——是指个体遭受挫折后，能够适应、抗御和对付挫折的一种能力。每个人对挫折的承受能力不一样，而且同一个人对待不同挫折的承受能力也不一样。挫折承受能力强的人能经受得住挫折的打击和压力，较少有强烈的情绪困扰，能积极改善挫折情境。影响挫折承受能力的因素有很多，生理方面的、心理方面的，个人的、社会的都有。那么我们该如何提高挫折承受力呢？

### （一）要正确认识挫折

认识挫折是大学生培养挫折承受力的前提。挫折具有普遍性，是人生的一个组成部分，是客观存在，挫折具有两面性，既有消极的一面，也有积极的一面。每个人都会经历挫折，在挫折面前建立积极的态度和信心，变阻力为动力，那么挫折很可能成为一种难得的机遇。通过总结经验教训，寻找不足，可以更好地促进个人发展，使自己的意志变得坚强，并加速走向成熟。

谁不想一帆风顺、心想事成？趋利避害乃人之天性。既然挫折已经降临，我们唯有积极应对才能看见生机和光明，不经历风雨怎见彩虹？

（1）承认已经发生的事实。
（2）接受它、包容它。
（3）积极转移注意力。
（4）直面最坏的情况。
（5）冷静分析，提出问题，解决问题。

毛毛虫变蝴蝶并不是童话故事，这种历练正是生命本身给予的考验，让毛毛虫得以蜕变，成就了它自身的美丽。

### （二）改变不合理信念

一些不合理的观念也会导致个体出现强烈的挫折感，如认为挫折不应该发生在自己身上、以偏概全地看待自己和他人、无限夸大挫折的后果等。只有改变这些不合理的观念，才能客观评价挫折带来的后果，从而在挫折中获得成长。

说话做事不要绝对化，少些必须和应该，多给自己给别人留些余地。

避免以偏概全，少用一点不行，全完了；我搞砸了所有事；一步错，步步错的思维吓唬自己。

切忌完美主义。要做到完美无缺，无可挑剔得到所有人的好评太难了，这几乎是不可能的。完美主义的人总在追求更努力，更成功，苛求自己，活得累，难有成就体验和满意感。对人苛刻，尤其对"自己人"。总是活在别人的评价中。

### （三）合理的归因

个体遭遇挫折后，要冷静、客观地分析自己的目标、方法、动力和阻力，正确地对挫折做出符合实际的归因。对挫折进行正确归因可以帮助个体了解自己究竟是在什么地方失败了，哪些因素是可以改变的，哪些因素是无法改变的，哪些方面是需要自己接受和面对的，从而有效地战胜挫折。

有一些造成挫折的因素是可以通过努力改变的，如提高自身认知水平，避免因主观认知错误而放大暂时的困难和逆境。大学生可以通过调整自身观念，对自己有更准确客观的认识，以此调整自己的期望值，制订适度可行的目标，并分阶段、分步骤地采取合理有效的行动去达成，从而增强自信，取得成功。

还有一些造成挫折的因素是无法改变的，如身高、家庭条件、社会现象等。面对这些无法改变的挫折因素，大学生要学会接受，并从其他方面提升自己的能力，进而创造属于自己的成功。

### （四）培养乐观的人格品质

乐观，是一种最为积极的性格因素。乐观就是无论在多么糟糕的情况下都保持良好的心态，相信坏事情总会过去，相信办法总比困难多的一种心境。

乐观开朗的性格不仅可以让自己心情愉快，还可以感染周围的人，使他们也觉得人生充满了和谐与光明。

大文豪萧伯纳说："当我死时，我希望自己彻底耗竭。因为我越努力工作，就越有生命力，生命本身就会令我喜悦。我不认为生命是迅速燃尽的蜡烛。相反，它是灿烂的火把，我活着的时候必须高举它，在送给下一代之前，它要越亮越好。"

此外，大学生还需要对自己、对生活合理定位，全面评估自己拥有的资源，智力、体力、时间、经验、兴趣、经济条件等，以此确定好近期目标与远期目标，制订适宜且能实现的计划，并逐一实现，从而不断增强个人的成就感和自信心。

### 三、适时宣泄，自觉进行心理调适

挫折属于负性情绪体验，有情绪就要以合适的途径及时宣泄出来。如适度的宣泄、巧妙的转移、合理的代偿、豁达的释怀、高超的升华等等都可以。

宣泄是指利用语言或行为，在较短的时间内将可能危害健康的、过度的情绪发泄出来，使自己的精神得以调整，以达到防病、健身的目的。挫折给个体带来较大的身心压力，通过宣泄进行心理释放是一种有效的手段。

宣泄包括语言宣泄和行为宣泄，其中，语言宣泄包括找人倾诉、唱歌、呼喊等；行为宣泄包括跑步、拳击、书写、哭泣等。不管是什么样的宣泄方式，都要注意合理应用，不能对自己和他人造成伤害。

若一时解决不了，转移注意力即可、不再去纠缠，如此可避免情绪恶化、爆发。或者转移注意的方向——运动、游戏、欣赏文艺作品、体验大自然的美、工作、学习……化悲痛为力量、阅读量、工作量。或在逆境中韬光养晦，利用低潮期积蓄能量，积蓄希望。或阿Q一回，给自己一个台阶。

俄罗斯作家契诃夫短文《生活是美好的》中有一句话："为了不断地感到幸福，甚至在苦恼和愁闷的时候也感到幸福，那就需要：（一）善于满足现状；（二）很高兴地感到：'事情原来可能更糟呢'。"

### 四、改善人际关系，主动寻求帮助

良好的人际关系可以满足个体的归属需要、情感需要、社会认可需要等，保证个体在遭遇挫折后，能积极主动地寻求他人的支持和帮助，从外界获得信息、方法和策略。因此，构建良好的人际关系是增强大学生挫折承受力的有效手段。

很多挫折，比如阻碍性挫折，都源于自我和他人的关系问题。如果自己的目标直接或间接损害了他人的利益，或者在实施过程中与他人的利益发生冲突。这时候阻碍性挫折便不可避免。为了顺利达成自己的行为目标，大学生在制订自己的目标的时候，需要考虑兼顾他人的权益，至少以不损害他人利益为前提；其次，围绕着行为目标，要尽可能地考虑涉及的所有关系，事前处理好各种关系，尤其是不友好的关系，以保证目标过程的顺利进行。

视频：挫折的应对

个体在遭遇挫折后如无法走出挫折带来的阴影，也不能获得朋友、家人的帮助，可以尝试进行心理咨询，在专业人员的指导下调适情绪和状态。

【扩展阅读】

#### 你是谁？——胡萝卜、鸡蛋、咖啡

一个女儿对父亲抱怨她的生活，抱怨事事都那么艰难。她不知该如何应对生活，想要自

暴自弃了。她已厌倦抗争和奋斗，好像一个问题刚解决，新的问题就又出现了。她的父亲是位厨师，他把她带进厨房。他先往三只锅里倒入一些水，然后把它们放在旺火上烧，不久锅里的水烧开了，他往第一只锅里放些胡萝卜，第二只锅里放入鸡蛋，最后一只锅里放入碾成粉末的咖啡豆。父亲将它们浸入开水中煮，一句话也没有说。女儿感到不解，不耐烦地等待着，纳闷父亲在做什么。大约20分钟后，父亲把火关了，把胡萝卜捞出来放入一个碗内，把鸡蛋捞出来放入另一个碗内，然后又把咖啡舀到一个杯子里。做完这些后，父亲才转过身问女儿，"亲爱的女儿，你看见什么？""胡萝卜、鸡蛋、咖啡。"她回答。父亲让她靠近些并让她用手摸摸胡萝卜，女儿摸了摸，注意到他们变软了。父亲又让女儿拿一只鸡蛋并打破它，将壳剥掉后，女儿看到的是只煮熟的鸡蛋。最后，父亲让女儿喝了咖啡，品尝到香浓的咖啡，女儿笑了。她怯生生问道："父亲，这意味着什么？"父亲解释说，这三样东西面临同样的逆境——煮沸的开水，但其反应各不相同。胡萝卜入锅之前是强壮的、结实的，毫不示弱，但进入开水之后，它变软了，变弱了。鸡蛋原来是易碎的，它薄薄的外壳保护着它呈液体的内脏，但是经开水一煮，它的内脏变硬了。而粉状咖啡豆则很独特，进入沸水之后，它们倒改变了水。"哪个是你呢？"父亲问女儿，"当逆境找上门来时，你该如何反应？你是胡萝卜，是鸡蛋，还是咖啡豆？"

你是看似强硬，但遭遇痛苦和逆境后畏缩了，变软弱了，失去了力量的胡萝卜吗？你是内心原本可塑的鸡蛋吗？你先前是个性情不定的人，但经过分手、竞争失败或失业，是不是变得坚强了，变得理性了？你的外壳看似从前，但你是不是因有了坚强的性格和内心而变得严厉强硬了？或者你像是咖啡豆？咖啡豆改变了给它带来痛苦的开水，它能在212℃的高温时散发出最佳的香味。如果你像咖啡豆，你会在情况最糟糕时，让自己变得更好吗？

请同学们问问自己是如何对付逆境的。你是胡萝卜，是鸡蛋，还是咖啡豆？

【心理体验】

### 内在安全岛

内在安全岛技术是一种用想象法改善自己情绪的心理学技术，能在压力造成负面情绪时，找到一个仿佛是世外桃源的地方暂时避一避。你可以请自己的好朋友、父母等可靠的人读引导语而帮助你构建自己的安全岛，也可以将引导语录制下来，然后放给自己听，直到完成内在安全岛的构建。现在扫码根据引导语来体验一下吧。

二维码：安全岛技术

【本章小结】

（1）谢尔耶认为压力是产生于个体无能力、无资源应对"外在需求"时的一种非特定的生理反应。

（2）压力状态下身体反应分成三个阶段：警觉、抗拒、衰竭。

（3）压力的心理反应从知、情、行（意）三个方面来表现。

（4）压力的大小，是由压力源事件的客观性、自我感觉的主观性和人格因素共同决定的。用公式表达为：压力的大小＝压力源/承受力。

（5）面对压力，我们要正视压力、采取积极的应对方式、构建社会支持系统、觉知和调整自己的生理和心理状态、进行有效的时间管理。

（6）挫折包含三层含义：挫折情境、挫折认知、挫折反应。挫折反应取决于对挫折的认知。

（7）大学生的挫折来自学习、人际、经济、择业、恋爱等多个方面。

（8）挫折防御机制有两大类：积极心理防御和消极心理防御，我们应培养积极的心理防御机制。

（9）面对挫折应从培养大学生的挫折承受力、适时宣泄，自觉进行心理调适、改善人际关系，主动寻求帮助等入手。

【思考题】

请写出近一年来遇到的对自己影响最大的 10 次挫折事件，见表 8−8。标明当时的反应方式，然后按反应强度和持续时间长短排序，客观分析这些反应方式在应对压力和挫折时的积极与消极影响，探讨个人应对的最佳方式。

表 8−8　挫折事件分析表

| 挫折事件 | 反应方式 | 积极影响 | 消极影响 | 替代方式 |
| --- | --- | --- | --- | --- |
| 1 | | | | |
| 2 | | | | |
| 3 | | | | |
| 4 | | | | |
| 5 | | | | |
| 6 | | | | |
| 7 | | | | |
| 8 | | | | |
| 9 | | | | |
| 10 | | | | |

【心理自测】

**抗挫折心理测试**

（1）在过去的一年中，你自认为遭受挫折的次数（　　　）

A.0～2 次　　　　　　　　B.3～4 次　　　　　　　　C.5 次以上

（2）你每次遇到挫折（　　　）

A. 大部分都能自己解决　　B. 有一部分能解决　　　　C. 大部分解决不了

（3）你对自己才华和能力的自信程度如何（　　　）

A. 十分自信　　　　　　　B. 比较自信　　　　　　　C. 不太自信

（4）你对问题经常采用的方法是（　　　）

A. 知难而进　　　　　　B. 找人帮助　　　　　　C. 放弃目标。

（5）有非常令人担心的事时，你（　　　）

A. 无法学习　　　　　　B. 学习照样不误　　　　C. 介于A、B之间。

（6）碰到讨厌的学习对手时，你（　　　）

A. 无法应付　　　　　　B. 应付自如　　　　　　C. 介于A、B之间。

（7）面临失败时，你（　　　）

A. 破罐破摔　　　　　　B. 使失败转化为成功　　C. 介于A、B之间。

（8）学习进展不快时，你：（　　　）

A. 焦躁万分　　　　　　B. 冷静地想办法　　　　C. 介于A、B之间。

（9）碰到难题时，你（　　　）

A. 失去自信　　　　　　B. 为解决问题而动脑筋　C. 介于A、B之间.

（10）学习中感到疲劳时（　　　）

A. 总是想着疲劳，脑子不好使了

B. 休息一段时间，就忘了疲劳

C. 介于A、B之间

（11）学习环境不够安静时，你（　　　）

A. 无法完成任务　　　　B. 能克服困难干好工作　C. 介于A、B之间

（12）产生自卑感时，你（　　　）

A. 不想再干工作　　　　B. 立即振奋精神去干工作　C. 介于A、B之间。

（13）老师给了你很难完成的任务时，你会（　　　）

A. 顶回去了事　　　　　B. 千方百计干好　　　　C. 介于A、B之间。

（14）困难落到自己头上时，你（　　　）

A. 厌恶之极　　　　　　B. 认为是个锻炼　　　　C. 介于A、B之间

测试结果：

1~4题，选择A、B、C分别得2分、1分、0分；

5~14题，选择A、B、C分别得0分、2分、1分。

19分以上：说明你的抗挫折能力很强.

9~18分：说明你虽有一定的抗挫折能力，但对某些挫折的抵抗力薄弱.

8分以下：说明你的抗挫折能力很弱。

## 【推荐资源】

### 1. 书籍：《正向能量》

推荐理由：如何将疲劳、压力和恐惧转化为生机、能量和爱心？这是一部改变你生命质量的卓越著作，像一抹阳光照亮了我们生命的每个阴暗角落。朱迪斯博士以惊人的智慧为我们提供的10大绝招，使我们可以重塑自我生命和世界。"正向能量"将帮助你：以正向的情绪能量应对负向情绪；以能量为基础设计合理的饮食、练习和健康方案；教你学会如何应

对困境，唤醒你的直觉，让你重获年轻；用特殊的防御技巧保护自己不受"能量吸血鬼"的攻击。

**电影：《海上钢琴师》**

1900年，一个被人遗弃在蒸气船上的孤儿被船上一位好心的烧炉工收养，取名为"1900"。过人的天赋使他无师自通成了一名钢琴大师，但他天然地对红尘俗世深怀戒意，从不敢离船上岸去，因为纽约无际的高楼和川流不息的人群令他没有安全感……

**电影：《阿甘正传》**

阿甘是一个智商只有75的低能儿。为了躲避其他孩子的欺负，听从好朋友珍妮的话而开始"跑"。阿甘通过自身的不懈努力，从要靠金属支架走路到飞奔如风成为大学橄榄球明星，从籍籍无名的小人物成为街知巷闻的越战英雄、乒乓球外交大使，甚至是拥有十几条渔船的公司股东。

# 第九章　珍爱生命　幸福之源

## 【知识点导读】

生命，只有一次，我们应该如何把握自己的生命之舟，使自己的生活变得更精彩，创造一个有关生命的奇迹，是每一个人都值得去思考的问题。大学生通过学习本章，可以认识生命、尊重生命、珍爱生命，识别心理危机的信号，掌握初步的干预方法，预防心理危机，维护生命安全。

## 【教学内容】

（1）了解生命的意义。
（2）学会识别心理危机，了解大学生常见的心理危机。
（3）掌握大学生心理危机预防与干预的方法。

## 【素质目标】

帮助学生加深对生命内涵的理解，感受生命的宝贵，热爱和敬畏生命，培养感恩、平和、积极的生命态度。

## 第一节　幸福之源
### ——生命及其意义

## 【引导案例】

### 挥别昨日的沮丧，坚信自身的价值！

在一次演讲活动中，一位著名的演说家没讲一句开场白，他只高举一张 20 美元的钞票，面对演进厅里的 200 多人问："谁想要这 20 美元？"只见听众席上一只只手举了起来。

他接着说："我打算把这 20 美元送给你们中的一位，但在这之前，请准许我做一件事。"他边说边将钞票揉成一团，然后问："谁还要？"仍有人举起手来。

他又说："那么，假如我这样做呢？"他把钞票扔到地上，又用脚踩了踩，这时钞票已经变得又脏又皱了。他问："现在谁还要？"还是有不少人举起手来。

"朋友们，你们已经上了一堂很有意义的课。无论我如何对待那张钞票，你们还是想要它，因为不管这张钞票的外形如何改变但它并没有贬值，它依旧是 20 美元。在人生路上，我们会无数次被对手击倒、欺凌，甚至被命运的齿轮碾得粉碎。身处逆境时，我们往往觉得自己一无是处、一文不值。但无论发生什么，我们都要坚信自身的价值。在上帝的眼中，无论我们是肮脏还是洁净，衣着齐整还是不齐整，我们都是无价之宝。"

生命的价值不取决于我们的过去，也不取决于周围人的看法，而是取决于我们本身。每个人都有自由发展的权利，每个人都是独特的个体。

"生命"是个很直观而又很神圣的字眼，也是人们常常挂在嘴边的词，好像谁都知道。但是，到底什么是生命？生命从何而来？生命由什么组成的？生命的意义何在？对这些问题的思考一直是人类苦苦探询和孜孜以求的。

## 一、生命的含义和存在的形式

### （一）生命的含义

我们在日常生活与工作中经常会使用"生命"这个词，如生命价值、生命意义、艺术生命、职业生命等。那么，生命的含义究竟是什么？

关于生命的定义，学术界众说纷纭，莫衷一是。从生物学上来讲，生命泛指有机物和水构成的一个或多个细胞组成的一类具有稳定的物质和能量代谢现象、能回应刺激、能进行自我复制（繁殖）的半开放物质系统，如图 9 – 1 所示。从哲学上来讲，生命既是一种偶然，也是一种必然，生是偶然，死是必然。从文学上来讲，生命存在于生与死之间，是岁月的流逝……这些答案告诉我们，这个世界存在的基础是生命，正是因为有了各种各样的生命，我们的世界才更加精彩。

微课：什么是生命？

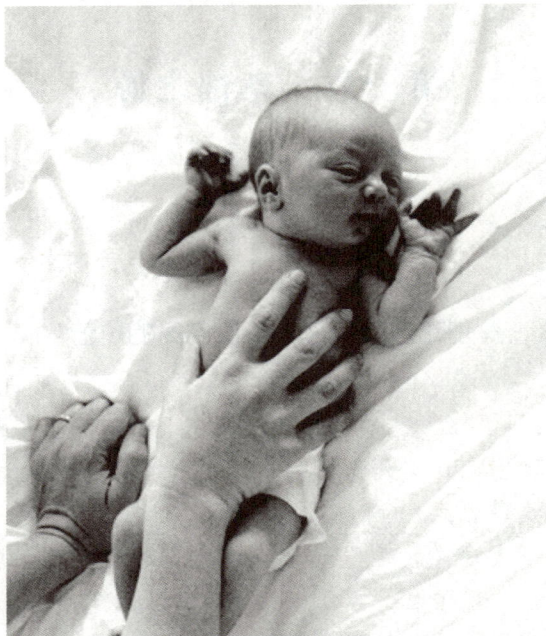

图 9 – 1　生命

心理学意义的生命的内涵比生物学意义的要丰富得多，人不是植物，也不是动物，而是一种复杂的生命体。动物的生存是为了繁衍，而人生存的目的和意义比繁衍后代要丰富得多，人有更多的心理需求，就像马斯洛提出的需要层次理论认为，除了生理需要和安全需要以外，人们还有归属与爱的需要、尊重的需要、认知需要、审美需要、自我实现的需要。

## （二）生命存在的形式

人的生命存在形式有生物性、精神性和社会性三种形态。

### 1. 生物性的存在。

人是生物性的存在，而生物性是人的生命最基本的特性，是生命的精神性和社会性存在的基础和前提，这也是人和自然界的广大生物一样所必须具有的基本属性。人作为一个自然生理性的肉体生命而存在，其生长和发展就必然要服从自然规律。所以，衣食住行、生老病死是每个人都必须具有的，也是每个人无法逃避的。

### 2. 精神性的存在。

人之所以为人，就在于人有高于动物的意识活动，有超越生物性生命的精神世界，要规划自己的人生，创造自己的价值，指导和提升生物性的存在。正是有了生命的精神性的存在，才使人的生命有了人文意义和价值，有了理性的意蕴和道德的升华。

### 3. 社会性的存在。

每个人要想生存下去，就必须参与和融入社会活动中，在与人的沟通、交往和互动中追求自己生命的意义，实现自己生命的价值。正是这种社会性存在使人面对千差万别、千变万化的社会生活时，能够有一种生命的智慧和坚定的信念；使人在面对有生有死、有爱有恨、有聚有散、有得有失的有限人生和无常命运时，能有一种豁达的胸怀和安然的态度。

【扩展阅读】

## 生命的特征

1. 生命的不可逆性

人的生命是一段有限而不可重复的单向旅程，从胚胎起，生命便一直生长、发育，直到衰亡。这段旅程让每个经历者先后尝试了初生的无知、少年的天真、青年的成熟、中年的练达和老年的沧桑。生命绝不会"倒行逆施"，返老还童。

2. 生命的不可再生性

生命，对任何人来说都只有一次。世间常说的"人死不得复生"，便道出了这个真理。无论是达官贵人还是平民百姓，一旦生命消逝就再也无法挽回。

3. 生命的不可替换性

生命为个体所私有，相互不得交换，彼此不可替代，每个人只能用自己的时间去书写属于自己的人生历史。

4. 生命的有限性

人的生命有限性表现在以下三个方面：

（1）生命存在的时间是有限的。人的自然寿命一般是七八十岁，最多百十来岁。

（2）生命的无常性，表现在生老病死、旦夕祸福等，任何人都逃脱不了，任何人都必然走向死亡。

（3）个体生命的存在不能离群索居，不食人间烟火，每个人都需要别人的帮助、支持和关怀。正是生命的有限性才促使人去努力思考、发奋创造、积极生活，实现自己生命的意义。

## 二、生命的意义

青年们往往会思考这样几个问题：

——我为什么而活着？

——在这个世界上活着的意义是什么？

——我是谁？我从哪里来？我要到哪里去？

微课：生命的意义

对于人来说，生命具有绝对的意义。无论是人类中的群体还是人类中的个体，失去了生命，就意味着失去了一切。没有了生命就没有了社会活动，也就失去了生命的意义。

心理学家维克多·弗兰克尔认为发现生命意义的途径有这样三个：工作（做有意义的事）、爱（关爱他人）和拥有克服困难的勇气。第一，工作（做有意义的事）。工作会给人带来价值感，也是成就感的获得途径，这种价值感和成就感就是我们生命意义的一部分。第二，爱（关爱他人）。通过爱来发现生命的意义，这是一种利他思想。当我们提供爱或者价值的时候才能让关系更加长久和有质量，也才能创造更多的价值和财富。因为爱是直达另一个人内心深处的唯一途径，只有通过爱，才能使你所爱的人实现他的全部潜能。第三，拥有克服困难的勇气。通过认识人生的悲剧性和处理困境，促使人深思，寻找自我，最终发现人生的意义，达到自我超越。苦难本身毫无意义，但我们可以通过自身对苦难的反应赋予其意义。苦难是必经之路，悲观的人看到的是困难，乐观的人看到的是挑战。如果要赋予意义，那我们不妨积极点。如果说生命有意义，那么遭受苦难也有意义。苦难、厄运和死亡是生活不可剥离的组成部分。没有苦难和死亡，人的生命就不完整。

因此，生命的意义就是不断地追求自我发展与成长；就是在平凡中寻找自我，感受生活，珍惜所拥有的一切；就是在短暂的时间内追求理想，实现人生价值；就是在拥有生命的同时去善待别人、勇于奉献，在付出和给予中提升自我。

【想一想】

赫塞说过："生命究竟有没有意义，并非我的责任，但是怎样安排此生却是我的责任。"卢梭说："生命本身没有任何价值，它的价值在于怎样使用它"。泰勒说过："真正有意义的人生只能是那种不断创造的人生。"艾慕士认为："成长乃是朝向知性的、道德的、社会的与美感的生活目标。在这些经验面相中的意义成长，以及它们之调和而成一连续的个体生命，赋予人类生命的品质与优越，也是人类存在唯一理由。"马克思认为，人的价值在于人的超越性，能够超越一定的时空局限把握事物、人生发展走向，人在改造自然的同时，促进了自身的发展与完善，进而实现了生命意义与价值。

你认为生命的意义是什么？

### 三、珍爱生命，正视死亡

在我们在探索生命意义的过程中，有一个问题是我们必须面对的，那就是如何面对死亡，如何面对死亡的恐惧和焦虑。死亡在现代生物学上的传统解释是身体机能、脏器、器官及所有生命系统的功能永久而不可逆的丧失。死亡具有必然性、不可逆性和偶然性。

有人曾经说，既然人迟早要死亡，那么活着的意义是什么呢？所以，通过适度引发人的死亡焦虑，让死亡焦虑成为引导人去思考生命意义的起点。我们反思一下，在焦虑和恐惧的背后是什么？焦虑和恐惧这两种情绪给我们传递的信息是什么？

焦虑情绪传递的信息是——生命是重要的，生命只有一次，有时候生命是脆弱的，它提醒我们要珍惜生命。

恐惧情绪传递的信息是——死亡是可怕的，死亡是不可逆的，它也在提醒我们，生命只有一次，生命没有重启的机会，要好好保护和对待它。

我们只有知道自己从哪里来，要到哪里去，对生命的过程有科学、客观的认识，才能理解和思考生命蕴含的意义，才能从自然的、生理的和社会的层面去认识、把握和接纳自我。

当下流行的"空心病"的说法及一些大学生感受到的生命的虚无，表明我们对生死不是思考的太多，而是思考得太少。恐惧或是逃避思考死亡，在某种意义上就是逃避思考生命的意义。我们只有坦然地面对死亡，了解死亡，才能更好地面对生命，更加看清生命的意义。生命就是一场旅行，而旅途必有终点。我们每个人都应该心怀向死而生的勇气和智慧，活好每一个当下，这才是对生命最高规格的尊重。

【课堂活动】

#### 生命线

活动目的：请对过去的自己、现在的自己、未来的自己做一次评估和展望。

活动时间：30 分钟。

活动道具：白纸、铅笔。

活动场地：教室内。

活动流程：

（1）说明游戏内容：生命是你我都有的东西，人手一份，不多不少。人间有多少条生命，就有多少条生命线，生命线是每个人走过的路线。这个游戏就是画出人生的路线。

（2）先把白纸横向摆好，在纸的最上方写上"×××（自己的名字）的生命线"。然后，在纸的中部从左至右画一道长长的横线，并给这条线加上一个箭头，让它成为一条有方向的线，起点是你出生的时间，终点是预测的死亡年龄。

（3）按照自己规定的生命长度，找到目前所在的那个点并做出标记。然后，在标记的左边（即代表过去岁月的那部分）把对自己有重大影响的事件写出来，并将其发生的时间标记在横线上。

（4）认真思考在今后的日子里最想达到的 2~3 个目标或可能出现的重大事件（如找工

作、结婚、生子等），并写在标记的右边。

（5）自行填写，10 分钟后分小组交流。每个人轮流展示自己的生命线，边展示边说明，然后小组讨论。

## 四、追寻幸福的人生

### （一）积极心理学的幸福观

追求幸福的过程是错综复杂的。心理学家承认这种复杂性，并建议以幸福为名开辟心理学的新领域——积极心理学，这是 20 世纪末西方心理学界兴起的一股新的研究思潮。这股思潮的创始人是美国当代著名的心理学家马丁·塞里格曼（Seligman）、谢尔顿（Sheldon）和劳拉·金（Laura King）。"积极"一词来自拉丁语"Positism"，具有"实际"或"潜在"的意思，它既包括内心冲突，也包括潜在的内在能力。这道出了积极心理学的本质——致力于研究普通人的活力与美德的科学。积极心理学主张研究人类积极的品质，充分挖掘人类固有的、潜在的、具有建设性的力量，促进个人和社会的发展，使人类走向幸福。

### （二）幸福的五要素

积极心理学提出了幸福的五要素，如图 9－2 所示。这些要素让幸福的含义变得更加丰富，并认为幸福是可以推进的。

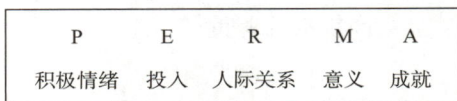

| P | E | R | M | A |
|---|---|---|---|---|
| 积极情绪 | 投入 | 人际关系 | 意义 | 成就 |

图 9－2　幸福的五要素

#### 1. 积极情绪

积极情绪也就是我们的感受：愉悦、狂喜、入迷、温暖、舒适等。在此元素上成功的人生称为"愉悦的人生"。

#### 2. 投入

投入与心流有关，是指完全沉浸在一项吸引人的生活中，时间好像静止了，自我意识也消失了。塞利格曼将此目标的人生称为"投入的人生"。

#### 3. 人际关系

和谐的人际关系是幸福的载体，在这种关系中，人们体验到被接纳、被理解、获得归属感和安全感。相反，人缺乏这些，自然也会和幸福擦肩而过。科学家们发现，在测试过的所有方法中，帮助他人是提升幸福感最可靠的一种。

#### 4. 意义

对投入的追求往往是孤独的、以自我为中心的，而人类不可避免地要追寻人生的意义和目的。"有意义的人生"意味着归属于某些超越你自身的东西，并为之奋斗。意义有主观成分，但它不是单纯的主观感受，从历史、逻辑和一致性的角度出发的冷静客观的评判很可能会与主观的判断不同。

### 5. 成就

有人为了成功、成就、胜利、成绩和技艺本身而追求它们，即"为了赢而赢"，这便是第五个元素，其短暂形式是成就，长期的形式就是"成就人生"，即把成就作为人生的终极追求。

### 【扩展阅读】

#### 如何增强幸福感

幸福可以提升吗？在回答这个问题之前，我们先来看一下赛利格曼的公式，或许会得到一点启发：

$$H（幸福）=S（遗传素质）+C（环境）+V（控制力）$$

根据幸福遗传论，幸福感的尺度是由遗传决定的，是不可能增长的，我们先假设 S 这一因素是不能改变的。自我控制力在这个公式中格外醒目，它虽然不能决定幸福感，但能够让我们做些事情来增加而不是减少幸福感。例如，我们可以从环境因素中努力争取，从而创造更多的能够产生幸福的条件。我们可以交更多的朋友，并花多一点时间跟朋友相处。我们会找到适合自己的娱乐活动，会找到适合自己的一份工作。我们可以改善身体的健康水平，可以感受更多的愉悦。我们可以去看心理医生，帮助我们减少焦虑或抑郁的情绪。我们还可以成为一个乐观主义者。还有一些非常简单的事情可以做——那就是什么也不做，不要为你的外表或学历水平所烦恼，也不要抱怨你的薪水太少。

因此，我们可以得出一个结论，那就是幸福感在理论上是可以提升的，事实也证明的确如此。

（1）培养乐观的态度和积极的情绪体验。

积极的态度是个体在社会生活、学习、工作中获得的本质力量的表现，是其生活、学习和工作的内驱力。它有助于增强大学生的自我调节能力和社会适应能力、建立和谐的人际关系及拥有良好愉悦的情绪体验，从而提升幸福感。积极心态是一种健康、积极、进取、充满关爱的心态。积极的心态创造生活，消极的心态毁灭生活。对于每个人来说，我们可能无法左右或影响外部环境的变迁，唯一可以做到的，就是可以在晴空万里的日子享受阳光，在阴云密布的日子里心中仍然充满灿烂的阳光。

（2）树立正确的价值观。

价值观是对某些目标的稳定信念，价值观对行为具有重要的影响作用。从某种意义上来讲，幸福是人们在创造物质生活条件和精神生活条件的实践中，由于目标和理想的实现而感到精神上的满足。幸福和追求的目标是密不可分的。在现实生活中，大学生实现自己价值的过程其实就是追求幸福的过程。什么是幸福的生活，要不要过幸福的生活其实是一种选择。我们明确生活理想目标，改变对幸福的片面理解，改变对幸福的功利性认知，开阔视野，坚定追求幸福的步伐，充分激发自我潜能，做正确的、热爱的事，进而获取幸福。

（3）发挥个性优势。

研究证明，发挥性格力量，也就是我们身上的积极特质（如好奇，幽默，善良等）、人道主义力量、公正的力量可以提升幸福感。塞利格曼归纳了六条"放之四海而皆准"的美德标准，即智慧与知识、勇气、仁爱、正义、节制和精神卓越。塞里格曼认为，美德关乎我们的幸福。为此，他又提出了可量化的标准和手段，衍生出 24 种性格优势作为实现美德的途径和源泉，分别是：好奇心、热爱学习、判断力、创造力、勇敢、正直、仁慈、感恩等。发现并开始运用这个优势，你会不断地学习，渴望用其他的方式来展现自己的优势。当你更好的展现你的优势时，你会获得拥有感，觉得真正的自己就是这样的，感到快乐，情绪高涨。于是乎围绕着这个优势，你离你的个人目标越来越近，你必然会得到更多的满足，过更有意义的生活，最终收获真正的幸福。

（4）建立积极的人际关系。

好的人际关系对一个人的心理健康来说非常重要，绝大多数大学生的心理危机、心理困惑往往与缺乏正常人际交往或没有形成良好人际关系有关。而生活在人际关系和谐的宿舍里的大学生，则表现出热情、乐于助人、喜好交往、自尊、快乐等特点，生活满意度高，幸福感指数高。另外，大学生学习和掌握人际交往技巧和为人处事的能力直接关系到他们在校学习、生活的质量，是影响他们今后走上工作岗位、事业能否取得成功的重要因素。

除了以上这些之外，积极心理学实验发现，能有效并持续幸福的方法还有：多想想好事。每晚睡觉前写下今天发生在自己身上的三件好事以及他们发生的原因，幸福感会得到显著提升。另外，运动、合理的作息和饮食这些好的生活习惯也能提升我们的幸福感。哈佛大学塔尔博士在幸福课中提出了精神和肉体相结合的"幸福灵药"：运动（每周 4 次，每次 30 分钟）＋冥想（每周 6－7 次，每次 15 分钟）＋睡眠（每天 8 小时）＋拥抱（每天 12 次）。塔尔博士的运动＋冥想＋睡眠＋拥抱的"幸福灵药"是可以借鉴的。经过实验、问卷调查，我国中学生在坚持两周时间每天与亲人、朋友拥抱 5 次后，性格会更加开朗，笑容会更多，与人沟通时会更加谦和。

## （三）懂得感恩

懂得感恩的人，一定是具有良好修养的人、真诚待人的人。拥有一颗感恩的心，我们的生命才会充满温馨；常存一颗感恩的心，我们的灵魂才会更加纯净。

感受和感激他人恩惠能力的成长是个人维护自己内心安宁感、提高自己幸福充裕感必不可少的心理能力。"滴水之恩，涌泉相报"就是告诉人们要知恩图报。在一个文明的社会，常怀一颗感恩之心可以促进人与人之间相互尊重、信任、帮助。在人的一生中，总会有令人感到高兴的事情，也会有让人觉得失望或忧虑的事情。如果你懂得感恩，态度是正确而积极的，你就会更加关注那些令人高兴的事情；如果你不懂得感恩，态度消极，那么你就会将注意集中在那些让人沮丧的事情上，出现更加糟糕的结果。心理学家普遍认同这样一个规律：心改变，态度就跟着改变；态度改变，习惯就跟着改变；习惯改变，性格就跟着改变；性格改变，人生就跟着改变。

学会感恩，感谢生活所赋予你的一切，保持正确而积极的态度，最终我们就会拥有幸福而美丽的人生。

**【能力训练】**

### 感恩能力训练

1. 能力目标

引发感恩情怀，学习表达感恩，提升感恩能力，培养个体正面积极、乐观进取的生命价值观，并且能与他人、社会建立良好的互动关系，尊重自己的生命，尊重别人的生命。

2. 支撑知识

感恩是一种能力，我们要学会感恩生命，感恩父母，感恩朋友，感恩一切。拥有感恩的人生才懂得珍惜生命，尊重生命。

3. 训练方式、场地、设备和时间

（1）训练方式：结构式的小团体方式。

（2）进行场地：以安静、封闭、每人一把椅子的会场为宜。

（3）使用设备：可以播放音乐的设备、油画棒（2～4人用一套）、白纸。

（4）训练时间：90分钟。

4. 进行步骤

（1）热身：说明目的，使用非语言的方式，按照出生日期排队，就近分成8人一组，成员组内自我介绍，小组成员承诺保守秘密。

（2）专心聆听《感恩世界》歌曲或其他与感恩有关的歌曲，讨论听之后的感受。

（3）主题绘画——感恩（用艺术方法表达感恩）。按照自己的理解创作，在小组内对自己的作品进行介绍，并分享绘画感受。

（4）纸笔练习——我想对你说（用语言表达感恩）。完成纸笔练习后，在小组内向其他成员读出内容，并作出解释。

_____（你感激的人），我想对你说："_____（感激的话）。"

_____（你感激的人），我想对你说："_____（感激的话）。"

_____（你感激的人），我想对你说："_____（感激的话）。"

（5）脑力激荡——怎样提升自己感恩的能力。以小组为单位，尽可能多地写出提升感恩能力的方法。能在固定的时间内（5分钟或10分钟）写出方法最多的小组获胜。

（6）结束：唱手语歌《感恩的心》。全体成员一起跟着视频学唱手语歌《感恩的心》。

## 第二节　珍爱生命
### ——认识大学生心理危机

**【引导案例】**

### 当危机来临

杨菲是一个非常要强的女孩子，成绩排名第一，又是学习委员，对班级活动非常热心，各方面都很优秀。一天，和杨菲住在同一个宿舍里的同学说接到她的电话，号称现在心情很不好，想离开学校。大家后来才得知原来杨菲前阵子竞选班干部失败，恰逢男朋友提出了分手，在双重打击下，她觉得实在是没面子，没法在学校待下去，因为自己心里特别难受，又怕同学们议论——说她被人抛弃了。于是她想到了离开学校，所以想在离开前给几个关系不错的同学打电话。

人的生命只有一次，生命不乏精彩，但是又充满曲折。在本案例中，杨菲遭受双重打击，一方面，竞选班干部失败；另一方面，男朋友又提出与自己分手。这两个事件的改变对杨菲来说都是一种负面的打击，在她的理解中是难以解决、难以承受的，所以可能会引发心理危机。

大学生承载着父母、社会等众多的期盼，面临着学习、生活、就业的多重压力，心理和精神应对出现了困难。恋爱受挫，学业或就业压力过重，不甘忍受身心重病，人际交往困难，加之独生子女以自我为中心的心态等，造成部分大学生的心理已到崩溃边缘。

## 一、什么是心理危机

危机，在心理学范畴，危机通常指人类个体或群体无法利用现有资源和惯常应对机制加以处理的事件和遭遇。

心理危机是存在具有重大影响的心理事件，主要指一个人赖以生存和发展的基本需要和供给发生了改变，这种改变可能是负面的。比如突然遭受严重灾难、重大生活事件或精神压力，个人生活状况发生明显的变化，尤其是出现了用现有的生活条件和经验难以克服的困难，个体痛苦、不安，常伴有绝望、麻木不仁、焦虑，以及自主神经症状和行为障碍。所以，心理危机本质上是个体的情绪与行为出现的严重失衡状态。

危险和机遇，从汉语"危机"一词来看，包含两方面的内容：一方面是"危"，代表威胁或者危险；另一方面是"机"，代表机遇。所以在遭遇心理危机时，我们不仅要看到"危险"，也要看到改变的"机遇"。

回顾一下杨菲的案例，如果她能够接受这个"挑战"，并没有因为班干部落选和男友提出分手而否定自己，而是不断提升自己，对杨菲来说这个"危险"其实就是一个重新认识自己和自我成长的机会，也是一个新的机遇。人只有在不断挑战自我的过程中才能完善自我。

微课：什么是心理危机

## 二、大学生心理危机的特点

### （一）连续性

连续性是指大学生心理危机的发生并非是一个点，而是一条连续的线，往往与之前的许多问题相关。大学生心理发展处于由不成熟向成熟发展的过渡阶段，而他们的社会发展又滞后于心理发展，因此大学生的心理呈现积极与消极并存，自卑与自负并存的矛盾与冲突期。任何一个小小的问题如果没有及时觉察、干预和化解，都可能引起严重的心理危机。

### （二）复杂性

复杂性是指心理危机不管是产生原因还是表现方式都不是单一的。心理危机往往是多种因素共同作用的结果，如家庭环境、经济状况、人际关系、学业、情感问题等交织在一起，当遇到特定的生活事件时，这些因素便交互作用从而产生个体的心理危机。

### （三）破坏性

不管是自杀、杀人、伤人还是离校出走，其引发家长、老师和同学的担心、伤痛都是非常大的。研究表明，一个人自杀，平均会对 6 个人产生影响，可见其破坏性是很大的。

## 三、大学生心理危机的种类

### （一）发展性危机

发展性危机是个人在正常成长发育过程中，对急剧的变化或转变所产生的异常反应。当一个人从某一发展阶段转入下一个发展阶段时，他原有的行为和能力不足以完成新课题，新的行为和能力尚未建立起来，发展阶段的转变常常会使他处于行为和情绪的混乱无序状态。所以，如果没有及时为承担新角色培养新的能力和应对方式，每个人都有可能产生发展性危机。对大学生来说，新生入学不适应、大学毕业没有合适的工作、考试不及格、不喜欢所学的专业、没有被评上优秀等等都可能导致发展性危机。可以说，发展性危机是一个人出现了适应障碍。发展性危机不像境遇性危机那样凶猛和刺激，但是因为它与"发展"有关，所以相当普遍和常见。

### （二）境遇性危机

当面对一些重大创伤性事件，且个人无法预测和控制时出现的危机称为境遇性危机。比如：交通意外、被绑架、被骚扰、失恋、突然的疾病和死亡以及地震、火灾等都可以导致境遇性危机。这种危机具有随机性、突然性和强烈性，会给人带来巨大的心理创伤和强烈而负面的感受和体验，它的结果往往是灾难性的。

### （三）存在性危机

存在性危机是指一些人生中的重要事件出现问题导致的个人内心的冲突和焦虑，是伴随着重要的人生目的、人生责任和未来发展等内部压力的冲突和焦虑的危机。存在性危机主要表现在四个方面：一是生命危机，主要表现在自我生命危机和对他人生命的残害，是存在性危机最根本的表现。二是自我认同危机，也就是对"我是谁"的困惑。三是意义危机，也就是对人为什么而活着，活着的意义是什么的思考陷入困惑与挣扎。四是精神信仰危机，有的同学崇拜物质至上，有的同学信仰宗教，有的同学信仰虚无等。存在性危机可以是基于现实的，也可以是基于后悔，还可以是一种压倒性的持续的空虚感、生活无意义感。

【扩展阅读】

### 大学生心理危机的发生阶段

根据时间序列，大学生心理危机的发生可分为以下四个阶段：

1. 前危机阶段

前危机阶段是指危机还未发生时的阶段。虽然在此阶段没有危机发生，但是有可能酝酿危机。在这个阶段如果可以及时求助，及时解决问题，那么危机就有可能被化解。如果你能够向有可能产生危机的同学伸出援助之手，就有可能帮助他们化解危机。

2. 潜在危机阶段

潜在危机阶段是指问题已经出现，但没有得到有效的解决，有可能进一步恶化，随时都有可能发生危机的阶段。在这个阶段，一个人如果尝试了各种方法都没办法解决，就随时有可能发生危机。对于这个阶段的大学生，最好的方式是寻求专业人士的帮助。

3. 发生中的危机阶段

发生中的危机阶段即危机正在发生的阶段，如走上楼顶正准备往下跳、将自己关在宿舍中不出来、扬言要自杀、突发精神异常等。这个时候需要找专业人员进行干预。

4. 危机后阶段

危机后阶段即危机已经发生之后的阶段。这个阶段的工作重点是对当事人和相关人或者周围人进行干预，主要是心理疏导和帮助解决一些实际问题。例如，某学生跳楼自杀已遂，这时可能需要对认识他的人、同宿舍的同学甚至是目击者进行心理疏导。再如，某学生因为同宿舍同学怀疑自己偷了他们的钱而割腕自杀未遂，这个时候除了要对他做心理疏导外，还要与同宿舍的同学进行沟通，甚至要解决一些实际问题（如之后是否住原宿舍）。

## 四、大学生常见的心理危机

### （一）环境适应危机

环境适应危机，主要发生于刚刚步入大学生活的大一新生，背井离乡到外地求学，因为生活方式、学习方式、交往方式等都会发生变化，很多学生一开始并不能适应大学独立自主的生活，因此会产生一种危机感，担心自己无法融入群体中去，同时又对回家遥遥无期产生一种无助感，但随着大学生活的深入，这样的危机感也会渐渐消失。

### （二）人际关系危机

人际关系问题一直是对心理健康产生较大影响的问题，大学生出现的大部分心理危机是人际关系不和谐导致的。如何与同学友好相处、建立和谐的人际关系，是大学生面临的一个重要课题。同高中阶段相比，大学生对人际关系问题的关注程度超过了学习，也成为大学生心理困扰的主要来源之一。人际关系问题常常表现为难以和别人愉快相处，没有知心朋友，缺乏必要的交往技巧，交友的愿望强烈，然而总感到没有机会等，以及由此而引起的孤单、苦闷、缺少支持和关爱等痛苦感受。良好的人际关系可以使人产生安全感、归属感和幸福感，得到心理上的慰藉、精神上的愉悦和情感上的满足，从而促进人的身心健康。

### （三）求职与择业危机

求职与择业问题，是面临毕业的大学生常见的问题。即将跨入社会，他们往往产生很多的困惑和担忧，如何选择自己的职业，如何规划自己的生涯，如何拿到心仪的 Offer 等等问题，都会或多或少带来困扰和忧虑，越面临毕业这种危机感越强。

### （四）情感危机

处于青春期的大学生，生理和心理都处于较成熟的阶段，渴望爱情，恋爱已经成为大学生活里的普遍现象。但由于阅历较浅，社会经验相对不足，在情感方面还缺乏足够的认识而且又敏感，很容易产生各种各样的情感问题。大学生中常见的情感困扰，如因单相思而自困，因失恋而精神受挫，因多角恋爱难以自拔而内心焦灼，因看到周围的同伴成双成对而自惭形秽等等。当代年轻人对于恋爱的问题虽然更加开化，部分同学的感情经历看起来非常丰富，但并不意味着他们不再为情所困、不再为爱受伤。感情是大学期间面临的一个重要问题，一旦出现波动很可能会出现心理危机。

## 五、大学生心理危机的识别

大学生要学会识别自己和他人的心理危机，及时化解心理冲突，对于促进大学生心理健康和未来人生幸福具有重要作用。作为非专业人员，大学生可以从以下几个方面来识别自己和他人是否处于心理危机爆发状态：

微课：如何识别
心理危机

### （一）表现出非正常情绪。

情绪是个体的需要和愿望是否得到满足的反映。需要是情绪反应的前提和基础，当需要得到满足时就会产生积极的情绪体验，反之就会产生消极的情绪体验。良好的情绪是心理健康的衡量标准之一，不良的情绪体验是心理问题发生的主要表现。

异常情绪主要包括抑郁、焦虑、恐惧、淡漠、躁狂等。如果情绪突然改变、与往常明显不同，出现不良情绪反应，如情绪低落、悲观失望、无故哭泣、焦虑不安、意识范围变窄、喜怒无常、自我评价丧失、意志力减弱等，就有可能发生心理危机。

### （二）出现异常行为。

人的行为是心理活动的反应，正常的行为活动是一个人心理健康的重要表现之一。当个体出现行为异常，如饮食、睡眠习惯出现反常，个人卫生习惯突然改变；回避他人或以特殊方式使自己不孤单；自制力丧失，不能调控自己的言行；与社会联系断裂、拒绝帮助等，就要注意其是否出现了心理危机。

### （三）学习兴趣下降。

正常、有效、良好的学习能力是个体心理健康的前提和标准。当大学生个体在智力正常的情况下，突然丧失了学习这一功能时，如上课无故缺席，经常迟到早退，无法集中注意力听讲，学习效率低下，学习成绩骤然下降等，说明心理状态可能产生了问题。

### （四）认知功能失调。

出现心理危机的大学生，极为敏感和多疑，形成疑病倾向，甚至丧失对人的基本信任；偏听、偏信、难以区分事物的异同，体验到的事物关系含糊不清，做决定和解决问题的能力受到影响，有时害怕自己发狂等，这些都是在应激状态下认知功能受到损害的结果。

### （五）自杀意图流露。

意图自杀的人经常谈论自己的死或者与死亡有关的话题，如写下遗嘱之类的东西，甚至已经试图采取某些手段自伤、自杀，这些都预示着个体已经出现了心理危机。

【扩展阅读】

#### 心理危机的应对

1976 年美国临床心理学家 Butcher 和 Maudal 对消除危机的有效办法进行了研究，提出了危机应对的策略：

（1）精种支持：使当事人有足够的信心，坚信自己有处理危机的能力，赞同当事人的决定，表明你对他充满信心，有别于假安慰。

（2）宣泄：给当事人提供宣泄的机会，有助于疏导那些可能会造成自我毁灭的情感，如愤怒、恐惧、憎恨等。

（3）希望和乐现精神：选择恰当的时机使当事人看到希望，使他们对前途充满信心。在精神沮丧的当事人前，先鼓励其诉说心中真实情感，再给予希望和乐观。否则等于是轻视、逃避和否认负担。

（4）有选择的倾听：在与当事人交谈时，你的回答有选择性，这就决定了有选择听取他们的交谈。

（5）劝告、直接建议和限制：一般情况应避免直接的建议、限制，但许多心理危机者陷入困境情绪思维很混乱，按实际情况提出劝告和建议、限制不利情况的发生还是比较合适的。但要谨慎和深思熟虑，考虑每个问题的特征，切合实际。否则会因建议不妥而产生消极后果。

## 第三节　拯救生命

### ——大学生心理危机预防与干预

### 【引导案例】

#### 女生发微博要自杀，网友接力营救

2019 年 2 月 27 日晚上，微博博主@××哭晕在厕所收到一条私信："我吃了药……临死前，想找个人说一下……"博主十分担心，回复这名网友后却一直未得到回应。

22 时 39 分，博主迅速在网上发出求助帖。23 时 29 分，洛×警方表示接到报警，迅速在微博上与博主沟通，同时马上投入警力在线下查找。2 月 28 日凌晨 0 时 15 分，洛×警方通过查找，确认轻生者身份是一名洛×籍年轻女大学生，并连夜派出相关地址的辖区民警去其家中核实实时情况凌晨，洛×警方通过实地寻找，发现女大学生几天前独自去了武汉，@××哭晕在厕所得知消息后，因自己身在国外不知如何联系，就找到自己国内一位朋友向武×警方打电话报警求助。接到警情后，武×××警务站民警朱××和辅警吴××马上驱车赶往酒店，途中也电话通知该酒店保安人员赶紧落实女子所住房间号码并迅速上门查看，同时民警也电话联系上报警的博主和正打算马上赶到武×的女大学生家属，充分了解前期情况。

凌晨 0 时 27 分，民警赶到酒店房间发现，女大学生独自在屋内，神情已有些恍惚，情绪基本稳定，民警再三询问才得知她已经服下大量安眠药，于是赶紧联系救护车，将她送往附近医院洗胃。0 时 46 分，已经无法站立行走的女大学生被抬上担架送上救护车，很快送往附近的武×市第×医院。1 时 10 分，博主发布微博，已与轻生的女大学生通过电话，确认其已被送往医院检查，并感谢网友和两地民警。

直至 20 时 36 分，该女大学生发出数条微博向大家致谢，并在一条微博中透露自己患有重度抑郁症。

在博主发出求助帖时，热心的网友纷纷转发、评论博主和轻生女孩的微博，让更多人帮忙寻人。有人提出自己在武×，可以帮忙。还有大量网友给轻生女孩留言："你看，这世上还有那么多好吃的等着你呢！"网友也纷纷为博主和两地警察点赞。

心理危机的出现往往伴随巨大风险，处于心理危机中的大学生通常会表现出抑郁强迫、痛苦不安绝望麻木等严重的情绪失衡状态。一旦得不到有效的干预和及时的梳理，可能会做出一系列暴力、自残甚至轻生自杀的行为，后果难以设想。如何在日常生活中加强心理素质，在困难和突发性的压力事件来临时，能够临危不乱、正确处理、积极疏导，让自己顺利度过困境呢？当周围的同学出现心理危机事件时，我们又如何去帮助他们化解呢？

## 一、大学生心理危机的预防

大学生心理危机发生虽然是部分事件，但它却危害了个体和校园的和谐与安全。大学生

心理危机预防与干预工作应坚持"预防为主"的原则，只有反早预防，才有可能最大程度地保护大学生的生命和健康，才可能使大学生最大程度地获益。

（一）积极主动参加大学新生的心理健康普查。学校对大学新生进行心理健康普查，心理老师会对普查结果进行仔细分析，将可能存在严重心理问题的学生作为重点观察对象，及时约谈了解情况，建立校园心理危机排查档案，进行跟踪咨询，提前预防心理危机的发生。

（二）存在心理冲突，要及时心理咨询。如果自己存在心理冲突，应该及时到学校心理健康中心进行咨询，如果发现身边同学有心理冲突，应该引导其到心理健康中心进行咨询。要端正对心理咨询的看法，主动寻求帮助，缓解负性的情绪，避免因心理问题加重而导致心理危机的发生。

微课：关于自杀与危机的误解和真相

（三）配合学校构建大学生和谐发展的整体氛围。一是要认真学习大学生心理健康教育课程，加强对心理健康的认识、增强自我探索、掌握自我调适的基本方法，提高面临心理问题时的求助意识；二要积极参加各种爱心奉献活动，跳出自私自利的小我思想，化"小爱"为"大爱"，为化解可能存在的心理问题创造支持环境；三是积极参加各种校园文化活动，积极组建学生社团，培养集体主义精神，通过活跃的大学生文化生活淡化心理问题带来的心理压力。大学生们应该相互鼓励、相互扶持，共建和谐、健康、文明的校园氛围。

（四）学会发现心理危机的早期苗头并及时报告。通过前面章节的学习，我们知道可以通过以下几个方面来识别他人是否处于心理危机爆发状态：表现出非正常情绪；出现异常行为；学习兴趣下降；认知功能失调；自杀意图流露。对于处于心理危机的个体，通常都有一些异常表现，只要我们本着珍惜生命、关爱他人的精神，对周围人的言行多一些留意，就有可能在心理危机的早期有所察觉，从而挽救无数人的生命。每个大学生都应该学会关注他人，一旦某个同学发生了心理危机，要力争有人及早发现苗头，及时向辅导员或院系领导报告，并协助心理咨询老师进行及时的心理危机干预。只有及早发现心理危机苗头并及时报告情况，才能及时启动校园危机干预体系，稳定心理危机学生的状况，采取针对性的措施化解危机。

## 二、心理危机的干预

### （一）校园危机干预体系

建立学生"五级心理问题防护网"，初步构建学生心理健康预警和干预机制。

一级防护：通过宣传栏、展板、讲座、网络等形式，在学生中大力宣传心理健康知识，树立学生的心理健康意识，增强学生的心理调适能力。

二级防护：设立班级心理委员，定期培训，使他们掌握心理健康常识及解决简单心理问题的技能，起到"宣传、观察、咨询、联络"的作用；同时指导学校心理协会建立心理网站或公众号，充分发挥学生社团在学生心理健康教育工作中的作用，形成学生互帮互助网络。

三级防护：系/部学生管理工作人员（包括辅导员、班主任）大部分参加过各种类型的心理辅导员培训，掌握学生心理健康教育的一般规律和方法，能够有效地解决学生中出现的一般心理问题。

四级防护：大学生心理健康活动中心对新生进行心理测试，建立心理档案。组织专业人员开展个体心理咨询和团体辅导，为学生提供自我意识、个性发展、环境适应、人际关系、情感处理、就业择业等方面的咨询，发现个别问题严重的学生及时通知相关院系、及时上报学校。

五级防护：对不属于心理咨询范畴的、有严重心理障碍或有严重心理疾病的学生及时转介到精神卫生机构进行心理治疗，同时与学生家长取得联系，共同做好防护工作。

五级防护机制从纵向来看，既是危机预防和心理教育的途径，由学校制订教育内容和策略可以向院系、班级、学生个体贯彻实施，覆盖了各个群体和每个学生个体，又形成了从学生个体、班级、学校和医疗机构的危机快速反应通道，有利于心理危机的及时发现、及时报告、及时干预。

学校通过"五级心理问题防护网"的建立和有效运转，使心理健康教育工作做到每个学生心里，只有这样才能有效预防和避免因心理问题而引起的意外事件。

### （二）心理危机干预的步骤

心理危机干预就是对处于心理危机状态的人提供支持和帮助，使其症状得到缓解、心理功能得以恢复，顺利度过危机。危机干预的主要目的在于降低急性、剧烈的心理危机风险，避免和化解危机的严重后果，在尽量短的时间内提供心理支援，促进个体从危机事件中恢复。

微课：当身边的人遭遇心理危机时，我该怎么做？

根据心理学家的研究和总结，心理危机干预可以分为六大步骤：

#### 1. 确定问题

当发现学生面临心理危机时，从求助者的立场出发，确定求助者的问题所在，弄清问题的本质，这是为正确的干预行动创造条件。

#### 2. 保证求助者的安全

在危机干预过程中，保证求助者对自我和他人的生理和心理危险性降低到最小是首要目标。因为咨询、调查以确定问题所在需要时间，所以必须同时在第一时间采取措施保证求助者的安全。例如，在学校专业人士的指导下，立即组成帮扶小组，将辅导员、班干部、心理委员、求助者的好友等组成一个小组，在为求助者适当保密的情况下，轮流暗中观察求助者的言行，避免出现突然的自伤自残和攻击行为。

#### 3. 提供心理支持和帮助

危机干预强调与求助者进行沟通交流，通过言语信息和肢体语言让求助者认识到危机干预人员能够给予他关心和帮助，让求助者相信"这里有关心你的人，我们确实很关心你""你有很多朋友""你充满希望"。

#### 4. 获取应对危机的替代方法

求助者之所以产生心理危机，往往是在错误观念的引导下采取了错误的解决冲突的行为

方式。因此，帮助求助者探索可以替代利用的解决方法，促使其搜寻可以获得的环境支持，启发其思维方式，找到可以利用的应对方式，是帮助其度过危机的重要措施。

（1）环境支持：有哪些人现在或过去关心求助者？

（2）应对机制：求助者有哪些行动、行为或资源能够帮助自己战胜危机？

（3）积极的、建设性的思维方式：可以用它改变自己对问题的错误观念，并减轻应激反应缓解焦虑。

如果能够从这三方面找到应对危机的替代方法，求助者就会获得极大的帮助和支持。

### 5. 制订行动计划

在危机基本解除后，应帮助求助者制订现实可行的短期行动计划，确定求助者能够理解且自愿的行动步骤，可以以可行的时间表和行动步骤的形式列出来；同时，必须确保制订过程中求助者的参与和自主性。计划的制订应该与求助者协商，让其感觉到这是自己的计划。制订计划的关键就在于让求助者感到尊重他的意愿，没有剥夺他的权利和独立性。

### 6. 获得承诺

帮助求助者向自己承诺会坚持实施为自己制订的行动计划，会采取确定的、积极的行动步骤。如果制订计划的过程完成得较好，得到求助者的承诺是比较容易的，否则，就可能存在一定困难。但是无论如何，在结束危机干预之前，一定要从求助者那里获得直接、诚实和适当的承诺，干预才能取得圆满的效果。

### 【扩展阅读】

阅读一

#### 如果需要帮助，我应该做些什么？

当大学生产生心理危机时，最重要的就是求助，而求助主要分两个部分。

（1）寻求专业帮助。

当个体遭遇心理危机后，往往会出现一些应激的症状，如失眠、情绪低落、胃口不好等，通常情况下这些应激反应都会在一周左右减少或者消失。如果这些症状持续两周以上，并且严重影响到了生活和学习，那就说明需要寻求专业帮助了，比如找心理咨询师或者精神科医生。

当出现创伤后应激障碍（Post Traumatic Stress Disorder，PTSD）症状时，个体也需要寻求专业帮助。

（2）寻求社会支持。

当大学生在自己的生活中遭遇一些危机事件，如重大家庭变故、身体疾病、失恋等，要寻找必要的社会支持，如父母、老师、同学、朋友等，集众人的力量帮助自己走出心理危机。这种支持不仅仅包括心理和情感上的支持，也包括一些实质性的救助行动。有调查表明，大学生从他人那里获得的社会支持具有可靠同盟、价值增进、提升亲密度和满意度等调节功能，而这些功能对处于危机时期的大学生具有重要作用。

阅读二

### 我如何帮助处于心理危机中的人？

当你发现别人正处于心理危机时，可以通过以下几步来帮助他：

第一步：保证人身安全。了解对方此刻在哪里，在做什么，是否安全。如果对方不安全，比如在窗台上、在天桥上，一定要将对方引导到安全的地方，比如从窗台上下来，从天桥上走下来。用正向和具体的言语指导对方如何做，比如："你现在能从天桥上走下来吗？走到南门，我马上就过来陪你。"不要说："你不要在天桥上，这样危险。"

第二步：适时表达支持。当同学处于危机时，你要倾听对方，承认对方的想法和感受，不反驳对方，比如："我知道你很痛苦，我知道你不想这样。"而不是否认对方的感受和劝说："你不应该这样想，你为他这样痛苦不值得。"另外，表达对对方的关心也是给予支持的一种形式。

第三步：寻求外界帮助。遇到有危机情况发生时，不要害怕求助。有的同学可能会担心被老师知道，给别人带来麻烦，千万不要有这种想法，这个时候求助于外界是最好的选择，告诉老师有助于大家一起想办法帮助处在危机中的同学解决问题。

阅读三

### 可以求助的专业渠道

北京危机干预中心：800 - 810 - 1117，（010）82951332
上海市心理援助公益热线：021 - 12320 - 5
北京协和启迪心理治疗/咨询中心救助热线：（010）65132928
南京生命求助热线：（025）86528082
杭州心理研究与干预中心救助热线：（0571）85029595
武汉市精神卫生中心危机干预中心救助热线：（027）85844666/51826188
深圳心理危机干预热线：（0755）25629459
广州市青少年心理健康热线：（020）83182110
天津市心理危机干预热线：（022）96051199
四川省心理危机干预中心线：（028）87577510/87528604
湖南省《法制周报》心理危机干预中心热线：（0731）4839110
重庆市心理危机干预中心热线：（023）66644499
青岛市心理危机干预中心自杀干预热线：（0532）85659516
石家庄心理危机干预热线：（0311）6799116
北京1980阳光部落心理治疗/咨询热线：（010）680011980

## 三、热爱生命，承担人生的责任

生命是一种责任，承担和履行责任的过程是探索和实现生命价值的过程。生命因承担和履行对自己、对他人、对社会的责任而显得靓丽、充实且富有意义。大学生要摆脱无兴趣、无斗志、无所谓的精神疲软状态和社会上极端功利化趋势的影响，勇于承担自己的生命责任。

### （一）正确认识自身价值，自觉承担社会责任

部分大学生将个人与社会完全割裂，认为现实残酷且无力改变，于是随波逐流、得过且过。这种消极的心态使得部分大学生产生了强烈的失落感、空虚感、孤独感，认识不到自身的价值，体会不到生命的意义，严重的会导致其行为失常，甚至是人格分裂和精神绝望。

因此，大学生要把个人成才与社会发展结合起来，自觉把社会理想内化为个人的成才目标，树立社会责任感和使命感。只有对人生目的、人生态度和人生理想等问题有了正确认识，形成正确的自我意识，才能形成社会责任感的内在精神支柱，产生履行社会责任感的强大动力。

### （二）积极投身社会实践，体悟生命的意义

少数大学生对个人利益过分敏感、自我责任意识淡薄，呈现明显的情绪化、功利化倾向，从而导致他们无法正确看待自己的社会责任。他们过渡关注自我，忽视了对他人、对家庭、对社会的责任，这种行为必然会遭到社会的否定和排斥，从而使自己陷入孤立无援的境地。

因此，大学生应自觉走出校园，深入社会，到社区、基层去，通过志愿服务、公益劳动等方式，了解社会，丰富情感，磨砺意志，以真正体悟生命的意义和美好。

### （三）充分发挥主体作用，提升生命责任感

大学生是大学生活的主体，要充分发挥主体作用，学会在各种利益冲突中独立地判断和选择，并对自己的行为后果负责。如果一个人对怎么做人都稀里糊涂，对自己都不负责，甚至自暴自弃，也就谈不上对他人和社会负责了。

因此，大学生要对自己负责、对自己的生命负责、对自己的事业负责、对自己的情感负责，并且由己及人，从对自己的亲人负责、对周围的人负责，升华到对社会、对民族、对国家负责。生命责任感应具体到生活的每一个层次、每一个领域、每一个行动。

### 【扩展阅读】

#### 时代楷模——黄文秀

黄文秀同志生前是广西壮族自治区百色市委宣传部干部。2016 年硕士研究生毕业后，她自愿回到百色革命老区工作，主动请缨到贫困村担任驻村第一书记。她自觉践行党的宗旨，始终把群众的安危冷暖装在心间，带领群众发展多种产业，为村民脱贫致富倾注了全部心血和汗水。2019 年 6 月 17 日凌晨，黄文秀同志在突发山洪中不幸遇难，献出了年仅 30 岁的宝贵生命。黄文秀同志被追授"全国三八红旗手""全国脱贫攻坚模范"等称号。让我们通过她的事迹来具体了解黄文秀同志的故事吧。

时代楷模——黄文秀

## 【本章小结】

（1）人的生命存在形式有生物性、精神性和社会性三种形态。生命的意义就是关于生命的积极思考，是个人正在努力实现的自己给予高度评价的生命目标。包括个人存在的意义，寻求和确定获得有价值的目标，并去接近这些目标。

（2）积极心理学提出了幸福的五要素：积极情绪、投入、人际关系、意义、成就，让幸福的含义变得更加丰富，并认为幸福是可以推进的。

（3）感恩是一种能力，学会感恩生命，感恩父母，感恩朋友，感恩一切。拥有感恩的人生才能懂得珍惜生命，尊重生命。

（4）心理危机是指由于突然遭受严重灾难、重大生活事件或精神压力，个人生活状况发生明显的变化，尤其是出现了用现有的生活条件和经验难以克服的困难，个体痛苦、不安，常伴有绝望、麻木不仁、焦虑，以及自主神经症状和行为障碍。

（5）大学生心理危机分为发展性危机、境遇性危机、存在性危机。

（6）大学生常见的心理危机有环境适应危机、人际关系危机、求职与择业危机和情感危机。

（7）可以通过以下几个方面来识别他人是否处于心理危机爆发状态：表现出非正常情绪；出现异常行为；学习兴趣下降；认知功能失调；自杀意图流露。

（8）当自己遭遇心理危机时要懂得寻求社会支持，必要时要寻求专业渠道和人员的帮助。

（9）如果发现有自杀危机的人，我们要给予关心、支持，并及时向有关专业人员或监护人报告。

## 【心理自测】

### 抑郁自评量表（SDS）

抑郁自评量表（SDS）由美国杜克大学教授庄（William W. K. Zung）于1965—1966年开发。此量表不仅可以帮助诊断是否有抑郁症状，还可以判定抑郁程度的轻重。让我们检验自己有没有抑郁情绪吧。

表中有20条文字，请仔细阅读每一条。然后根据您最近一星期的实际情况在适当的方格里划一个√，每一条文字后有四个格：A，没有或很少时间；B，小部分时间；C，相当多时间；D，绝大部分或全部时间。

| 项目 | A | B | C | D |
|---|---|---|---|---|
| 我觉得闷闷不乐，情绪低沉 | | | | |
| 我觉得一天之中早晨最好 | | | | |
| 我一阵阵哭出来或觉得想哭 | | | | |
| 我晚上睡眠不好 | | | | |
| 我吃得和平常一样多 | | | | |

| 项目 | A | B | C | D |
|---|---|---|---|---|
| 我与异性密切接触时和以往一样感到愉快 | | | | |
| 我发觉我的体重在下降 | | | | |
| 我有便秘的苦恼 | | | | |
| 我心跳比平时快 | | | | |
| 我无缘无故地感到疲乏 | | | | |
| 我的头脑跟平常一样清楚 | | | | |
| 我觉得经常做的事情并没有困难 | | | | |
| 我觉得不安而平静不下来 | | | | |
| 我对将来抱有希望 | | | | |
| 我比平时容易生气激动 | | | | |
| 我觉得作出决定是容易的 | | | | |
| 我觉得自己是个有用的人,有人需要我 | | | | |
| 我的生活过得很有意思 | | | | |
| 我认为如果我死了,别人会生活得好些 | | | | |
| 我平常感兴趣的事仍然照样感兴趣 | | | | |

【评分说明】

A、B、C、D 分别记 1、2、3、4 分,先将所有得分相加,再将总分乘以 1.25,取整数即可得到标准分。注意:(2)(5)(6)(11)(12)(14)(16)(17)(18)(20)为反向计分。

【测试结果】

按中国常模结果,抑郁评定的分界值标准分为 53 分。标准分低于 53 分,说明你心理状况正常,超过标准分 53 分说明你有抑郁症状。分值越高,说明您的抑郁症状越严重,需要接受心理咨询甚至需要在医生指导下服药。

标准分(中国常模):

(1)轻度抑郁:53~62 分。

(2)中度抑郁:63 ~ 72 分。

(3)重度抑郁:>72 分。

## 【推荐资源】

书籍:《活出生命的意义》

内容简介:《活出生命的意义》被美国国会图书馆评选为最具影响力的十本著作之一。到今天,这部作品销售已达 1200 万册,被翻译成 24 种语言,享誉全球。作者维克多·弗兰克尔是著名的心理学家,被称为是 20 世纪的一个奇迹。第二次世界大战期间,身为犹太人的他，被关进了号称"死亡工厂"的奥斯威辛集中营。他不仅在地狱般的牢笼中活了下来，还开创了意义疗法，为陷入绝境的人们重新燃起了希望。每个在痛苦和绝望中挣扎的人，都能从他的故事中汲取力量。在世间跋山涉水，谁不是带着一身伤？但雨过天晴后，就会恍然大悟：原来人生中遇到的所有痛苦，都是来渡你的。

电影：《遗愿清单》

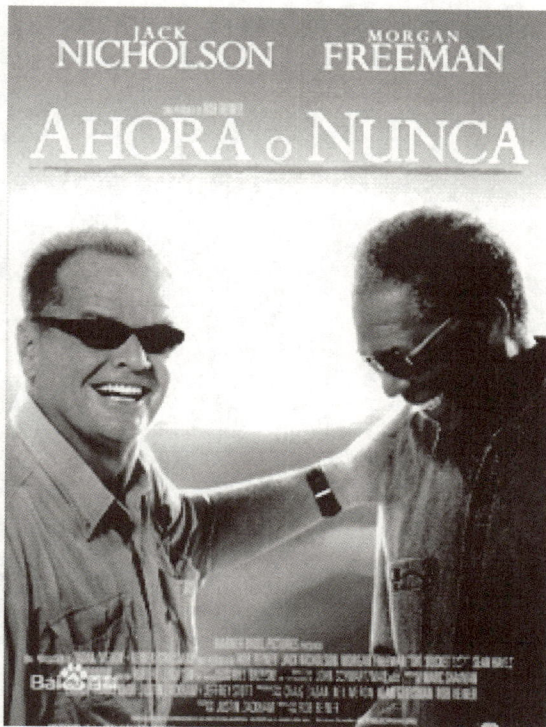

　　内容简介：黑人汽车修理工卡特·钱伯斯热爱生活而且知识渊博。一场可怕的疾病让他不得不离开自己的工作和家庭搬入医院接受实验性治疗。亿万富翁爱德华·科尔是一家医疗

机构的 CEO（首席执行官），一贯秉承"一间病房两个床位，没有例外"经营理念的他，在自己身患重病之后也不得不与其他人共用一间病房。两个原本分属于两个不同社会阶层的患者住到了一起。虽然身份地位悬殊，但两人却有一个共同点，那就是时日无多。卡特虽非大富大贵，但却拥有深爱他的妻子和家庭。而爱德华虽然富可敌国且时常都有美女相伴，但却缺乏家人的关爱。卡特在纸上记录下自己生命中尚未实现的愿望。无意中得悉情况的爱德华决定帮助卡特达成心愿……

　　该片表达出的对人生和生命的思考，这是值得我们每个人都去关注的话题。它用一个相对华丽的布景给观众展示了个人在面对死亡时的坦然，揭示了人们对生活的热爱。虽然在找寻梦想的路上，主人公的生命随时可能终结，但他们的那份勇敢和快乐却深深地感染了每一位观众。

# 参 考 文 献

[1] 杨国锋，王亚男，岳爱菊．大学生心理健康教育［M］．上海：同济大学出版社，2019.

[2] 李中庆，曾桂芬，李晋璇．大学生心理健康教育［M］．武汉：华中师范大学出版社，2017.

[3] 李景龙．大学生心理健康教育［M］．南京：江苏凤凰科学技术出版社，2016.

[4] 高兰．大学生心理健康教育——心灵成长自助手册［M］．北京：教育科学出版社，2015.

[5] 梁芹生．大学生心理健康教育［M］．北京：航空工业出版社，2018.

[6] 林崇德．发展心理学［M］．北京：人民教育出版社，1998.

[7]［美］伊斯特伍德·阿特沃特，卡伦·达菲．心理学改变生活［M］．9 版．邹丹，张莹，等译．北京：世界图书出版公司，2011.

[8] 罗晓路，夏翠翠．大学生心理健康教育［M］．上海：上海交通大学出版社，2012.

[9] 江光荣，王铭．大学生心理求助行为研究［J］．中国临床心理学杂志，2003（11）.

[10] 樊富珉，付吉元．大学生自我概念与心理健康的相关研究［J］．中国心理卫生杂志，2001（15）.

[11] 郭金山，车文博．大学生自我统一性状态与人格特征的相关研究［J］．心理发展与教育．2004（2）.

[12]［美］丹尼斯·库恩．心理学导论［M］．9 版．北京：中国轻工业出版社，2004.

[13] 王登峰，崔红．人格结构的中西方差异与中国人的人格特点［J］．心理科学进展，2007（15）.

[14] 彭聃龄．普通心理学［M］．北京：北京师范大学出版社，2001.

[15] 刘大川．人格面具和阴影的社会认知分析［D］．广州：华南师范大学硕士论文，2008.

[16]［美］维吉尼亚·萨提亚．萨提亚家庭治疗模式［M］．北京：世界图书出版公司，2007.

[17]［美］格里格，津巴多．心理学与生活［M］．北京：人民邮电出版社，2003.

[18]［美］凯利·麦格尼格尔．自控力［M］．北京：印刷工业出版社，2012.

[19] 侯玉波．社会心理学［M］．北京：北京大学出版社，2007.

[20] 郑日昌．大学生心理诊断［M］．济南：山东教育出版社，1999.

［21］［美］安德鲁·杜布林．心理学与人际关系［M］．8 版．王佳艺，译．北京：中国人民大学出版社，2010.

［22］［美］莎伦·布雷姆，罗兰·米勒，丹尼尔·珀尔曼，等．亲密关系［M］郭斌，译．北京：人民邮电出版社，2011.

［23］［美］艾里希·弗洛姆．爱的艺术［M］．李健鸣，译．上海：上海译文出版社，2008.

［24］教育部思想政治工作司组织．大学生心理健康教育读本［M］．北京：高等教育出版社，2007.

［25］李明建．90 后男、女大学生恋爱观对比分析［J］．宁波教育学院学报，2012（06）.

［26］［美］盖瑞·查普曼．爱的五种语言［M］．王云良，陈曦，译．南昌：江西人民出版社，2010.

［27］［美］马丁·塞利格曼．持续的幸福［M］．杭州：浙江人民出版社，2012.

［28］赵昱鲲．消极时代的积极人生［M］．杭州：浙江人民出版社，2012.

［29］［美］理查德·布鲁纳．多变世界中的压力应对［M］．3 版．北京：高等教育出版社，2008.

［30］［奥］维克多·弗兰克尔．追寻生命的意义［M］．何忠强，杨凤池，译．北京：新华出版社，2003.

［31］田宝伟．心理学的帮助——心理学通识读本［M］．北京：高等教育出版社，2011.

［32］史林玲．旅游类高职学生自我意识现状调查与教育对策研究［J］．西部素质教育，2023，9（7）：122－126.

［33］欧彦江，秦都．高质量高等教育背景下大学生自我意识现状的分析［J］．成都工业学院学报，2023，26（3）：86－90.

［34］仇芝，谢莉莉，朱孔利．影响高职护生学习动机的因素分析［J］．卫生职业教育，2023（11）：117－120.

［35］黄桂银，陈建荣，韦建琨．大学生学习模式探究［J］．西部素质教育，2023，9（11）：159－162.

［36］［美］维克多·弗兰克尔．活出生命的意义［M］．吕娜，译．北京：华夏出版社，2018.

［37］黄莉，邓如涛．心理健康教育［M］．北京：北京出版社，2021.